# VORWORT

Liebe Leserin, lieber Leser,

willkommen zu diesem Kamera-Ratgeber und kreativen Foto-Lehrbuch! Schön, dass du deine Sony α7 besser kennenlernen und deine fotografischen Fähigkeiten weiterentwickeln möchtest. Dieses Buch ist genau richtig für dich, wenn du die ersten Schritte mit deiner Sony-Vollformat-Systemkamera machen und dabei endlich alle Menüpunkte verstehen willst, aber auch, wenn du deine Kamera schon sehr gut kennst, vielleicht schon die zweite oder dritte Generation der α7 oder α7R dein Eigen nennst oder einfach deine Fotografie ein großes Stück weiterbringen möchtest. Dabei ist es egal, ob du eine α7 aus der ersten Generation oder eine α7R IV besitzt: Die Besonderheiten aller Modelle dieser Kamerareihe werden hier berücksichtigt.

Wir freuen uns sehr, dass wir dir für viele verschiedene Genres dieses schönen Hobbys unser eigenes Wissen weitergeben können. Dieses Buch ist vollgepackt mit der ganzen Power, die es für herausragende Fotos braucht: technisches Know-how, um alles aus deiner Sony α7 herauszuholen, und viele kreative Tipps, Tricks und Anleitungen, um deine eigenen besonderen Bilder zu erschaffen.

Die α7-Reihe ist mittlerweile zu einer festen Größe unter den professionellen Kameras geworden. Sony hat viele technische Neuerungen gebracht und teilweise ganz unkonventionelle Wege eingeschlagen, um Hobby- und Berufsfotografinnen und -fotografen mehr Möglichkeiten für ihre Leidenschaft zu geben. Da ist natürlich der Augen-Autofokus für Menschen und Tiere ganz weit vorne dabei. Aber in deiner Kamera schlummern noch viele weitere Features, die deine Fotografie entspannter, schneller und effektiver werden lassen.

Damit du nicht einfach eine Liste mit allen Funktionen vor dir liegen hast, verknüpfen wir diese Funktionen im Praxisteil mit echten Fotosituationen. So kannst du die für dich wichtigsten Punkte schnell finden und bei deinem nächsten Fotoabenteuer gleich umsetzen. Am Ende des Buches gibt es eine Übersicht aller Menüpunkte, einfach, verständlich, aber auch ausführlich erklärt. Dadurch findest du die für dich wichtigen Punkte, denn auch schon einfachere Kameras haben meistens mehr Einstellmöglichkeiten, als ein Fotograf alleine braucht – und für die vollausgestatteten α7-Kameras gilt das natürlich erst recht.

Ob dich eher die Tier- und Landschaftsfotografie, actiongeladene Event- oder Sportfotografie, charaktervolle Porträts und liebevoll arrangierte Stillleben interessieren, deine Kamera ist für all das ausgestattet. Mithilfe des Praxis- und Theorieteils dieses Buches findest du dich in deinen Lieblingsgenres zurecht.

Schick uns deine Fotos oder auch Fragen: Unter www.fototrainer.com findest du unseren E-Mail-Kontakt. Wir freuen uns auf dein Feedback! Ganz viel Spaß mit diesem Buch wünschen dir

Manuel Quarta

Stefan Gericke

# DIE α7-MODELLE IM VERGLEICH

*Die Sony-α7-Kamerareihe gibt es seit 2013. Sie wurde konsequent weiterentwickelt, nicht nur, um immer auf der Höhe der Zeit zu sein, sondern auch, um neue Impulse zu setzen. So ist beispielsweise nicht nur der Autofokus mit seinen hilfreichen Funktionen wie dem Augen-Autofokus und dem Echtzeit-Tracking beeindruckend, auch die Geschwindigkeit der Kameras sowie ihre Ergonomie wurden immer weiter verbessert. Welche Kamera was kann, erfährst du hier.*

## Die vier Generationen der α7

Natürlich hat die neueste Generation IV ein paar Funktionsverbesserungen, die die vorherigen Modelle aus den Generationen I, II und III nicht haben, aber auch mit den älteren Modellen kannst du alle Fotoideen umsetzen. In diesem Buch wirst du im Praxisteil Fotos sehen, die mit allen Generationen der α7-Reihe gemacht wurden. Du siehst also, es muss nicht die neueste Kamera sein. Funktionen wie das Echtzeit-Tracking des Autofokus oder Serienbildgeschwindigkeiten von zehn Bildern pro Sekunde machen es lediglich einfacher, zu einem tollen Bild zu kommen.

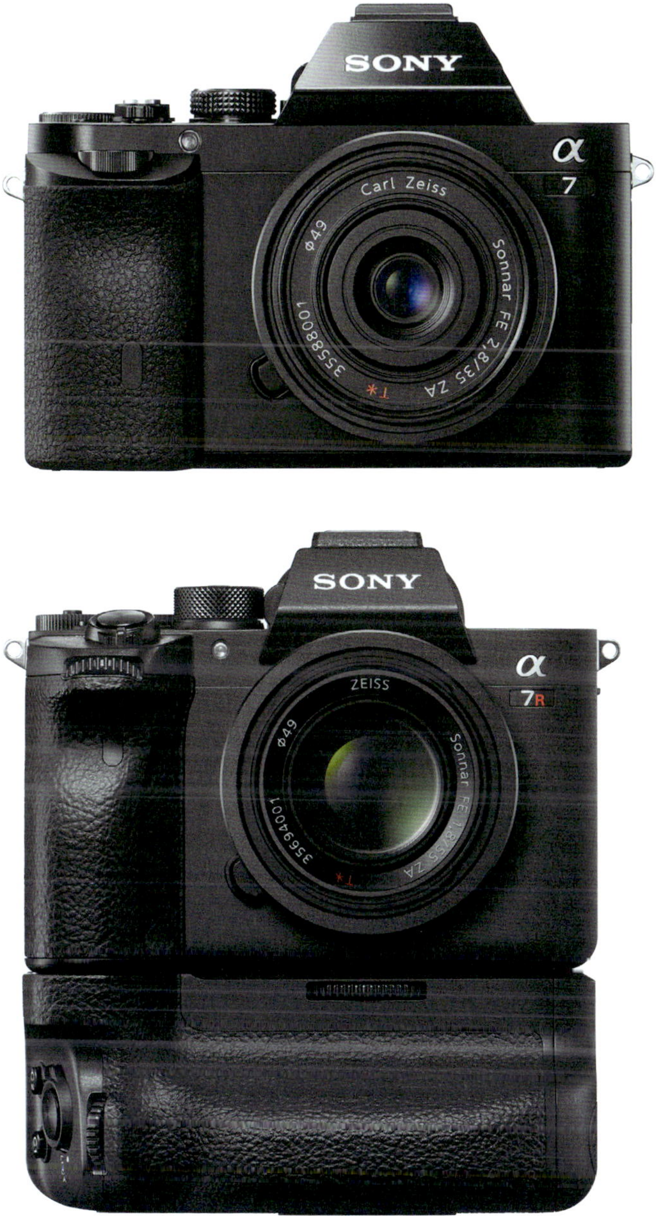


Oben: die erste α7, unten: die „erwachsen gewordene" α7R IV mit Handgriff

Grob kann man sagen, dass sich die erste und zweite Generation ähneln und die dritte und vierte Generation ebenfalls viele Gemeinsamkeiten haben. Ein Beispiel: Den Augen-Autofokus können die Generationen I und II nur im AF-S-Fokusmodus, das heißt, er funktioniert eher für statische Porträts, während die Generation III und IV diesen auch kontinuierlich im AF-C nachführen kann, wodurch sich dynamischere Porträts leichter umsetzen lassen. Die Serienbildgeschwindigkeit ist seit der dritten Generation deutlich gestiegen, so dass die α7 III und die α7R IV beide jetzt zehn Bilder pro Sekunde schaffen. Der interne Bildstabilisator im Kameragehäuse, auch IBIS genannt, wurde schon in der zweiten Generation eingeführt, der Joystick für die Wahl des Fokusfelds kam mit der dritten Generation. Eine tabellarische Übersicht über die Features der verschiedenen Modelle folgt im nächsten Abschnitt.

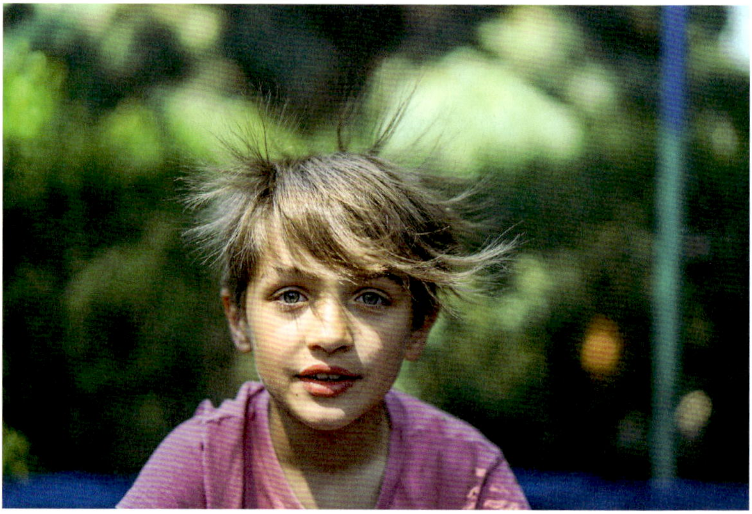

Perfekt, wenn man sich bei einem Porträt-Schnappschuss auf den Augen-AF verlassen kann.

# Die drei Modellreihen der α7

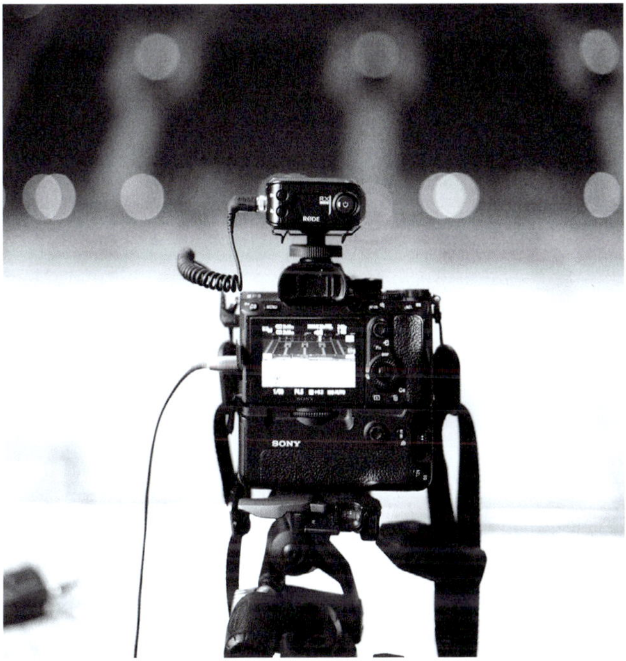


Eine für Videoaufnahmen vorbereitete α7R III

Es gibt drei Modellreihen bei der α7: die α7, die α7S und die α7R.

Die „normale“ **α7**-Reihe, die von Anfang an 24 Megapixel (MP) besitzt, gilt als die Allroundkamera für Hobby- und Berufsfotografen. Ihre Auflösung, Geschwindigkeit und Lichtempfindlichkeit reichen für praktisch alle Aufnahmesituationen und großformatige Vergrößerungen. Mit der α7 und der α7 II hat man einen unschlagbar preiswerten Einstig ins Vollformatsystem. Mit der α7 III hat Sony eine sehr „erwachsene“ α7 vorgestellt, die nur noch wenige Wünsche von enthusiastischen Fotografen offenlässt. Bildqualität, Bedienung und Geschwindigkeit, verbunden mit den vielen Ausstattungsmerkmalen, machen sie zu einer echten Alternative für jeden Spiegelreflex-Fan.

Die **α7R**-Modelle haben eine deutlich höhere Auflösung. Die erste Generation hat 36 Megapixel, die zweite und dritte Generation 42 Megapixel und die vierte Generation, die α7R IV, 61 Megapixel. Diese hohen Auflösungen und der Verzicht auf einen Tiefpassfilter, der bei niedrigeren Sensorauflösungen zur Reduzierung von Bildstörungen wie Moirés nötig ist, bietet die Möglichkeit, mehr Details und feinere Strukturen abzubilden und dadurch bei großen Ausdrucken oder starken Ausschnittvergrößerungen schärfere und detailreichere Fotos zu ermöglichen.

Seit der Generation III kann man die Bildqualität sogar noch durch Multishot-Aufnahmen, bei denen der Sensor pixelgenau verschoben wird, steigern. Auch mit diesen Kameras lassen sich sehr gut Videos erstellen. Für anspruchsvolle Filmer sind aber die Modelle der α7S und die α7 III am besten geeignet, da ihre Sensorauflösung geringer ist und dadurch weniger Tricks zum Reduzieren der Auflösung für Videos nötig sind.

Die **α7S** ist mit ihrer geringeren Auflösung von zwölf Megapixeln für die speziellen Anforderungen von Videografen und von Fotografen konzipiert, die häufig unter sehr schlechten Lichtbedingungen fotografieren und filmen müssen. Ihre Auflösung reicht völlig für die Anforderungen von Print- und Onlinemedien. Die Videofilme der α7S bestechen durch hervorragende Farben, Dynamik und Rauscharmut. Sie ist für viele Filmemacher das Standardwerkzeug. Für großformatige Vergrößerungen oder auch Ausschnittvergrößerungen ist sie weniger gut geeignet.

Hier alle bisherigen Modelle auf einen Blick:

- α7/α7 II/α7 III
- α7R/α7R II/α7R III/α7R IV
- α7S/α7S II

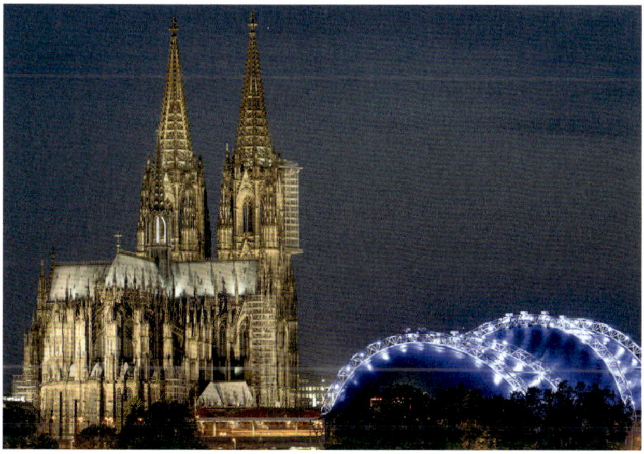

Die 61 Megapixel der α7R IV reichen für riesige Ausdrucke

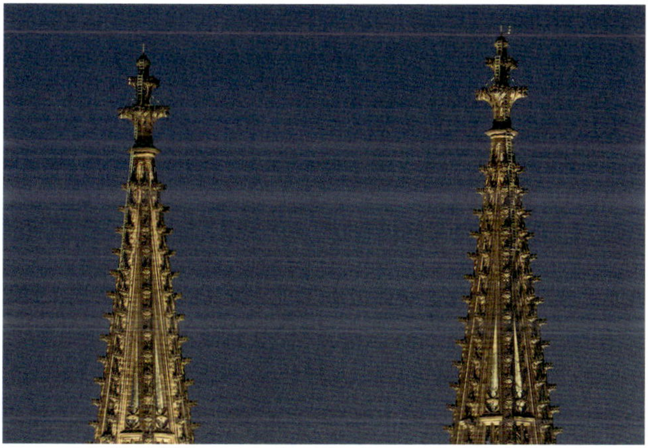

Wer noch mehr Details sehen möchte, kann mit der α7R IV 240-Megapixel-Aufnahmen erstellen

Für einen besseren Überblick, was deine Kamera von den anderen Modellen unterscheidet, haben wir im Folgenden die entscheidenden technischen Merkmale in Tabellen aufbereitet. Sie helfen dir zu verstehen, warum einige der Kameras für bestimmte Anwendungen besser geeignet sind. Wir beginnen mit den α7-Modellen, dann folgen die Modelle der R-Serie und danach die S-Serie.

## α7: Die Basisversion

| | α7 III | α7 II | α7 I |
|---|---|---|---|
| Anzahl der Pixel (effektiv) | 24,2 MP | 24,2 MP | 24,2 MP |
| Sensortyp | Exmor R CMOS 35 mm | Exmor CMOS 35 mm | Exmor CMOS 35 mm |
| Bildprofil | ja (S-Log2, S-Log3, HLG, HLG1–3) | nein | nein |
| unkomprimiertes RAW | ja | ja | nein |
| Aufnahmeformat | 4K/FullHD XAVC S, FullHD AVCHD | FullHD XAVC S, FullHD AVCHD, MP4 | FullHD XAVC S, FullHD AVCHD, MP4 |
| Zeitlupe und Zeitraffer | ja (1–100 fps) | nein/Zeitraffer über Kamera-App | nein/Zeitraffer über Kamera-App |
| Speicherkarten | Slot 1: UHS-I/II), Slot 2: UHS-I/Memory-Stick PRO Duo | Slot 1: SDXC/Memory-Stick PRO Duo | Slot 1: SDXC/Memory-Stick PRO Duo |
| Messfeld | 693/425 AF-Punkte Phase/Kontrast | 99/25 AF-Punkte Phase/ Kontrast | 99/25 AF-Punkte Phase/ Kontrast |
| Augen-AF | Foto: Mensch/Tier in AF-S und AF-C | Foto: Mensch nur in AF-S | Foto: Mensch nur in AF-S |
| Belichtungsreihe | 3 Bilder bis 3 EV/5 Bilder bis 3 EV/9 Bilder bis 1 EV | 3 Bilder bis 3 EV/5 Bilder bis 1 EV | 3 Bilder bis 3 EV/5 Bilder bis 1 EV |
| ISO-Empfindlichkeit | Foto: ISO 50–204800 Video: ISO 100–51200 | Foto: ISO 50–25600 | Foto: ISO 50–25600 |
| Anti-Flimmer-System | ja | nein | nein |
| Suchertyp | OLED bis zu 100 fps, 100 % Abdeckung, 0,78 Vergrößerung | OLED bis zu 50 fps, 100 % Abdeckung, 0,71 Vergrößerung | OLED bis zu 50 fps, 100 % Abdeckung, 0,71 Vergrößerung |
| Anzahl der Bildpunkte | 2.359.296 | 2.359.296 | 2.359.296 |

| | α7 III | α7 II | α7 I |
|---|---|---|---|
| Klappdisplay | 7,5 cm (3 Zoll) großes TFT, 0,9 Mio. Pixel (107–41 Grad neigbar) | 7,5 cm (3 Zoll) großes TFT, 1,2 Mio. Pixel (107–41 Grad neigbar) | 7,5 cm (3 Zoll) großes TFT, 0,9 Mio. Pixel (90–45 Grad neigbar) |
| Touchscreen | ja | nein | nein |
| Intervall-aufnahmen | ja | ja, über Kamera-App | ja, über Kamera-App |
| geräuschlose Aufnahme | ja (EIN/AUS) | nein | nein |
| Bildstabilisator | 5-Achsen-Sensor-Shift-Kompensation: 5,0 Stufen | 5-Achsen-Sensor-Shift-Kompensation: 4,5 Stufen | nur über Objektive |
| Serienbilder | 10 Bilder pro Sekunde, RAW und JPEG 36 in Folge | 5 Bilder pro Sekunde, RAW und JPEG 22 in Folge | 5 Bilder pro Sekunde, RAW und JPEG 20 in Folge |
| Pixel-Shift-Multi-Aufnahmen | nein | nein | nein |
| Bluetooth/ Wi-Fi | ja, Standard-Version 4.1/ja, bis n-Standard (2,4 GHz) | nein/ja, bis n-Standard (2,4 GHz) | nein/ja, bis n-Standard (2,4 GHz) |
| Mikrofon-/ Kopfhörer-anschluss 3,5 Klinke | ja/ja | ja/ja | ja/nein |
| Akkulaufzeit (Fotos) | ca. 610 Aufnahmen (Sucher)/ca. 710 Aufnahmen (LC-Display) (CIPA-Standard) | bis zu 350 Aufnahmen | bis zu 340 Aufnahmen |
| Strom-versorgung über USB | ja (verfügbar mit Multi-/Micro-USB oder USB-Type-C-Anschluss) | nein | nein |
| Gewicht (inklusive Akku und Speicherkarte) | ca. 650 g | ca. 556 g | ca. 416 g |

## α7R: Der Profi-Allrounder

| | α7R IV | α7R III | α7R II | α7R I |
|---|---|---|---|---|
| Anzahl der Pixel (effektiv) | 61,0 MP | 42,4 MP | 42,4 MP | 36,4 MP |
| Sensortyp | Exmor R CMOS 35-mm | EXMOR R CMOS 35-mm | EXMOR R CMOS 35-mm | EXMOR CMOS 35-mm |
| Bildprofil | ja (S-Log 2, S-Log 3, HLG, HLG1–3) | ja (S-Log 2, S-Log 3, HLG, HLG1–3) | ja (S-Log 2) | nein |
| unkomprimiertes RAW | ja | ja | ja, bei Aufnahme mit mechanischem Verschluss | nein |
| Aufnahmeformat | 4K/FullHD XAVC S, FullHD AVCHD | 4k/FullHD XAVC S, FullHD AVCHD | 4k/FullHD XAVC S, FullHD AVCHD, MP4 | FullHD AVCHD, MP4 |
| Zeitlupe und Zeitraffer | ja (1–100 fps) | ja, bei FullHD 1-100 fps | ja, bei 720 p 100 fps Zeitraffer über Kamera-App | nein/Zeitraffer über Kamera-App |
| Speicherkarten | Slot 1: UHS-I/II, Slot2: UHS-I/II | Slot 1: UHS-I/II, Slot2: UHS-I/ Memory-Stick PRO Duo | Slot 1: SDXC/ Memory-Stick PRO Duo | Slot 1: SDXC/ Memory-Stick PRO Duo |
| Messfeld | 567/425 AF-Punkte Phase/ Kontrast | 399/425 AF-Punkte Phase/ Kontrast | 399/25 AF-Punkte Phase/ Kontrast | 25 AF-Punkte Kontrast |
| Augen-AF | Foto: Mensch (Auswahl rechtes/linkes Auge)/Tier, Video: Mensch (Auswahl rechtes/linkes Auge) in AF-S und AF-C | Foto: Mensch/Tier in AF-S und AF-C | Foto: Mensch in AF-S und AF-C | Foto: Mensch nur in AF-S |
| Belichtungsreihe | 3 Bilder bis 3EV 5 Bilder bis 3EV 9 Bilder bis 1EV | 3 Bilder bis 3EV 5 Bilder bis 3EV 9 Bilder bis 1EV | 3 Bilder bis 3EV 5 Bilder bis 3EV 9 Bilder bis 1EV | 3 Bilder bis 3EV 5 Bilder bis 1EV |
| ISO-Empfindlichkeit | Foto: ISO 50–102400 Video: ISO 100–32000 | Foto: ISO 50–102400 Video: ISO 100–32000 | Foto ISO 50–102400 Video: ISO 100–25600 | Foto: ISO 50-25600 Video: ISO 100–16000 |

| | α7R IV | α7R III | α7R II | α7R I |
|---|---|---|---|---|
| Anti-Flimmer-System | ja | ja | nein | nein |
| Suchertyp | OLED bis zu 100 fps, 100 % Abdeckung, 0,78 Vergrößerung | OLED bis zu 100 fps 100 % Abdeckung, 0,78 Vergrößerung | OLED bis zu 50 fps, 100 % Abdeckung, 0,78 Vergrößerung | OLED bis zu 50 fps, 100 % Abdeckung, 0,71 Vergrößerung |
| Anzahl der Bildpunkte | 5.760.000 | 3.686.400 | 1.228.800 | 2.359.296 |
| Klappdisplay | 7,5 cm (3 Zoll) großes TFT, 1,44 Mio. Pixel (107–41 Grad neigbar) | 7,5 cm (3 Zoll) großes TFT, 1,44 Mio. Pixel (107–41 Grad neigbar) | 7,5 cm (3 Zoll) großes TFT, 1,23 Mio. Pixel (10–41 Grad neigbar) | 7,5 cm (3 Zoll) großes TFT, 0,9 Mio. Pixel (90–45 Grad neigbar) |
| Touchscreen | ja | ja | nein | nein |
| Intervallaufnahmen | ja | ja | ja, über Kamera-App | ja, über Kamera-App |
| geräuschlose Aufnahme | ja (EIN/AUS) | ja (EIN/AUS) | ja (EIN/AUS) | nein |
| Bildstabilisator | 5-Achsen-Sensor-Shift-Kompensation: 5,5 Stufen | 5-Achsen-Sensor-Shift-Kompensation: 5,5 Stufen | 5-Achsen-Sensor-Shift-Kompensation: 4,5 Stufen | nur über Objektive |
| Serienbilder | 10 Bilder pro Sekunde, RAW und JPEG 30 in Folge | 10 Bilder pro Sekunde, RAW und JPEG 38 in Folge | 5 Bilder pro Sekunde, RAW und JPEG 22 in Folge | ca. 4 Bilder pro Sekunde, RAW und JPEG 17 in Folge |
| Pixel-Shift-Multi-Aufnahmen | ja (4/16) | ja (4) | nein | nein |
| Bluetooth/ WI-FI | ja, Standard-Version 4.1/ja, bis ac-Standard (2,4 und 5GHz) | ja, Standard-version 4.1/ja, bis ac-Standard (2,4 GHz) | nein/ja, bis n-Standard 2,4 GHz | nein/ja, bis n-Standard 2,4 GHz |
| Mikrofon-/ Kopfhöreranschluss 3,5 Klinke | ja/ja | ja/ja | ja/ja | ja/ja |

| | α7R IV | α7R III | α7R II | α7R I |
|---|---|---|---|---|
| Akkulaufzeit (Fotos) | ca. 530 Aufnahmen (Sucher), ca. 670 Aufnahmen (LC-Display) (CIPA-Standard) | ca. 530 Aufnahmen (Sucher), ca. 650 Aufnahmen (LC-Display) (CIPA-Standard) | ca. 290 Aufnahmen (Sucher) ca. 340 Aufnahmen (LC-Display) (CIPA-Standard) | ca. 340 Aufnahmen (LC-Display) (CIPA-Standard) |
| Strom-versorgung über USB | ja (verfügbar mit Multi/Micro-USB oder USB-Type-C-Anschluss) | ja (verfügbar mit Multi/Micro-USB oder USB-Type-C-Anschluss) | ja (verfügbar mit Multi-/Micro-USB-Anschluss) | nein |
| Gewicht (inklusive Akku und Speicher-karte) | ca. 665 g | ca. 657 g | ca. 625 g | ca.465 g |

## α7S: Der Filmprofi

| | α7S II | α7S I |
|---|---|---|
| Anzahl der Pixel (effektiv) | 12,2 MP | 12,2 MP |
| Sensortyp | Exmor CMOS 35 mm | Exmor CMOS 35 mm |
| Bildprofil | ja (S-Log 2, S-Log 3) | ja (S-Log 2) |
| unkomprimiertes RAW | ja | ja |
| Aufnahmeformat | 4k/FullHD XAVC S, FullHD AVCHD, MP4 | FullHD XAVC S, FullHD AVCHD, MP4 |
| Zeitlupe und Zeitraffer | ja, bei FullHD 100 fps/Zeitraffer über Kamera-App | ja, bei 720 p 100 fps Zeitraffer über Kamera-App |
| Speicherkarten | Slot 1: SDXC/Memory-Stick PRO Duo | Slot 1: SDXC/Memory-Stick PRO Duo |
| Messfeld | 169 AF-Punkte Kontrast | 25 AF-Punkte Kontrast |

| | α7S II | α7S I |
|---|---|---|
| Augen-AF | Foto: Mensch nur in AF-S | Foto: Mensch nur in AF-S |
| Belichtungsreihe | 3 Bilder bis 3 EV/5 Bilder bis 3 EV/9 Bilder bis 1 EV | 3 Bilder bis 3 EV/5 Bilder bis 1 EV |
| ISO-Empfindlichkeit | Foto: ISO 50–409600<br>Video: ISO 100–409600 | Foto: ISO 50–409600<br>Video: ISO 100–409600 |
| Anti-Flimmer-System | nein | nein |
| Suchertyp | OLED bis zu 50 fps, 100 % Abdeckung, 0,78 Vergrößerung | OLED bis zu 50 fps, 100 % Abdeckung, 0,71 Vergrößerung |
| Anzahl der Bildpunkte | 2.359.296 | 2.359.296 |
| Klappdisplay | 7,5 cm (3 Zoll) großes TFT, 1,2 Mio. Pixel (107–41 Grad neigbar) | 7,5 cm (3 Zoll) großes TFT, 0,9 Mio. Pixel (90–45 Grad neigbar) |
| Touchscreen | nein | nein |
| Intervallaufnahmen | ja, über Kamera-App | ja, über Kamera-App |
| geräuschlose Aufnahme | ja (EIN/AUS) | ja (EIN/AUS) |
| Bildstabilisator | 5-Achsen-Sensor-Shift-Kompensation: 4,5 Stufen | nur über Objektive |
| Serienbilder | 5 Bilder pro Sekunde, RAW und JPEG 28 in Folge | 5 Bilder pro Sekunde |
| Pixel-Shift-Multi-Aufnahmen | nein | nein |
| Bluetooth/Wi-Fi | nein/ja, bis n-Standard (2,4 GHz) | nein/ja, bis n-Standard (2,4 GHz) |
| Mikrofon-/Kopfhöreranschluss 3,5 Klinke | ja/ja | ja/ja |
| Akkulaufzeit (Fotos) | bis zu 310 Aufnahmen | bis zu 380 Aufnahmen |
| Stromversorgung über USB | ja | nein |
| Gewicht (inklusive Akku und Speicherkarte) | ca. 584 g | ca. 446 g |

# DIE α7 IM ÜBERBLICK

*Zuallererst schauen wir uns deine α7 in Ruhe von allen Seiten an. Die wichtigsten Bedienelemente sind dir vielleicht schon vertraut, aber jetzt machen wir einen vollständigen „Rundgang“, damit du und deine Kamera schnell zu einem eingespielten Team werden.*

## Die wichtigsten Bedienelemente

Damit du möglichst schnell mit dem Fotografieren beginnen kannst, wollen wir uns die Tasten, Schalter und Regler, die du auf den folgenden Abbildungen siehst, mit ihren Funktionen genauer betrachten.

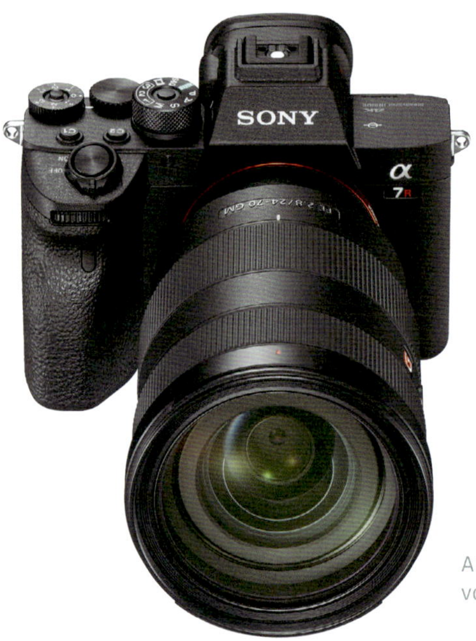


Ansicht der α7R IV mit Objektiv von vorne gesehen

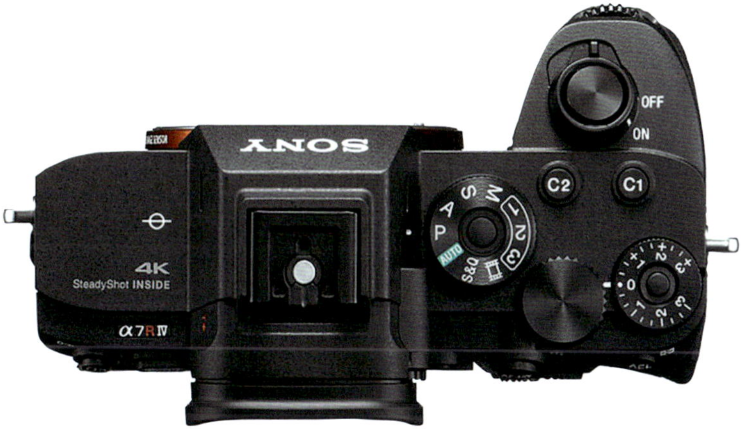


Die α7R IV von oben gesehen: Hier findest du den Ein-/Aus-Schalter, den Auslöser, das Moduswahlrad, das Belichtungskorrekturrad und die individuell belegbaren Tasten C1 und C2

**AUSLÖSER-EXTRAS**

Der Auslöser hat noch mehr zu bieten. Er ist die einfachste und eleganteste Art, aus dem Menü oder der Bildwiedergabe zurück in den Fotomodus zu kommen. Du kannst also immer blitzschnell fotografieren, auch wenn du gerade tief in irgendeiner Menüansicht bist. Außerdem hältst du die Kamera mit sanftem Antippen des Auslösers wach, damit sie bei Schnappschüssen sofort bereit ist.

Diese Taste kann sogar als Start- und Stoppschalter für die Videoaufnahme konfiguriert werden – für Vielfilmer eine sehr praktische Einstellung. Wie du diese Funktion („Film mit Verschluss") aktivieren kannst, findest du auf Seite 131.

## Der Auslöser

Mit dem Auslöser machst du deine Bilder, so weit alles klar. Der Auslöser kann aber noch mehr, er hat nämlich auch die Funktion der Schärfe- und Belichtungsspeicherung. Diese Taste ist funktionell besonders:

Sie hat zwei Stufen, sogenannte Druckpunkte. Wenn du den Auslöser halb drückst, siehst du ein grünes Symbol links unten im Display, und auch die Fokuspunkte auf deinem Display oder im Sucher werden grün angezeigt. Wenn du den Auslöser ganz durchdrückst, löst du aus, machst also das Foto. Dein Display zeigt dir nun das Bild an. Wenn du den Auslöser wieder halb drückst, siehst du wieder dein Live-Bild.

## Das Moduswahlrad

Mit diesem Rad wählst du deine Belichtungsprogramme, schaltest in die Videoaufnahme, wählst aus Szeneprogrammen das gewünschte aus oder rufst benutzerdefinierte Einstellungen ab. Die Modelle der ersten und zweiten Generation haben auch noch einen Panorama-Modus, während die Modelle ab Generation III mit S&Q einen Schnellzugriff für Zeitlupen- und Zeitraffervideos bieten.

## Das Belichtungskorrekturrad

Mit diesem praktischen Rad, das bei Sony sonderbarerweise „Knopf" heißt, kannst du die Helligkeit deiner Fotos vor der Aufnahme beeinflussen. Besser nimmst du deine Fotos gleich in der richtigen Helligkeit auf, anstatt sie nachträglich am Computer zu verändern. Du kannst mit dem Rad Werte von bis zu +3 EV (Lichtwerten) und –3 EV einstellen, ein sehr breiter Bereich. In der Automatik und den Szeneprogrammen hat die Belichtungskorrektur keine Auswirkung – alleine das ist ein Grund, lieber die Modi P, A, S oder M zu nutzen, um mehr Gestaltungsspielraum zu haben.

## C1- und C2-Taste

Diese Tasten gehören zu den benutzerdefinierten Tasten, sie lassen sich also mit verschiedenen Funktionen belegen. Mehr dazu auf Seite 75 und 137.

## Das vordere und hintere Drehrad

Das vordere Drehrad funktioniert genauso wie das hintere. Hiermit verstellst du deine Blendenwerte oder Verschlusszeiten. Welche weiteren Aufgaben das vordere und hintere Drehrad übernehmen können, erfährst du auf den Seiten 49 und 69.

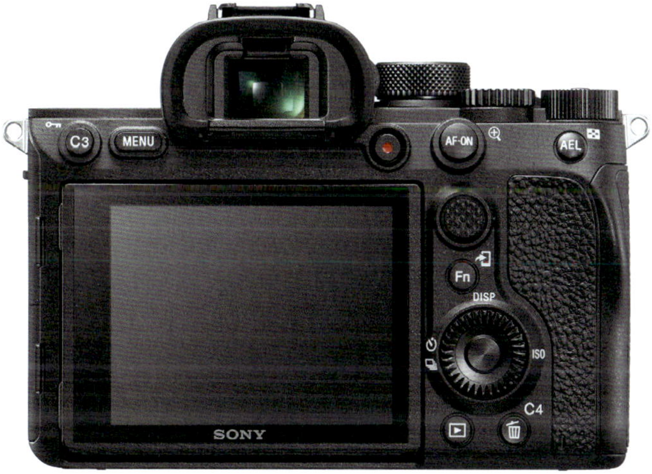


Die Rückseite deiner Kamera hat eine Menge zu bieten.

## Die Menü-Taste

Auf der Rückseite findest du unter anderem die Menü-Taste. Die Inhalte des Menüs erklären wir ausführlich auf Seite 104.

## C3-Taste/Lupentaste

Mit dieser Taste vergrößerst du in der Wiedergabe mit einem Tastendruck ins Bild, um die Schärfe zu beurteilen. Ab Generation III springt der Ausschnitt direkt an das Fokusfeld. Für den Aufnahmemodus kannst du diese Taste auch mit einer individuellen Funktion belegen.

## AF-ON- und AEL-Taste bzw. AF/MF- und AEL-Schalter

Hier gibt es einen Unterschied zwischen den α7-Modellen der ersten und zweiten Generation zu den Modellen der Generation III und IV. Diese haben zwei nebeneinander angeordnete Tasten, während die älteren Modelle einen Schalter besitzen, mit dem sich die Funktion umschalten lässt.

Diese Tasten lassen sich traditionell mit vielen Funktionen belegen, da sie sich sehr gut während des Fotografierens bedienen lassen. In der Grundfunktion kann mit der *AF-ON*-Taste auch der Autofokus gestartet werden, wie also mit dem Auslöser auch. Manche Fotografen haben die Auslösung und das Fokussieren aber lieber auf getrennten Bedienelementen, daher diese zusätzliche Taste. Wenn du diese – meist bei Tier- und Sportfotografen beliebte – Funktionsweise nicht brauchst, hast du auch hier eine Taste, die du individuell konfigurieren kannst (siehe Seite 46).

Die *AEL*-Taste („Automatic Exposure Lock") brauchst du, wenn du die Belichtung speichern willst. Manchmal verschwenkst du deine Kamera noch mal, um einen besseren Bildausschnitt zu bekommen, etwa nach den Gestaltungsregeln des Goldenen Schnitts oder weil du den Horizont aus der Mitte deines Bildes bekommen möchtest. Damit aber die Belichtung, also die Helligkeit deines Bildes, wie vorher bleibt, kannst du diese mit der AEL-Taste speichern. Alternativ kannst du deine Belichtung aber auch mit dem Belichtungskorrekturrad einstellen. Dann kannst du auch diese Taste mit einer anderen Funktion belegen.

Bei den α7-Modellen der ersten und zweiten Generation gibt es einen Kippschalter, mit dem du zwischen der *AF/MF*-Funktion und der *AEL*-Funktion wechselst. *AF/MF* schaltet von Autofokus auf manuellen Fokus. Das heißt, du speicherst die Schärfe. Aber auch hier lassen sich die Belegungen der Taste ändern, und du kannst mit dem Schalter die Funktion umschalten.

In der Wiedergabe dient sie dazu, aus der vergrößerten Ansicht zurückzuzoomen oder eine Übersicht deiner Aufnahmen zu erhalten. Wenn du sie mehrmals drückst, kannst du sogar nach Datum sortiert nach Fotos und Videos suchen.

## Der Joystick

Seit der Generation III gibt es dieses praktische Bedienelement. Damit kannst du jederzeit die Fokusfelder in den passenden Fokusfeldmodi *Feld*, *Flexible Spot* und *Erweiterter flexible Spot* verschieben. Das Drücken des Joysticks bringt dein Fokusfeld sofort in die mittlere Position.

## Die Fn-Taste

Diese Taste ruft das Fn-Menü auf. Wenn du gerade in der Wiedergabe von Fotos bist, verrät das Smartphone-Symbol neben der Taste, dass du damit Bilder und Videos an dein Smartphone oder Tablet schicken kannst. Dafür benötigst du die App „Imaging Edge Mobile". Die Fn-Taste kann nicht mit anderen Funktionen belegt werden.

**TIPP AUS EIGENER ERFAHRUNG**

Wenn du die Fn-Taste während der Wiedergabe aus Versehen gedrückt hast, betätige einfach den Auslöser halb, damit du schnell aus dem Menü zum Versenden von Bildern rauskommst.

## Das Einstellrad

Auch durch Drehen des Einstellrads kannst du Belichtungswerte wie die Blende, die Verschlusszeiten oder die ISO-Werte ändern. Das muss aber erst im Menü unter *Tastenbelegung* konfiguriert werden.

Es kann aber auch in vier Richtungen gedrückt werden. Nach links geklickt kommst du in das Menü für die *Bildfolge*, wo du unter anderem *Serienbilder* und den *Selbstauslöser* aktivieren kannst. Über dem Rad steht *DISP*. Hier kannst du verschiedene Ansichten für dein Display und den Sucher aufrufen.

Nach rechts geklickt rufst du das *ISO-Menü* mit der ISO-Automatik auf (dazu mehr auf Seite 57). Nach unten lässt sich das Rad auch klicken, dort ist erst einmal keine Funktion hinterlegt. Im Kapitel „Die Tastenbelegung" (Seite 46) erfährst du, wie du eine Funktion darauflegen kannst.

## Die Mitteltaste

Innerhalb des Einstellrads gibt es eine unbedruckte Taste. Mit ihr bestätigst du Menüänderungen, springst während der Aufnahme auf dein mittleres Fokusfeld und während der Bildwiedergabe zurück aus der vergrößerten Ansicht oder belegst auch diese Taste mit dir wichtigen Funktionen.

## Die Wiedergabetaste

Das Dreiecksymbol, das wie ein „Play"-Knopf aussieht, lässt dich deine gemachten Fotos und Videos ansehen. Um aus der Wiedergabeansicht wieder in den Aufnahmemodus zu kommen, kannst du sie entweder erneut drücken oder – eleganter – den Auslöser halb antippen. Die Wiedergabetaste lässt sich nicht mit anderen Funktionen belegen.

## Die Löschen-Taste/C4-Taste

Das Mülleimersymbol steht für das Löschen von Fotos und Videos. Nach dem Drücken wirst du sicherheitshalber erst gefragt, ob du das Foto wirklich löschen möchtest. Wenn du mehrere Bilder löschen möchtest, kannst du dies auch über das Menü tun (siehe Seite 157). Während des Fotografierens kann dir diese Taste als deine vierte benutzerdefinierte Taste auch mit einer selbst programmierten Funktion nützlich sein.

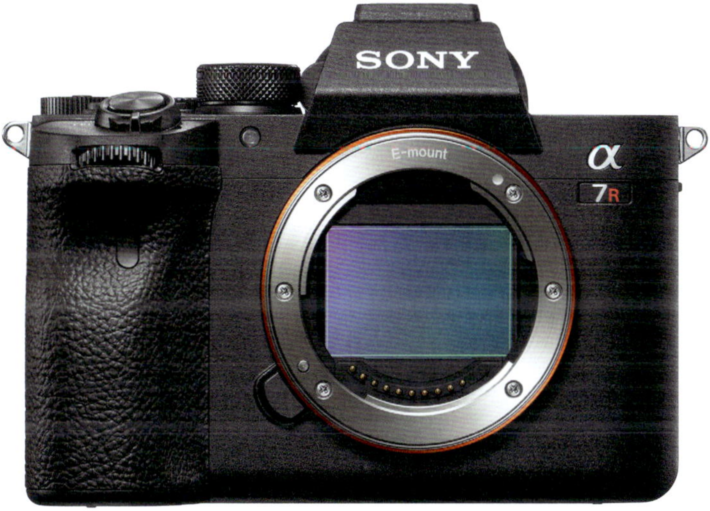


Die α7R IV von vorne: Die Vorderseite hat nur ein Drehrad und einen Knopf, die Objektiventriegelung. Die orangefarbene Lampe ist das Autofokus-Hilfslicht, das auch blinkt, wenn du den Selbstauslöser aktiviert hast.

## Die Objektiventriegelung

Spätestens wenn du mehr als ein Objektiv dein Eigen nennst, wirst du diesen Knopf öfter benutzen. Doch auch wenn du im Moment nur ein einziges Objektiv besitzt, kannst du ausprobieren, wie das funktioniert, damit du später genau weißt, wie es geht. Zum Abnehmen des Objektivs hältst du die große Entriegelungstaste gedrückt und drehst das Objektiv gegen den Uhrzeigersinn ab. Etwas schwieriger ist das Ansetzen. Auf dem Bajonett, also dem großen Metallring deines Kamerabodys, siehst du auf etwa ein Uhr einen weißen Punkt. Dieser muss sich in etwa mit dem weißen erhabenen Punkt an deinem Objektiv decken. Dann „schraubst" du das Objektiv im Uhrzeigersinn an. Dabei solltest du den Entriegelungsknopf nicht drücken, damit du das satte Einrasten hörst.

# Die Monitor- und Sucheransichten

Ob du gerne viele Einstellungen und Informationen oder lieber eine aufgeräumte Ansicht mit freiem Blick auf dein Motiv bevorzugst, kannst du für Monitor und Sucher selbst bestimmen. Die verschiedenen Ansichten rufst du mit Drücken der *DISP*-Taste auf dem Einstellrad auf.

## Monitor

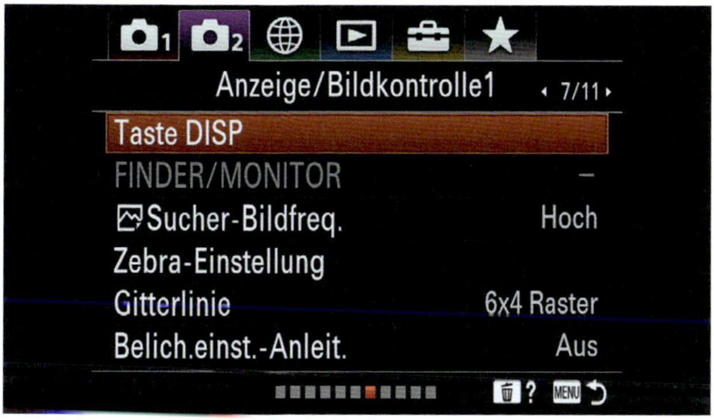


Bei diesem Menüposten kannst du deine Monitor- und Sucheransichten ändern

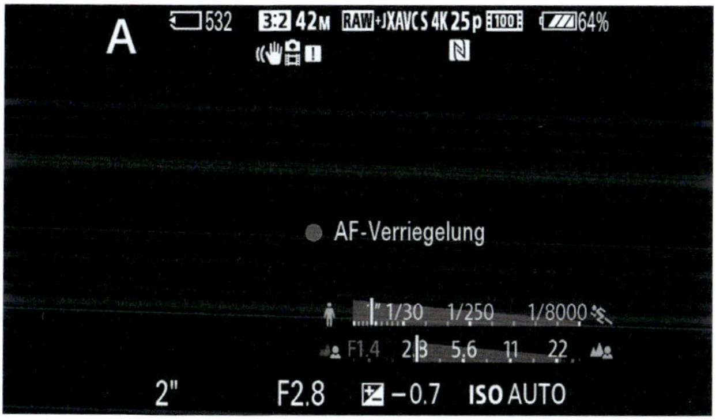


Diese Ansicht nennt sich Grafikanzeige

Die Grafikanzeige gibt neben den Belichtungswerten in der unteren Reihe weitere Informationen. Das Besondere an ihr ist die Anzeige in der rechten unteren Ecke des Monitors. Hier werden dir die Belichtungszeiten und Blendenwerte auf zwei Achsen angezeigt. Du siehst links und rechts in dieser Anzeige Symbole, die dir helfen, passende Werte für unbewegte oder bewegte sowie selektive Schärfe oder eine große Tiefenschärfe zu wählen. Nach einiger Zeit wirst du diese Hilfestellungen wahrscheinlich nicht mehr brauchen.

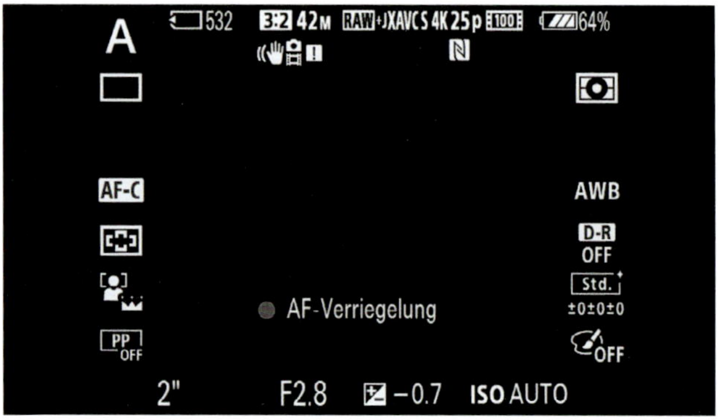


Die Ansicht mit allen Informationen: „Alle Infos anz."

Diese Ansicht zeigt dir in einer linken und rechten Spalte viele Einstellungswerte an, z. B. den Fokusmodus, das Fokusfeld, den Weißabgleich und den Kreativmodus. Bei den Automatik- und Szeneprogrammen wird nur die linke Spalte angezeigt, da du dort viele Einstellungen gar nicht ändern kannst.

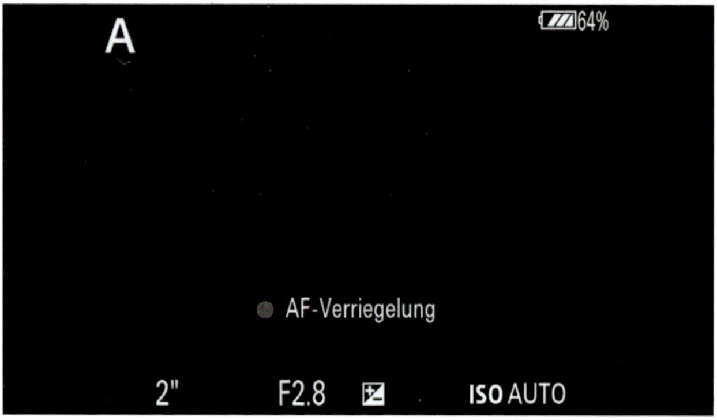


Reduzierte Monitoranzeige, bei der weniger Parameter angezeigt werden: „Daten n. anz."

Dieser Ansichtsmodus zeigt nur die Belichtungswerte und, wenn aktiviert, die Verwacklungswarnung an. Diese Ansicht ist gut, wenn dir Gestaltung und freie Sicht aufs Motiv wichtig sind.

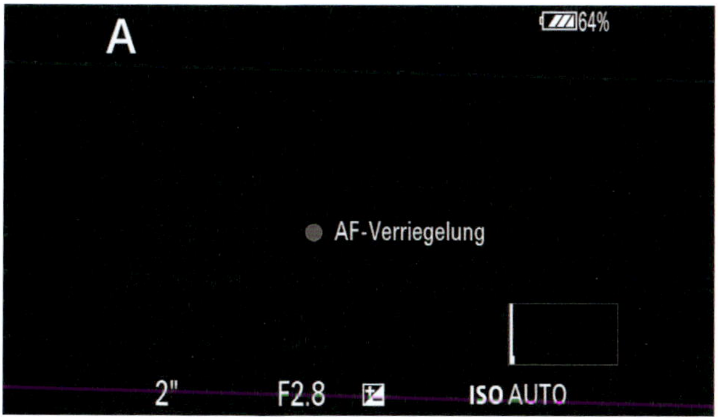

Die Anzeige mit Histogramm rechts unten: „Histogramm"

Bei dieser Ansicht wird das Histogramm angezeigt. Der Sinn: Bei sehr heller Umgebung kannst du die Helligkeit deines Fotos nicht so gut abschätzen, dann kannst du im Histogramm sehen, ob Bereiche links (Schatten) oder rechts (helle Lichter) aus dem Rechteck des Histogramms herausragen – was nicht passieren sollte. In der Wiedergabe zeigt diese Ansicht sogar blinkend zu dunkle und zu helle Bildbereiche an.

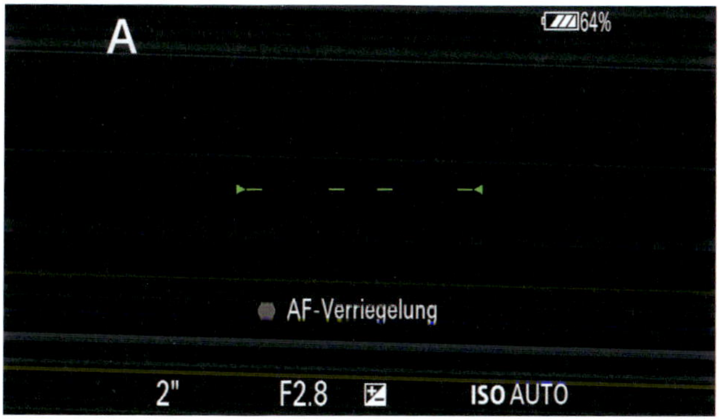

Monitoransicht mit Neigungsanzeige: „Neigung" /Wasserwaage

Hier wird der sogenannte künstliche Horizont mittig auf dem Display angezeigt. Er hilft dir, deine Kamera genau in der Waagerechten und auch ohne ein Kippen der Kamera nach vorne oder hinten auszurichten. Das ist sehr hilfreich bei Landschafts- oder Architekturaufnahmen.

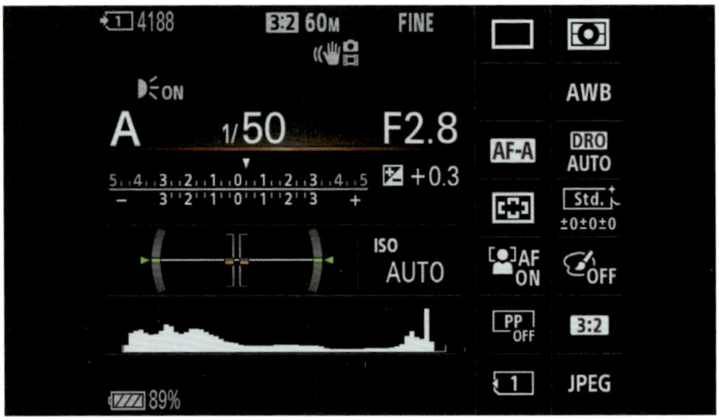


Hier zeigt der Monitor nur Anzeigen und keinen Live-View: „Für Sucher“. Diese Ansicht ist nicht im Sucher anwählbar.

Wenn du beim Fotografieren vorwiegend durch den Sucher schaust und deine Einstellungen gerne im Überblick hast, kann diese Ansicht deine Lieblingseinstellung sein. In den beiden rechts liegenden Spalten wird dir auch dauerhaft das Funktionsmenü angezeigt, dass wir im nächsten Kapitel genauer anschauen. Da du dein Motiv hier gar nicht siehst, funktioniert dieser Ansichtsmodus nur auf dem Monitor, aber nicht im Sucher.

## Sucher

Du kannst für Monitor und Sucher getrennte Einstellungen festlegen, z. B. für den Sucher nur die Ansicht mit „Histogramm“ und die Ansicht „Daten nicht anzeigen“.

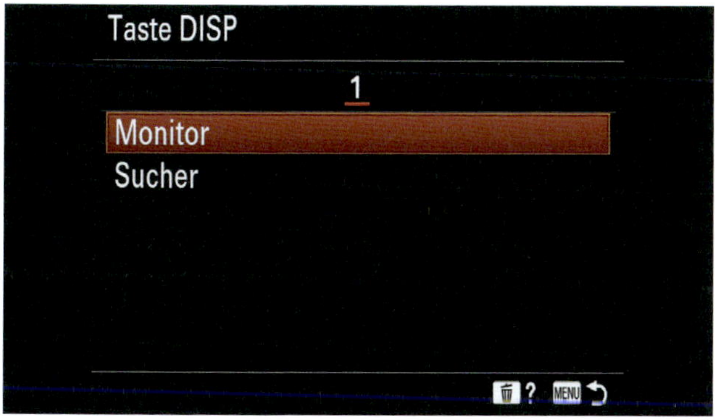


Unter dem Menüposten „Taste DISP" kannst du deine Monitor- und Sucheransichten konfigurieren.

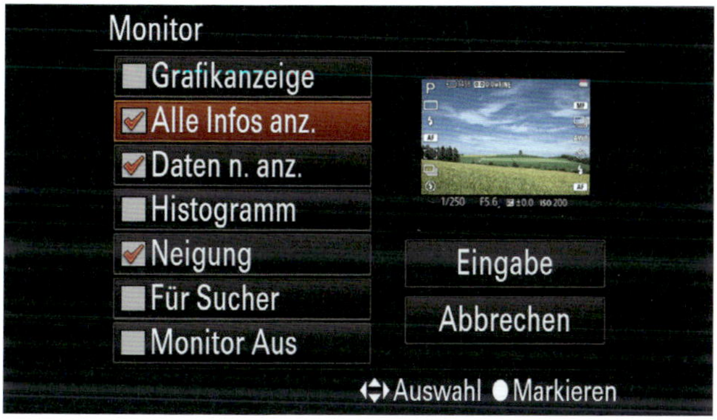


Hier kannst du Anzeigemodi aktivieren oder ausblenden

## Das Funktionsmenü

Das Fn-Menu ist neben den Tasten dein wichtigstes Steuerelement beim Fotografieren. Du rufst es mit der **Taste Fn** auf der Rückseite der Kamera auf. Dieses Menü kannst du ganz frei und individuell aus einer riesigen Anzahl an Einstellungen belegen. Aber sehen wir uns erst einmal das Menü in der Grundeinstellung an. Die Fn-Menüs der ersten und zweiten Generation sehen ein bisschen anders aus als die der dritten und vierten Generation. Aber egal welches Modell du besitzt, die Menüpunkte und auch deren Anordnung kannst du individuell anpassen.

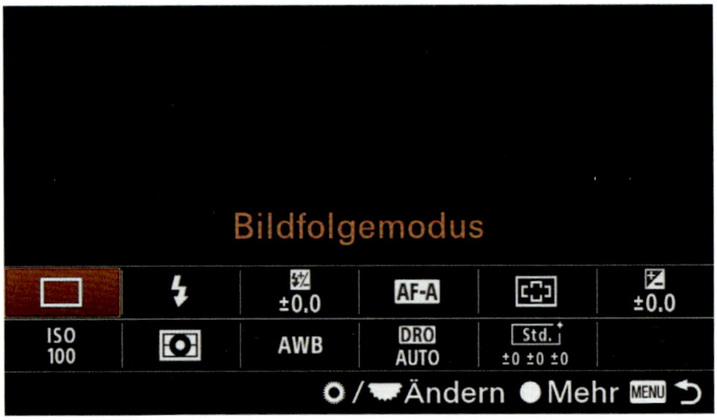


Das Fn-Menü der α7-Generation I und II

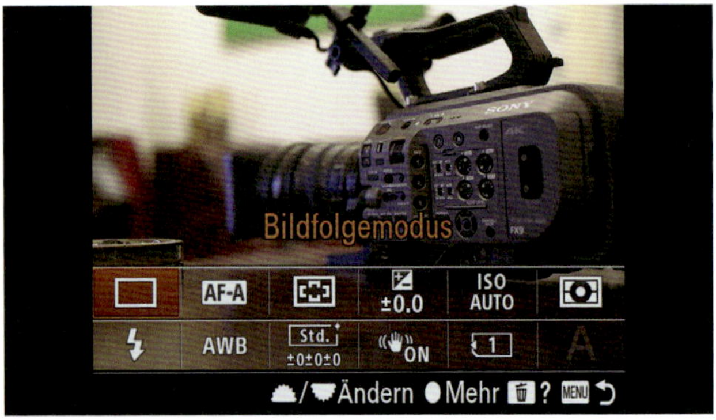


Das Fn-Menü der α7-Generation III und IV

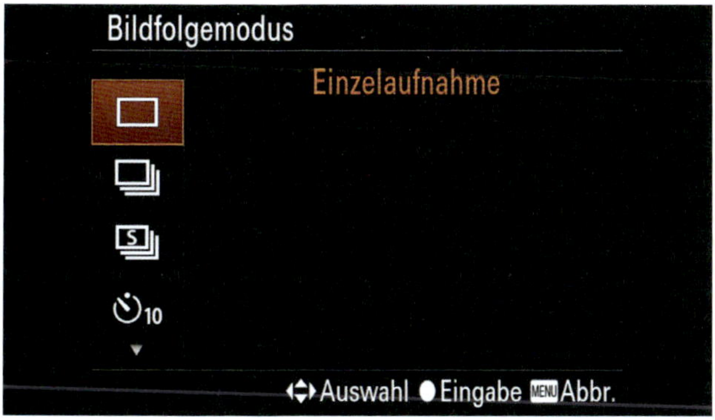


Hier kannst du den Bildfolgemodus einstellen, das heißt, Einzel- oder Serienbilder oder den Selbstauslöser aktivieren, aber auch umfangreiche Belichtungsreihen. Das alles geht auch über einen Linksklick auf dem Einstellrad rechts neben dem Display.

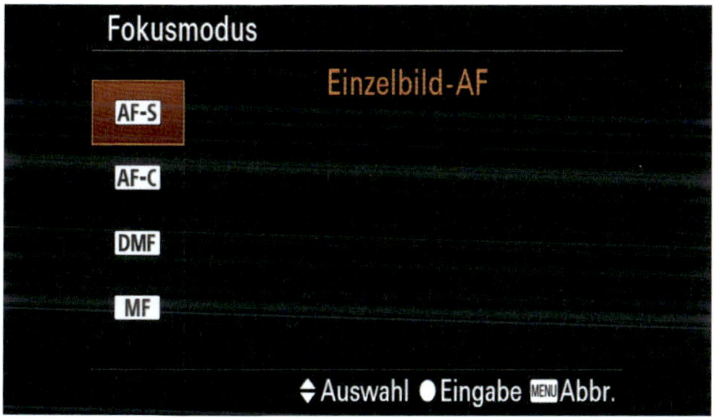


Hier stellst du die Autofokusmodi AF-A, AF-S, AF-C oder den manuellen Fokus MF oder DMF ein (mehr dazu ab Seite 74).

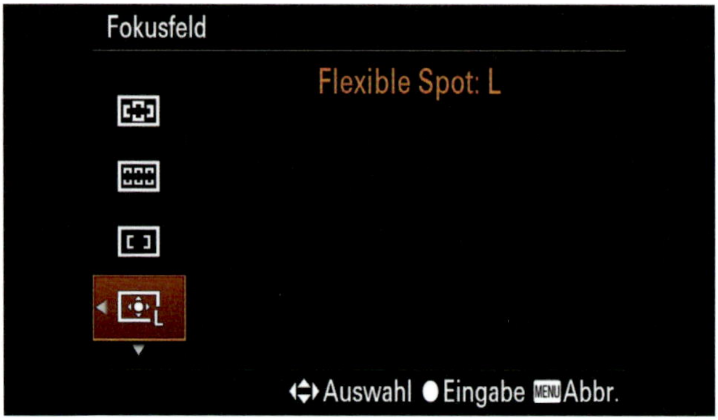


Hier kannst du die Fokusfeldoptionen einstellen (wir benutzen in unseren Bildbeispielen häufig den Flexible Spot)

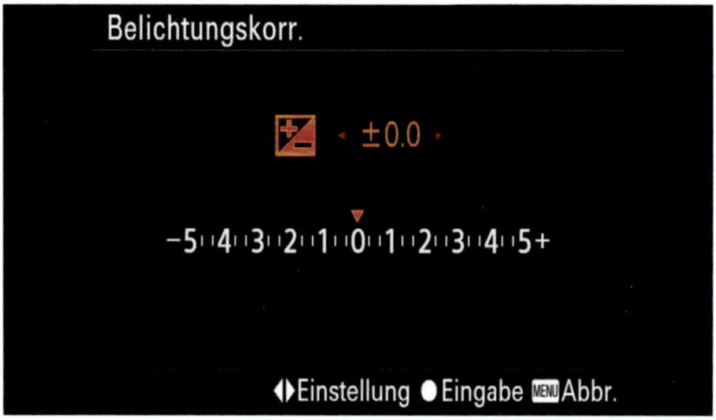


Hier kannst du die Belichtungskorrektur regeln. Das geht auch über das Belichtungskorrekturrad.

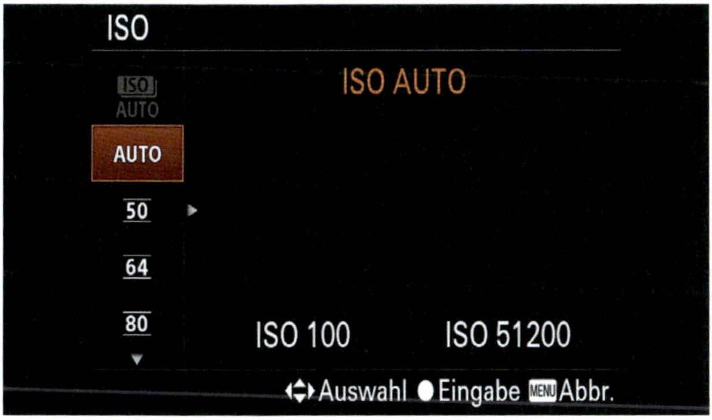


Hier sind die ISO-Werte und die ISO-Automatik zu finden. Bei den Generationen I und II gibt es über der ISO-Automatik noch eine Funktion: Die Kamera macht Serienbilder, die dann zu einer Aufnahme mit weniger Bildrauschen zusammengefügt werden – praktisch, wenn du abends kein Stativ dabeihast. Es darf sich aber nicht allzu viel in deinem Bild bewegen.

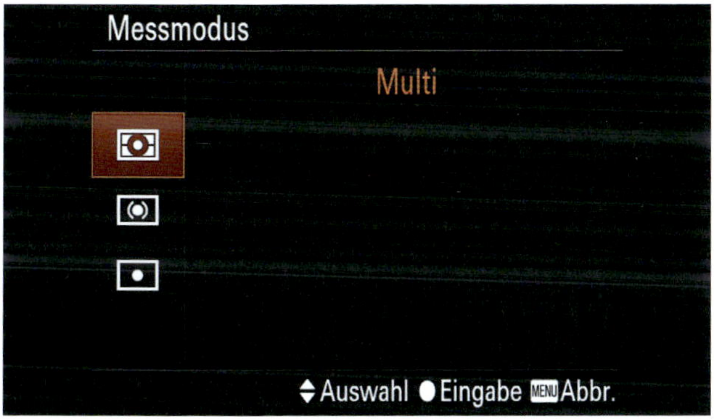


Bei der Belichtungsmessmethode kannst du in den meisten Fällen die Multimessung verwenden. Sie führt fast immer zu einem guten Ergebnis, das du wenn nötig mithilfe der Belichtungskorrektur noch verbessern kannst. Die anderen Messmethoden sind für speziellere Anwendungen. Spot- und die bei den neuen α-Modellen eingeführte Highlight-Messung sind z. B. gut für Theater- und Konzertfotografie geeignet. Mitte ist die traditionellste Messmethode, die – anders als Multi – eine feste Gewichtung hat und vor allem den mittleren Bildausschnitt berücksichtigt. Sie ist bei einigen Fotografen beliebt, da man bei ihr sehr gut die eigene Erfahrung mit der Belichtungskorrektur kombinieren kann.

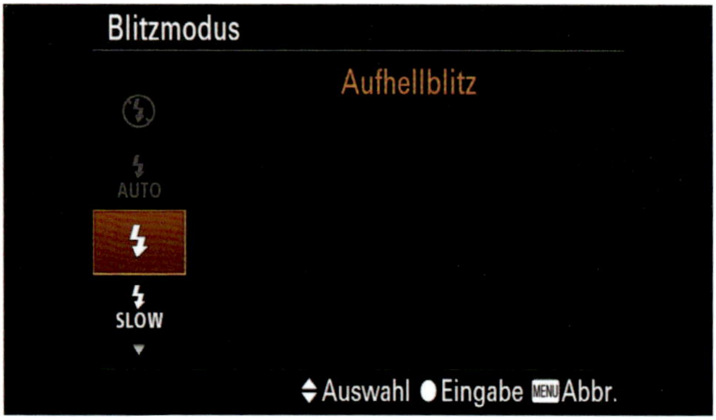


Optionen für einen externen Systemblitz oder den Transmitter. Wenn du keinen Blitz besitzt, kannst du diese und die nächste Funktion durch eine für dich wichtigere ersetzen.

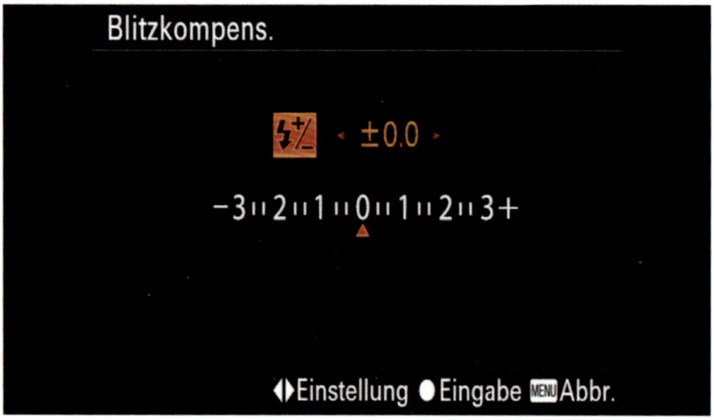


Mit der Blitzkompensation kannst du die Intensität des Systemblitzes korrigieren

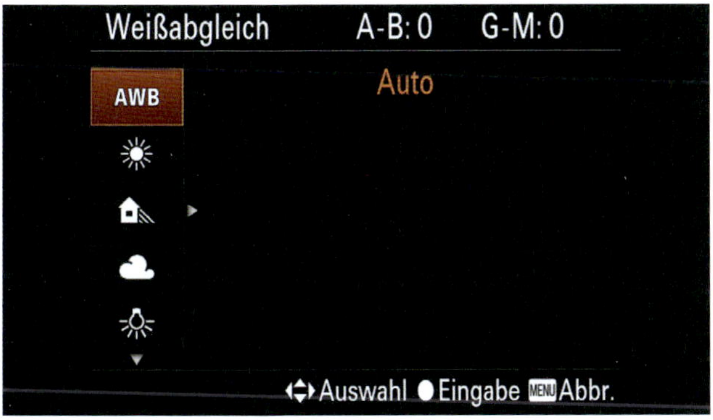


Den Weißabgleich kannst du hier einstellen und ganz individuell anpassen. Er sorgt dafür, dass die Farben im Bild richtig dargestellt werden. Im Praxisteil erfährst du, wie du ihn kreativ zur Farbsteuerung deiner Fotos nutzen kannst.

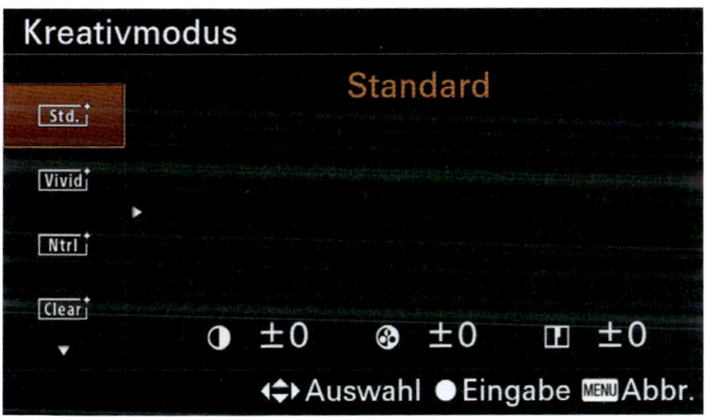


Der Kreativmodus beeinflusst Farben, Kontraste und Scharfzeichnung. Auch Schwarz-Weiß kannst du hier anwählen. Der Kreativmodus ist besonders wichtig, wenn du im JPEG-Format fotografieren willst.

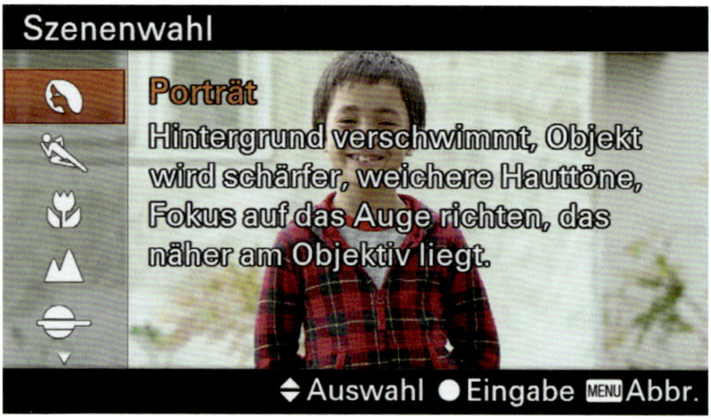


Wenn du SCN auf dem Moduswahlrad einstellst, kommst du über die Fn-Taste in die Szenenwahl und wechselst hier z. B. von Porträt auf Sonnenuntergang. Wenn du den Videomodus gewählt hast, kannst du über Fn zwischen verschiedenen Belichtungsmodi und Automatikprogrammen wählen. Wenn du nie in den Szeneprogrammen fotografierst und auch im Video nur ein Belichtungsprogramm, z. B. M, benützt, kann hier gut ein anderer Punkt programmiert werden.

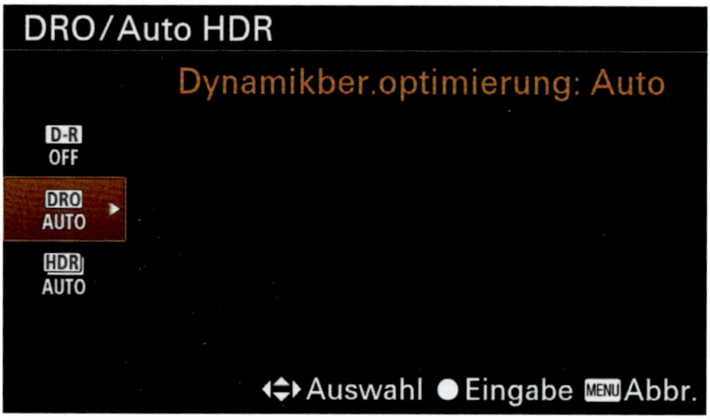


DRO/Auto HDR ermöglicht es, mehr Helligkeitsabstufungen, auch Dynamik genannt, im Bild darzustellen, als es ein JPEG normalerweise kann. Damit ist es ein sehr starkes Werkzeug zur Bildverbesserung. Im RAW ist der Dynamikumfang größer und man passt die hellen und dunklen Bildbereiche in der Bildbearbeitung an. Daher sind DRO und HDR auch nicht bei RAWs einstellbar.

## Das Fn-Menü individuell belegen

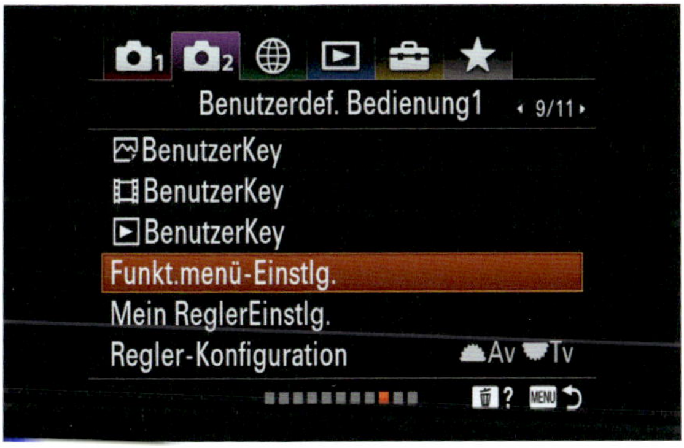


Unter diesem Menüpunkt kannst du dein Fn-Menü ganz individuell mit deinen Lieblingsfunktionen belegen.

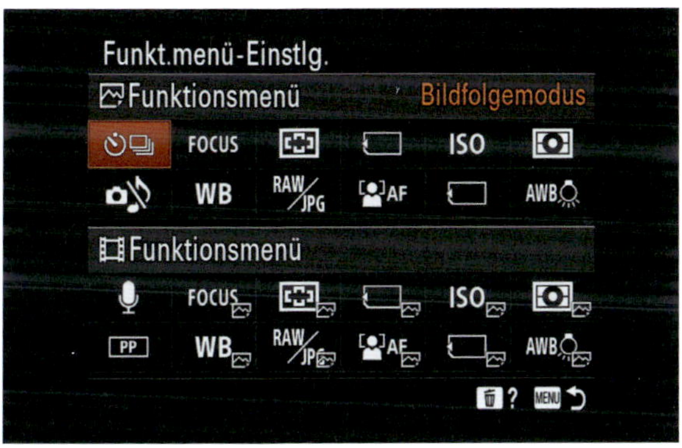


Das Feld, das du ändern möchtest, wird im Menü der Kameras der Generation IV farbig markiert. Du kannst aus den vielen Optionen die für dich passende auswählen.

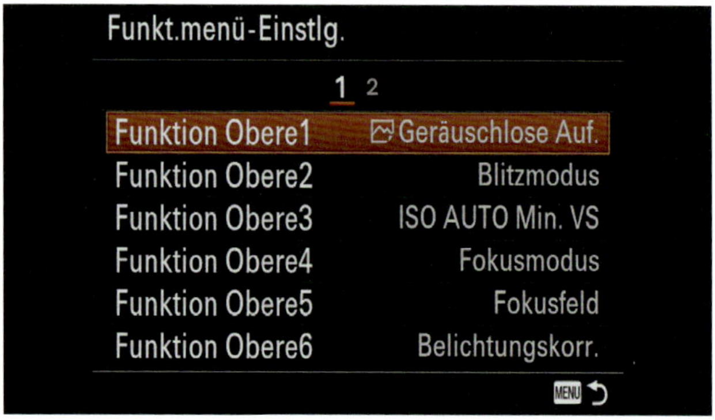


Die Ansicht zum Konfigurieren des Fn-Menüs bei den α7-Modellen der Generation I, II und III sieht nur anders aus.

## DIE KONFIGURATION DES FN-MENÜS

Nimm dir für die Konfiguration deines Fn-Menüs etwas Zeit und ändere nicht alle Punkte auf einmal. Wenn du merkst, dass du eine Einstellung aus dem Fn-Menü selten oder gar nicht verwendest, kannst du sie mit einer Funktion belegen, die du häufiger benutzen willst.

*DRO* und *HDR* etwa sind gute Möglichkeiten, den Kontrastumfang deiner Fotos zu erhöhen, um mehr Details in sehr hellen und sehr dunklen Bildpartien darzustellen. Bei *DRO* wird dies aus einem Foto generiert, bei *HDR* aus drei Fotos. Dieser Menüpunkt wurde bei den aktuellen Sony-Modellen aus dem Fn-Menü genommen. Da wir sie gerne benutzen, haben wir sie wieder in das Menü aufgenommen.

## Das Fn-Menü für Video

Für alle Videofilmer sehr interessant: Du kannst ein gesondertes Fn-Menü mit deinen zwölf wichtigsten Videofunktionen erstellen. Der Pegel für dein Mikrofon oder die Einstellung für die Frameraten sind hier beispielsweise wichtig. Das gesonderte Fn-Menü für die Videofunktion gibt es ab Generation III der α7-Reihe. Weitere Tipps für bessere Videoaufnahmen bekommst du auf Seite 242.

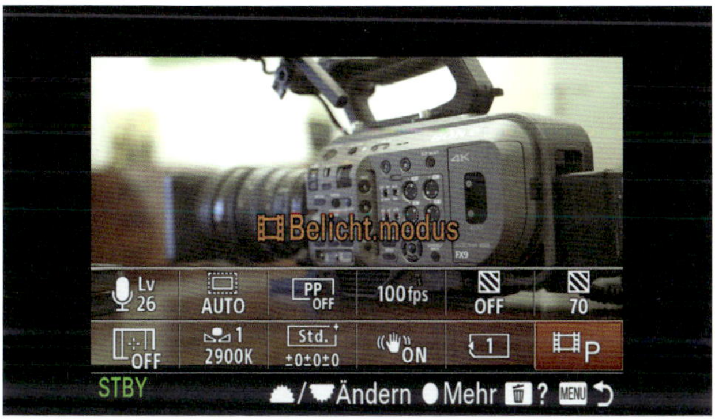


Ein Beispiel für sinnvolle Videoeinstellungen des Fn-Menüs

# Die Tastenbelegung

Deine Sony-Kamera verfügt über eine Menge Tasten. Diese kannst du zum großen Teil frei nach deinen Wünschen belegen. Das ist ein Riesenvorteil, denn dir sind vielleicht andere Funktionen wichtiger als die vorprogrammierten. In diesem Kapitel zeigen wir dir die verschiedenen Möglichkeiten und geben Empfehlungen, die du ganz individuell an deine eigenen Bedürfnisse anpassen kannst. Hauptsache, du nutzt dieses coole Feature, denn es lässt dich beim Fotografieren schneller und effektiver Einstellungen verändern.

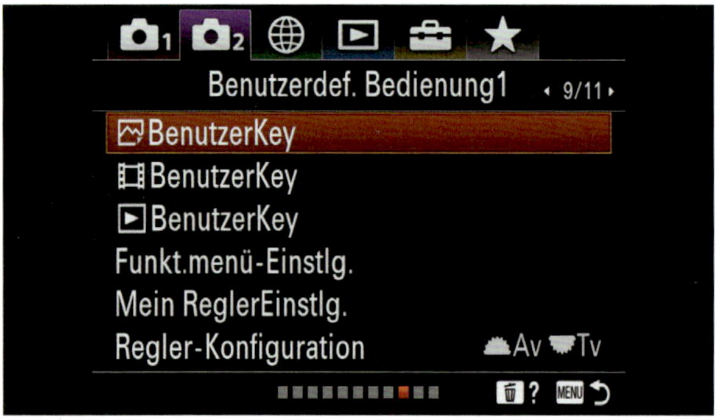


Im Menü deiner Kamera kannst du unter dem Punkt „BenutzerKey" bei den neuen α-Modellen für Foto, Video und die Wiedergabe getrennte Tastenbelegungen festlegen.

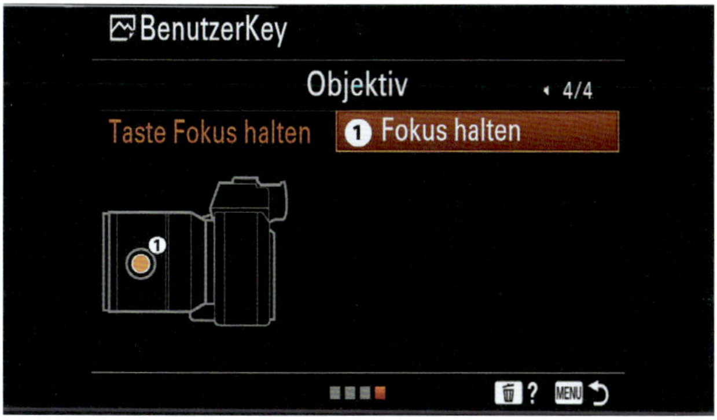


Der Menüpunkt „Tastenbelegung/BenutzerKey" ist bei der α7 IV nun als grafisches Menü auf vier Seiten aufgeteilt. Wenn dein Objektiv über eine Taste oder andere zusätzliche Bedienelemente verfügt, kannst du sie auch zuweisen. Sie hat die Bezeichnung „Taste Fokus halten"

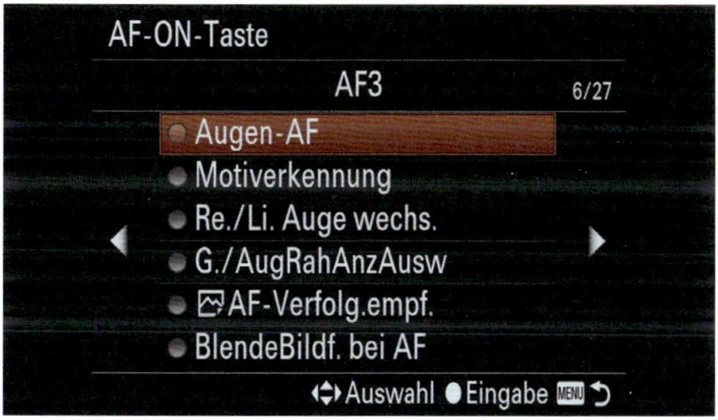


Seit Generation IV sind die auswählbaren Funktionen auf mehrere Seiten aufgeteilt (vorher wurden sie in einer langen Liste angezeigt)

Bei manchen Tasten, wie z. B. der *DISP*-Taste, kannst du unter einem eigenen Menüpunkt eine Funktion anpassen, aber ihre Grundfunktion nicht ändern. Die *DISP*-Taste ist also immer mit der gleichen Funktion belegt, nämlich durch verschiedene Ansichtsmöglichkeiten auf dem Display zu blättern. Diese Ansichten sollen dir helfen, dein

Foto zu machen, beispielsweise die Wasserwage einzublenden, um einen geraden Horizont zu bekommen, wenn du nichts zum Orientieren hast.

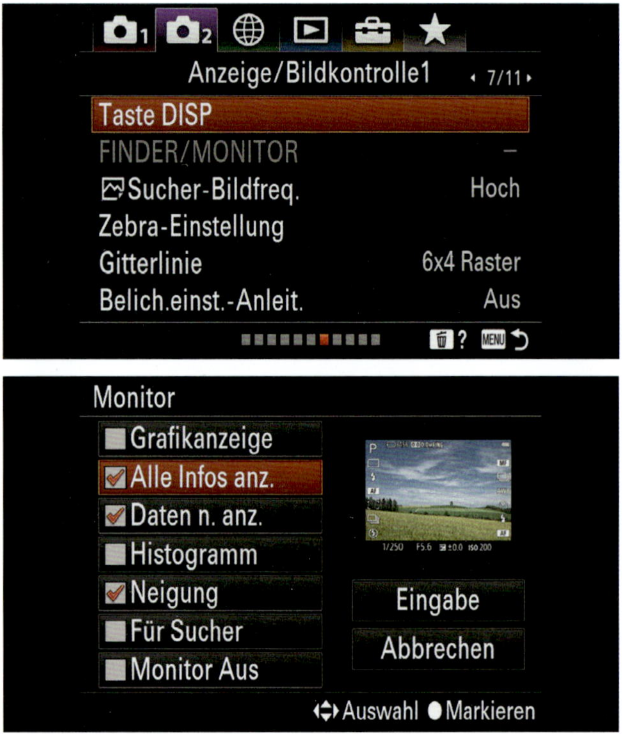


Hier können die Anzeigeoptionen für die DISP-Taste ausgewählt werden

Es ist auch möglich, die verschiedenen Ansichten des Monitors und Suchers anzupassen, z. B. die Übersicht auf dem Monitor, aber nicht im Sucher (mehr dazu auf Seite 31).

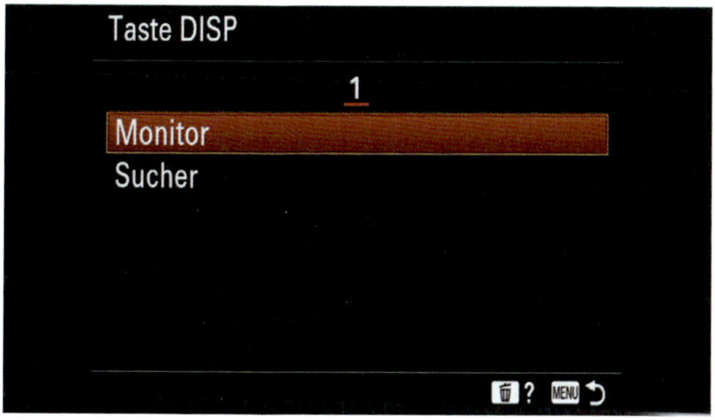


Durch Drücken der DISP-Taste wechselst du die Anzeigemodi auf dem Display oder im Sucher

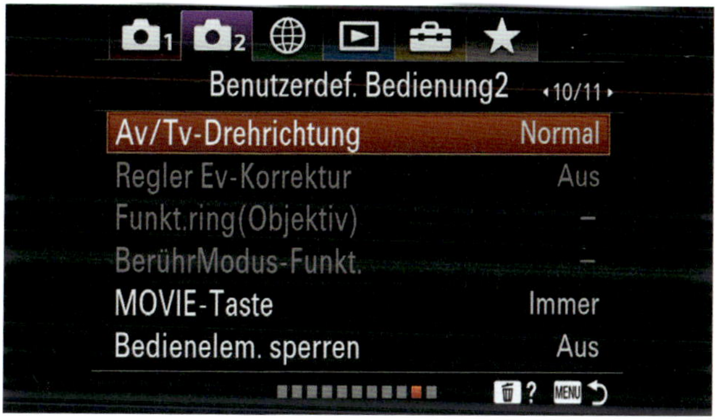


Hier kannst du die Richtung der Drehräder für Blende (Av) und Verschlusszeit (Tv) ändern. Das ist wirklich Luxus!

Eine sehr praktische Funktion ist auch, die Belichtungskorrektur einfach mit dem Drehrad vorzunehmen, das du gerade nicht brauchst, weil du im A-, S- oder P-Modus bist. Die Belichtungskorrektur ist eine sehr wichtige Einstellung für deine Fotos und auch Videos. Im Praxisteil wirst du sehen, dass wir bei vielen unserer Fotos eine Belichtungskorrektur vorgenommen haben.

Manchen Fotografen ist die Einstellung über das Belichtungskorrekturrad auf der Oberseite nicht schnell genug, Sportfotografen beispielsweise wollen auch während einer Bildserie schnell die Belichtung ändern. Die meisten Fotografen aber nutzen die Einstellung über das Belichtungskorrekturrad gern, ein Landschaftsfotograf etwa stellt seine Belichtungskorrektur meistens in Ruhe vor der Aufnahme ein und kann sie auch bei ausgeschaltetem Display direkt ablesen. Beide Einstellungen sind also gut.

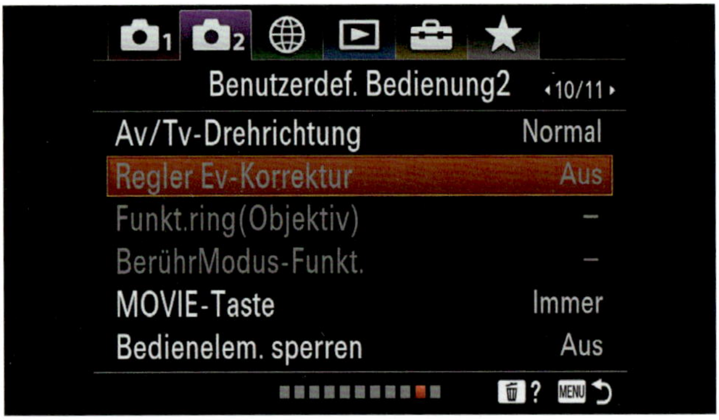


Hier entscheidest du, mit welchem Drehrad die Belichtungskorrektur vorgenommen wird

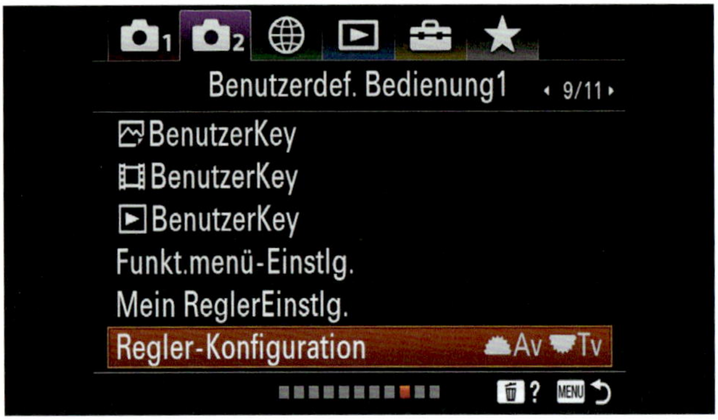


Hier kannst du die Drehräder in ihrer Funktionsweise vertauschen

In der Grundeinstellung verstellt das hintere Drehrad beim Fotografieren im Belichtungsprogramm M die Blende und das vordere die Verschlusszeit. Hier könntest du das ändern, wenn es dir lieber ist.

## Der Speicherabruf

Neben der Tastenbelegung gibt es oben auf dem Moduswahlrad noch einen Speicherplatz für ganz individuelle Fotografieprogramme. Damit sind die Zahlen 1, 2 und manchmal sogar 3 gemeint. Dieser Speicherplatz nennt sich *MR* („Memory Recall“, Speicherabruf). Das bedeutet, du kannst z. B. ein Programm für Sport und Actionaufnahmen erstellen. Dann sind alle Parameter, z. B. Verschlusszeit, ISO-Empfindlichkeit, Autofokus-Modus und mehr schon richtig eingestellt, und du kannst gleich loslegen. Du kannst unterschiedliche Belegungen für die Fotoaufnahme, das Videofilmen und die Wiedergabe einstellen.

Der Speicherabruf ist eine sehr einfache Möglichkeit, Einstellungen für häufige Fotosituationen sicher aufrufen zu können. Nehmen wir an, du willst ein Porträt-Set-up auf Speicherabruf 1 programmieren. Stelle deine Kamera zunächst auf den richtigen Aufnahmemodus. Für Porträt ist das der Aufnahmemodus A, also Blendenpriorität. Damit hast du entschieden, wie belichtet werden soll und welche Parameter dein Bild bestimmen sollen. Mit der Blendenprioriät gibst du vor, dass du die Tiefenschärfe variieren und damit den Blick des Betrachters leiten willst.

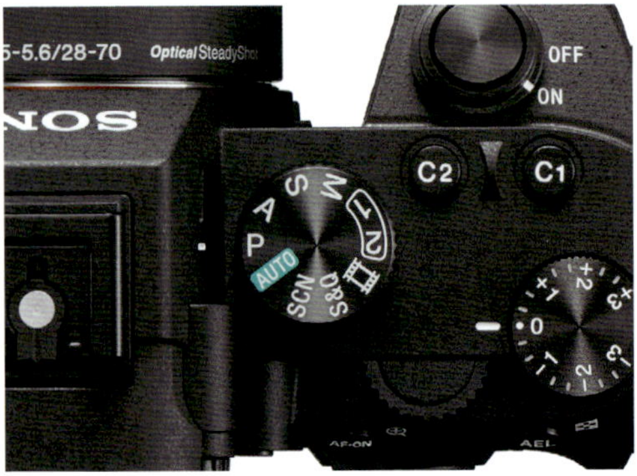


Auf dem Moduswahlrad ist der Speicherabruf über die Zahlen abrufbar

Dann setzt du zusätzliche Einstellungen im Fn-Menü, die z. B. das Thema Schärfe betreffen: kleines Fokusfeld und *AF-S* für die Kameras der ersten Generation und *AF-C* ab Generation II.

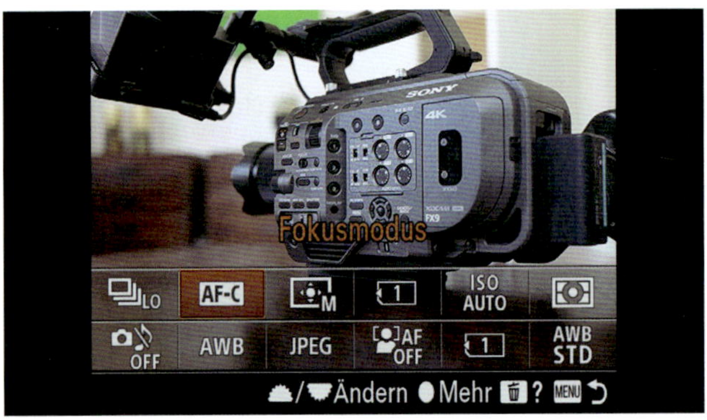


Hier kannst du deinen Fokusmodus voreinstellen

Zuletzt willst du vielleicht noch die Farbe anpassen und setzt den Kreativmodus auf *B/W*.

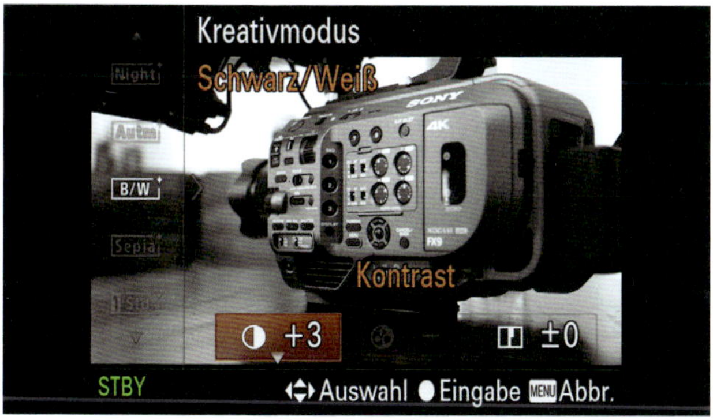


Einstellung des Kreativmodus auf Schwarz-Weiß

Generell kannst du aus allen Einstellungen und Modi deine Lieblingskombination abspeichern, also auch SCN, Panorama und Video-Modus. Das Abspeichern geht ganz einfach: Im Menü der α7 und α7 II gehst du auf das Kamerasymbol und dort auf die letzte Seite und wählst den Menüposten „Speicher".

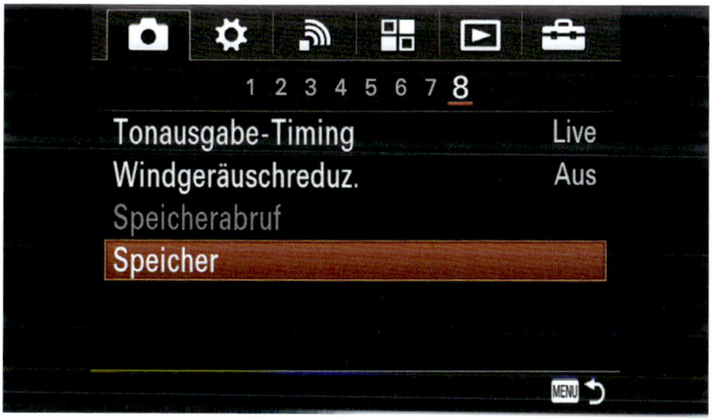


Hier findest du den Menüposten zum Abspeichern deiner Einstellungen bei der α7R II

Bei der α7 III und IV gehst du in Kamera-Einstellungen 1 auf die Seite 3 und suchst nach dem Menüposten „MR 1/2 Speicher".

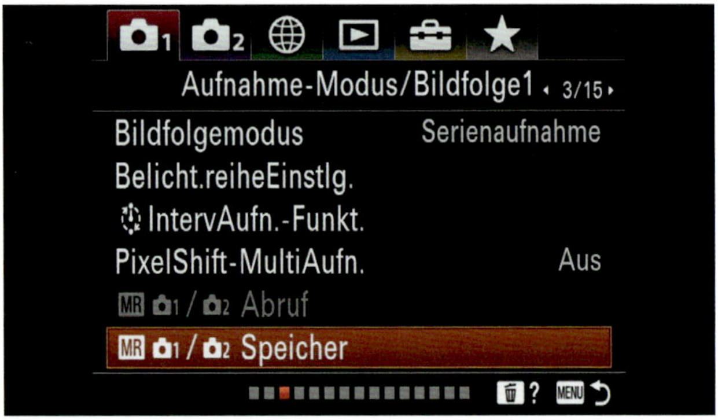


Hier findest du den Menüposten zum Abspeichern deiner Einstellungen bei der α7 III und IV

Wenn du diesen Menüposten ausgewählt und bestätigt hast, bekommst du die Auswahlmöglichkeit, welchen Slot du belegen willst. Je nach Modell gibt es zwei oder drei hardwareseitige Slots, bei denen die Einstellungen auf der Kamera abgelegt werden, und vier Slots, bei denen die Einstellungen auf der Speicherkarte abgelegt werden.

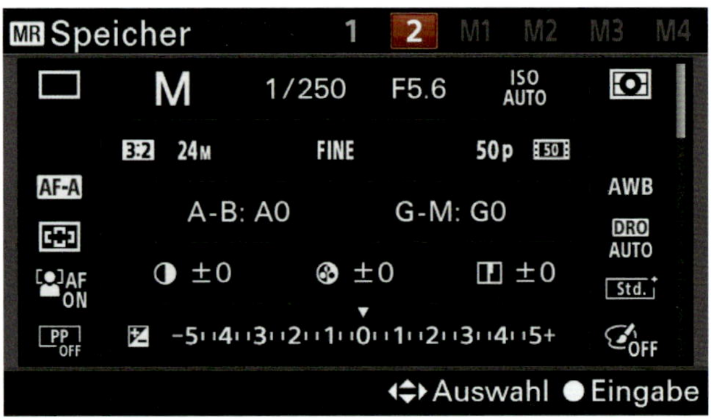


Menü zur Auswahl der Hardware- und Softwareslots

Hier wählst du Slot 1 aus und bestätigst deine Auswahl mit der Mitteltaste. Die Einstellungen sind nun in der Kamera auf der Position 1 abgelegt und du kannst sie jederzeit abrufen.

Drehst du nun das Moduswahlrad auf Position 1, kannst du eine der Speicherpositionen auswählen und deine zuvor abgespeicherte Konfiguration laden. Es können ein bis drei Positionen in der Kamera und bis zu vier auf der Speicherkarte abgelegt werden.

# FOTOGRAFIEREN MIT DER α7

*Du hast den Geruch deiner neuen Alpha in der Nase und willst am liebsten sofort den Akku einlegen und loslegen, ohne das Handbuch zu lesen? Damit das nicht zu vielen Fragezeichen und frustrierenden Erfahrungen führt, zeigen wir dir hier Schritt für Schritt, wie du vorgehst, um perfekte Bilder zu erhalten.*

## Der Akku

Bevor du loslegen kannst, benötigst du natürlich einen geladenen Akku. Sicherlich ist etwas Energie drauf, wenn du ihn neu auspackst, aber sie wird nicht lange halten. Und es ist auch nicht vorteilhaft für den Akku, ihn halb geladen zu verwenden, also gib der Lebensdauer deines Akkus gleich die richtige Richtung und lade ihn vor der Erstbenutzung einmal komplett auf.

Jeder Akku ist irgendwann mal leer – und wahrscheinlich passiert das genau in dem Moment, wenn du das eindrucksvollste deiner Urlaubsmotive ablichten willst oder dein Kind gerade die ersten Schritte macht. Deshalb hier schon der Hinweis auf den obligatorischen Ersatzakku. Er zahlt sich aus – immer!

**POWERBANK**

Für alle Sparfüchse ein Hinweis: Natürlich kannst du den Akku der α7-Reihe auch mit einer Powerbank laden, aber nicht nur das. Die Kamera kannst du auch über einen USB-Anschluss oder die Powerbank dauerhaft mit Energie versorgen. Achtung: Das geht nicht bei der α7und α7 II.

# Die Bildqualität

## Die ISO

Ein Tipp voraus: Um die Einstellungen in diesem Kapitel vornehmen zu können, musst du den grün markierten AUTO-Modus auf dem Moduswahlrad verlassen. Wähle zunächst Modus P, um dich ganz auf die ISO-Einstellungen zu konzentrieren.

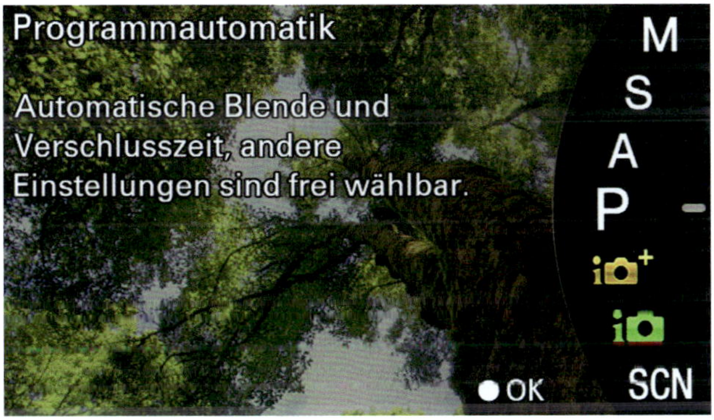


In der Programmautomatik kümmert sich die Kamera um die Belichtungswerte, du kannst aber alle weiteren Einstellungen selbst vornehmen

### FESTER ISO-WERT ODER ISO-AUTOMATIK?

Die ISO, also die Empfindlichkeit, mit der der Sensor eingestellt wird, ist entscheidend für die Bildqualität. Vor allem Detailreichtum, Farben und die Dynamik deiner Fotos werden davon beeinflusst. Dabei gilt als Faustregel, die ISO so niedrig wie möglich und so hoch wie nötig einzustellen.

Bei Stillleben, Porträts, Food, Landschaften oder Architektur eignen sich feste und möglichst niedrige Werte. Bei Events, für Online-Zwecke und kleinere Fotoabzüge nimmst du eher die ISO-Automatik, denn hier funktionieren auch Werte oberhalb von 10000 ISO noch sehr gut.

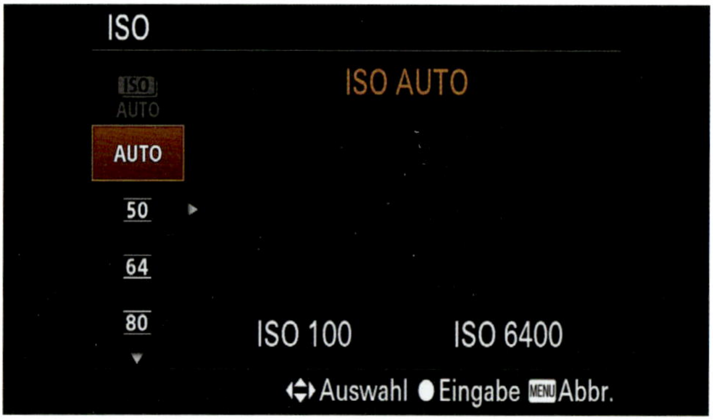

Hier stellst du die ISO-Automatik oder feste Werte ein (Menü der α7 II)

Damit die ISO-Automatik nicht zu hoch geht und Werte einstellt, die du persönlich nicht mehr schön findest, kannst du die Obergrenze auf einen Wert deiner Erfahrung setzen. Für die Untergrenze empfehlen wir 100.

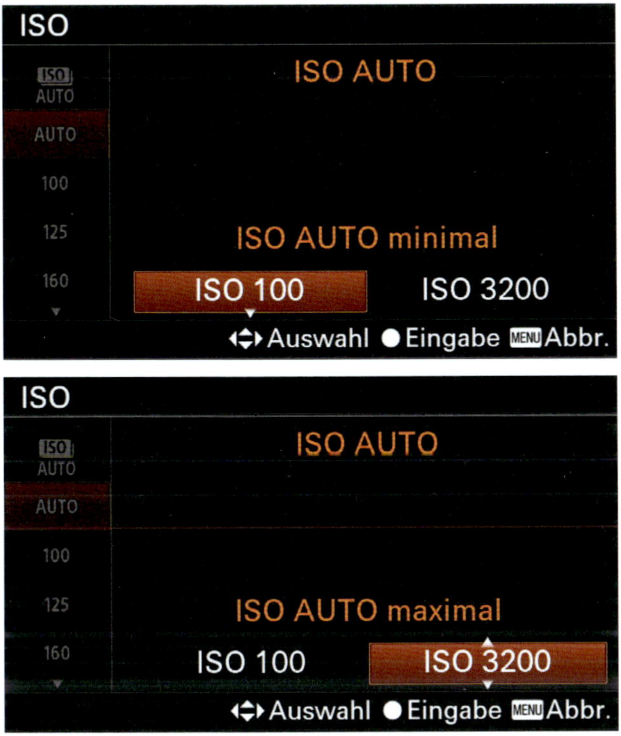


So änderst du Ober- und Untergrenze bei der ISO-Automatik

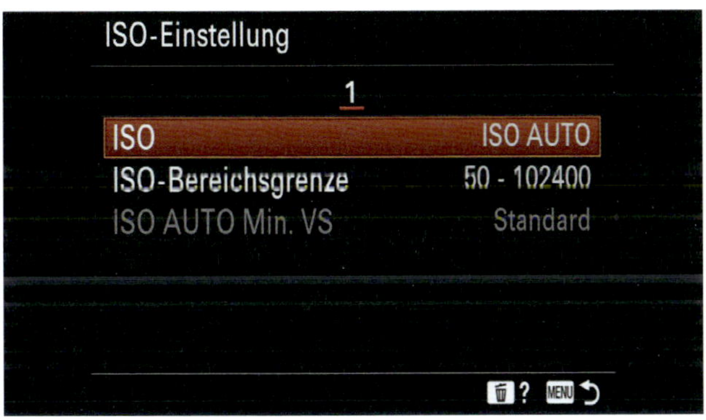


Unter diesem Menüpunkt kannst du den Wert für die längste Verschlusszeit wählen, ab der die Kamera dann den ISO-Wert erhöht

Mit einem Klick nach rechts auf dem Einstellrad kommst du in die ISO-Einstellungen. Zuoberst steht *AUTO*. Das ist die ISO-Automatik. Bei den Kameras der ersten und zweiten Generation gibt es, etwas verwirrend, darüber den Punkt *ISO AUTO*, daneben steht allerdings *Multiframe-RM*, das bedeutet Mehrfachbelichtung-Rauschminderung. Das ist eine tolle Funktion, wenn du z. B. ohne Stativ eine abendliche Szene fotografieren möchtest. Deine Kamera macht vier Aufnahmen mit einer hohen ISO-Einstellung und verrechnet diese Bilder zu einem einzigen Foto mit einem geringen Rauschen. Es gibt allerdings zwei Einschränkungen: Das Ganze funktioniert nicht in der Bildqualität RAW und es darf sich nichts im Bild bewegen, da es sonst zu sogenannten Geisterbildern kommt. Beispielsweise würde eine Person, die durch das Bild geht, schemenhaft und mehrfach auf dem Foto zu sehen sein. Bei den aktuelleren Kameras ist diese Einstellung aus dem ISO-Menü verschwunden, kann aber im Menü eingestellt werden.

Unter diesen AUTO-Einstellungen siehst du drei ISO-Werte mit Balken darüber und darunter (ISO 50, 64, 80). Auch hier solltest du im Hinterkopf behalten, dass die Bildqualität nicht im optimalen Bereich ist. Es sind Absenkungen der normalen ISO-Empfindlichkeit. Die Fotos „rauschen“ zwar nicht, haben aber weniger Helligkeits- und Farbdynamik. Für ein besonders schönes Landschaftsmotiv wäre das schade. Einstellungen wie ISO 50 oder 64 sollten genommen werden, wenn du entweder bei starkem Sonnenschein einen Blitz und trotzdem eine große Blendenöffnung verwenden möchtest oder eine lange Verschlusszeit anstrebst, um z. B. einen Wasserfall etwas glatter zu zeigen. Wenn du solche Aufnahmen häufiger machen möchtest, solltest du dir lieber einen Graufilter (auch ND-Filter genannt, siehe Seite 102) zulegen. Dann kannst du in ISO 100 fotografieren und trotzdem solche Fotos machen.

Darunter kommen die „normalen“ ISO-Werte. ISO 100 sorgt ganz klar für die allerbeste Bildqualität. Aber auch ISO 200 oder 400 sehen bei allen Kameras nahezu gleichwertig aus. Nur professionelle Fotografen oder Bildbearbeiter würden einen geringen Unterschied feststellen können. Darüber hinaus liegt es jetzt daran, welche Kamera du hast. Eine α7S II oder α7 III gehören zu den „rauschärmsten" Kameras am Markt. Sie können bis zu extremen Werten von ISO 12800 absolut brauchbare Fotos erzeugen. Eine α7R, egal welcher Generation, soll aber durch feinste Details bei großen Vergrößerungen punkten. Diese gehen zunehmend verloren, wenn die ISO-Werte steigen.

Auch die α7 und die α7 II zeigen ab etwa ISO 1600 ein leicht sichtbares Rauschen. Die Übergänge sind allerdings fließend, und auch das vorhandene Licht (Tageslicht, LED-Scheinwerfer, Halogenstrahler oder Leuchtstoffröhren) beeinflussen die Bildqualität. Weil es da keine absoluten Werte gibt, solltest du ab und zu Testfotos bei höheren ISO-Werten und verschieden Lichtsituationen machen. Zuletzt gilt: Lieber ein leichtes Rauschen anstatt eine Verwacklungsunschärfe im Bild!

## JPEG- oder RAW-Format?

Zu Beginn bist du mit dem JPEG-Format immer auf der sicheren Seite, weil du viele Fotos auf der Speicherkarte unterbringen und sie direkt benutzen kannst, ohne viel Bildbearbeitung zu benötigen. Sei dir jedoch bewusst, dass der JPEG-Standard aus dem Jahr 1994 ist und eine Menge an Bildqualität „liegen lässt", insbesondere in Zeiten von HDR-Displays auf Smartphones, Laptops und Fernsehern. Wer das volle Potenzial seiner Kamera nutzen möchte, sollte mit dem RAW oder Rohformat diese Grenze überschreiten.

Wer aus Platzgründen oder zur einfachen Weitergabe der Fotos an andere zum JPEG greift, kann die Stärke der Zusammenfassung von Bildelementen steuern und damit entweder zur Verkleinerung oder andererseits zur Verbesserung der Bilddateien beitragen: *Fine* oder *X.Fine/Extrafine* ist unser Rat, damit auch feinste Strukturen im Bild erhalten bleiben.

Es ist auch möglich, das RAW- und JPEG-Format gleichzeitig abzuspeichern. Dann hast du zwei Dateien je Foto auf der Speicherkarte. Ab den Modellreihen der Generation III kannst du die Komprimierung des JPEGs dabei einstellen, um nur kleine JPEGs zum Auswählen für Kunden oder für die eigene Bilddatenbank zu haben.

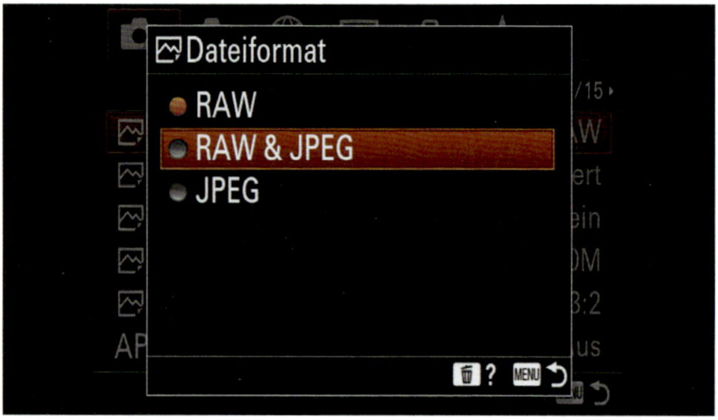


Auswahl des Dateiformats: RAW, JPEG oder beides

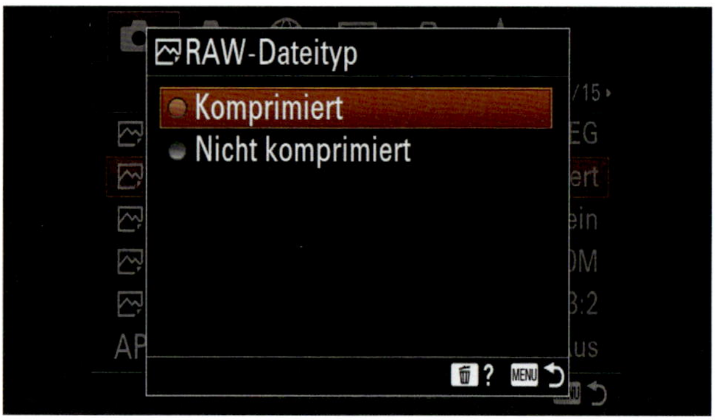


RAW-Format: Auswahl von komprimiert oder nicht komprimiert

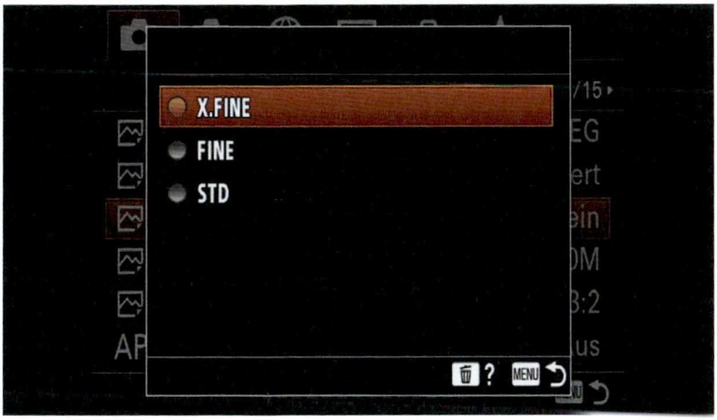


Hier stellst du die Komprimierung für das JPEG-Format ein

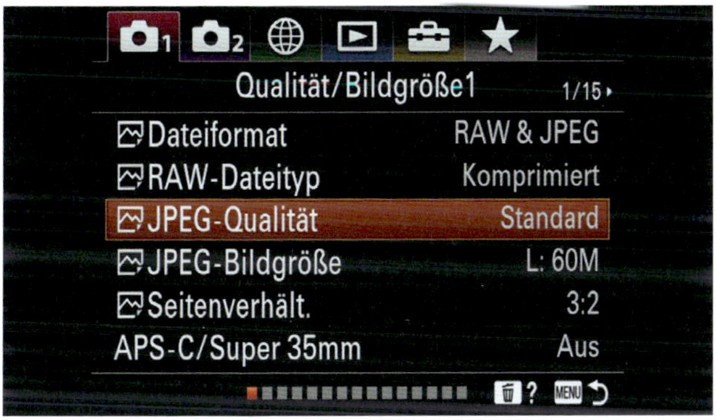


Ab der α7 III kann separat zum RAW die Größe und Qualität des JPEG gesetzt werden

# Schärfe I: Fokusfelder

Nichts ist ärgerlicher als unscharfe Bilder. Im folgenden Kapitel geht es daher um die verschiedenen **Fokusfeldsteuerungen** und die **Fokusmodi** deiner Alpha und wie du sicherstellst, dass die Schärfe immer auch dort sitzt, wo du sie haben willst.

Wähle zum Probieren den Modus P (die Einstellungen in diesem Kapitel funktionieren nicht in vollem Umfang im AUTO-Modus), um dich ganz auf die Autofokuseinstellungen zu konzentrieren. Wenn du bereits mit den Modi A, S und M vertraut bist (mehr dazu auf Seite 78), kannst du auch diese einstellen.

## Welche Fokusfelder gibt es?

Um der Kamera zu sagen, wo genau sie scharfstellen soll, nutzt du die Fokusfeldeinstellung des Fn-Menüs. Hier gibt es verschiedene Auswahlmöglichkeiten, z. B. *Breit*, *Feld*, *Mitte* und *Flexible Spot*. Bei *Breit* und *Feld* bestimmt die Kamera selbstständig, wo scharfgestellt wird. Das klappt ganz gut, wenn es ein eindeutiges Motiv gibt, das sich gut vom Hintergrund abhebt. Aber es gibt oft Situationen, wo das nicht so gut funktioniert, z. B. wenn sich bei einer Feierlichkeit mehrere Personen oder bei Landschaften mehrere Bäume im Bild befinden.

Damit du auch in diesen Fällen eindeutig deine Schärfe festlegen kannst, gibt es die Fokusfeldsteuerungen *Mitte, Flexible Spot* und die Objektverfolgung über die *AF-Verriegelung* oder, bei den neueren Alpha-Modellen, das *Echtzeit-Tracking*. Mit der Einstellung *Mitte* kannst du erst mal nichts falsch machen, denn damit sorgst du dafür, dass das, was du in der Mitte im Sucher siehst, auf deinem Bild auch wirklich scharfgestellt ist.

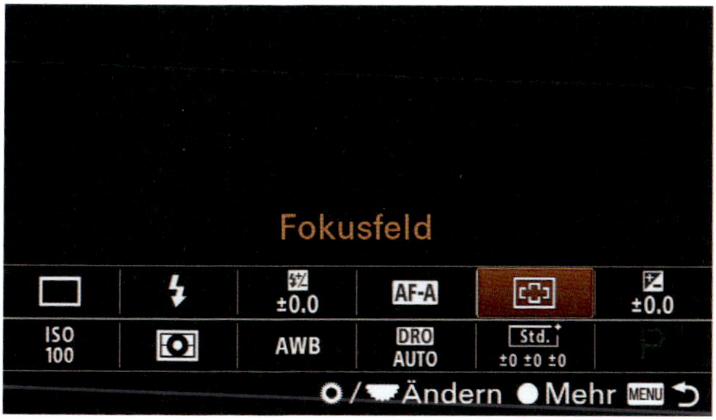


Hier findest du die Fokusfeldsteuerungen im Fn-Menü

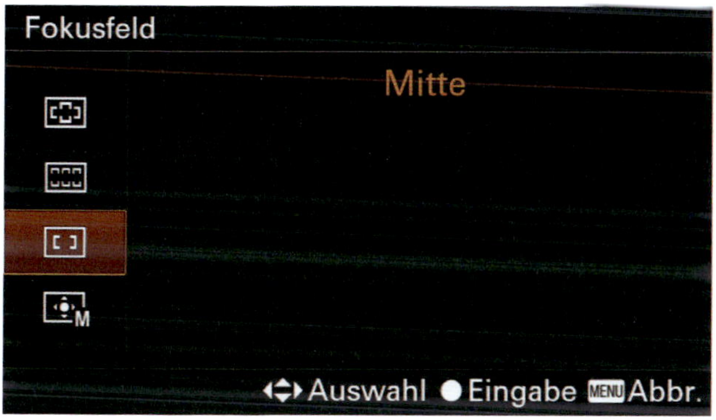


Fokusfeld Mitte

Um die Einstellung vorzunehmen, drückst du die Fn-Taste, navigierst mit dem Einstellrad durch Klicken nach rechts, links, oben oder unten auf den Punkt *Fokusfeld*, bis er orange markiert ist, und wählst ihn mit der Mitteltaste in der Mitte des Einstellrads. Im nun erscheinenden Menü wählst du das Fokusfeld *Mitte* aus.

Am besten probierst du gleich einmal aus, etwas scharfzustellen und ein Foto zu machen. Das kann alles in deiner Nähe sein, am besten jedoch zu Beginn etwas, das sich nicht bewegt: ein Blumentopf, Legofiguren, ein Obstteller oder dein Lieblingsschuh – ganz egal was.

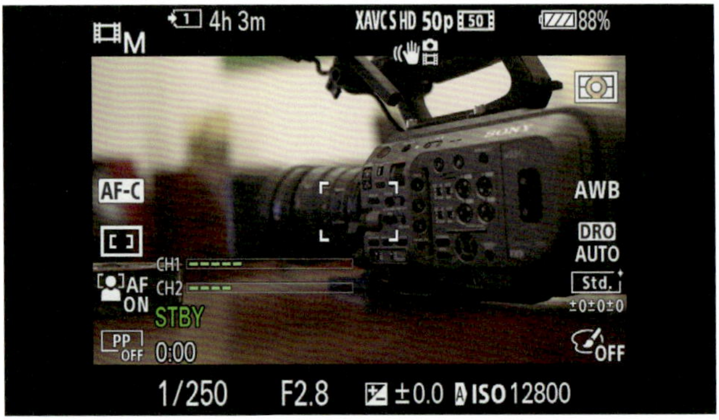


Das mittlere Fokusfeld ist bei der α7R IV weiß

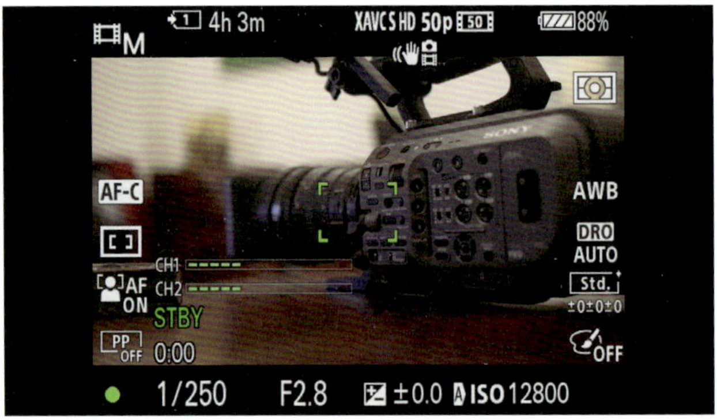


Das Fokusfeld in der Mitte wird bei erfolgreicher Scharfstellung grün

Du visierst also dein Motiv mit dem mittleren Fokusfeld an und nutzt nun den Auslöser. Wie schon erklärt, hat der Auslöser zwei Stufen. Bei der ersten Stufe wird scharfgestellt, das Fokusfeld leuchtet grün, und unten links im Display erscheint zusätzlich ein grüner Punkt zur Bestätigung, dass die Kamera scharfgestellt hat.

## Individuell dein Fokusfeld verschieben

Es gibt viele verschiedene Fokusfelder, also nicht nur den mittleren Punkt, sondern auch einen Punkt, den du verschieben kannst. Wähle jetzt im Fn-Menü unter *Fokusfeld* den *Flexible Spot: M*.

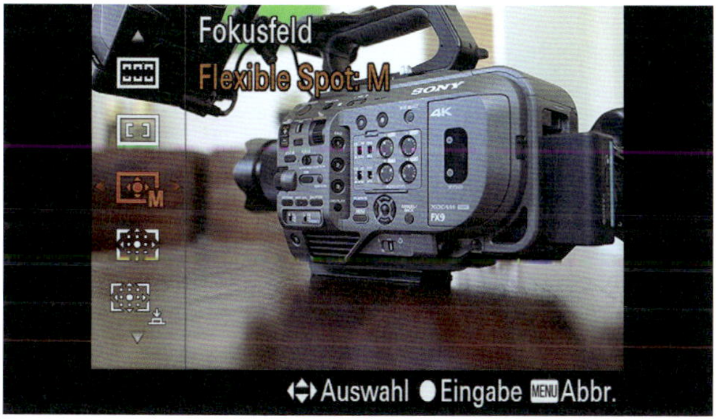


Der Flexible Spot im Fn-Menü

Den *Flexible Spot* kannst du durch Klicken auf dem Einstellrad nach rechts oder links auch in seiner Größe ändern. S, M oder L stehen zur Verfügung, meist ist aber die Größe M die beste Wahl.

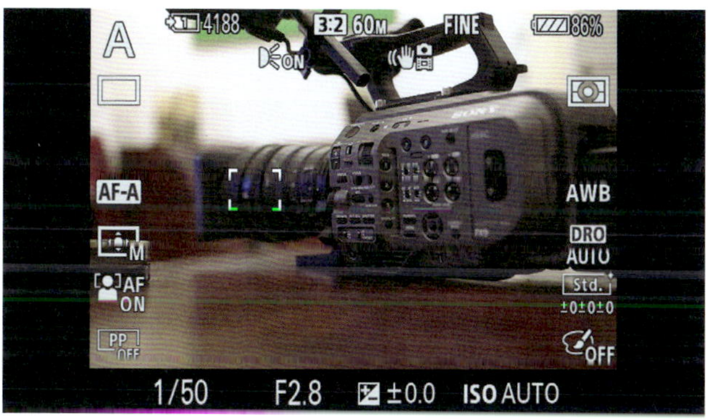


Der Flexible Spot in der Ansicht zum Verschieben bei der α7 II

Du kannst deinen Fokuspunkt dahin bewegen, wo dein Hauptmotiv liegt und dein Bild auch wirklich scharf werden soll. Wenn du deine Aufteilung nach der Drittelregel oder dem Goldenen Schnitt arrangieren möchtest, legst du das Fokusfeld auf ein Drittel in horizontaler und vertikaler Richtung des Bildausschnitts und kannst jetzt sichergehen, dass dort scharfgestellt wird.

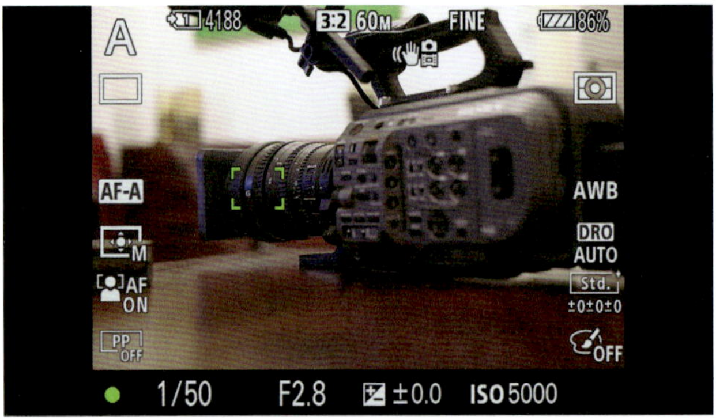

Anzeige bei halb gedrücktem Auslöser: Die Kamera hat scharfgestellt, das Fokusfeld ist grün

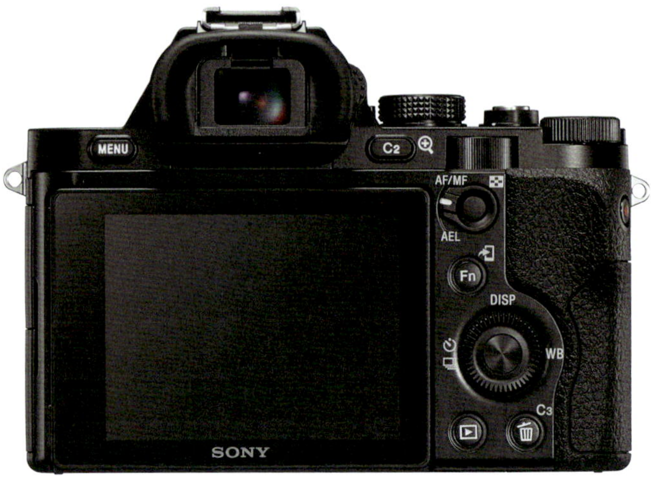

Das geriffelte drehbare Einstellrad kannst du auch nach oben, unten und links und rechts drücken. Innerhalb des Einstellrads liegt die Mitteltaste.

**DAS FOKUSFELD VERSCHIEBEN AUF DEN VERSCHIEDENEN MODELLEN**

Um das Fokusfeld zu verschieben, benutzt du bei den Modellen der Generation III und IV am besten den **Joystick** auf der Rückseite deiner Kamera oder den Monitor als Touchpad. Bei den Vorgängermodellen benutzt du am besten die Tastenbelegung **„Fokus-Standard"** auf der unbedruckten Mitteltaste und verschiebst das Fokusfeld, indem du das Einstellrad nach links, rechts, oben, unten drückst. Wenn du möchtest, kannst du auch das vordere oder hintere Drehrad benutzen, um das Fokusfeld auf der horizontalen und vertikalen Ebene zu verschieben.

Ab der Generation III gibt es zusätzlich den *Erweiterten Flexible Spot*. Das gewählte Fokusfeld hat eine „Aura" von Hilfsfeldern, die weiterhin das gewünschte Hauptmotiv erfassen, auch wenn du mal nicht genau draufliegst. Das ist hilfreich, wenn sich dein Objekt etwas bewegt. Ansonsten benutzt du diese Steuerung genauso wie den normalen *Flexible Spot*.

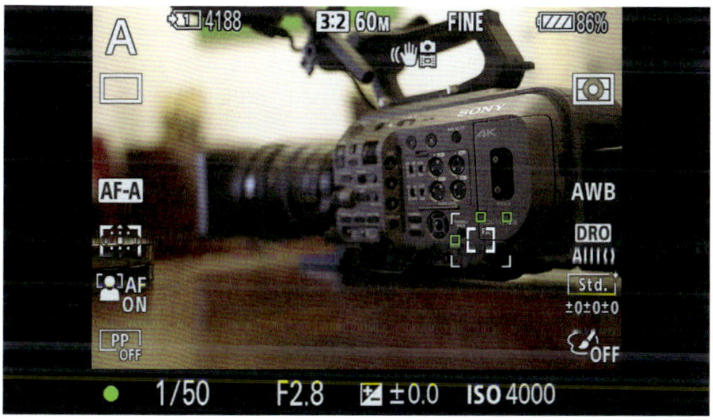


Um das eigentliche Fokusfeld sind die Hilfsfelder zu sehen

## Echtzeit-Tracking für bewegte Objekte

Es gibt für bewegte Motive wie z. B. Tiere und Sportler eine große Hilfestellung deiner Kamera: das Echtzeit-Tracking, wie es seit der α7 IV heißt, oder die AF-Verriegelung, die etwas weniger präzise ist und von den Vorgängern benutzt wird. Sie verfolgt eigenständig das Motiv, das du scharf haben möchtest. Anders als in der Option *Breit* oder *Feld*, bei der die Kamera einfach ein Objekt oder einen Teil davon fokussiert und bei Bewegung der Kamera oder des Objekts manchmal auch ein anderes wählt, kannst du deiner Kamera mit dem *Echtzeit-Tracking* zeigen, was du eigentlich im Fokus behalten willst.

Du kannst das Tracking, also das Verfolgen mit allen Fokusfeldsteuerungen (*Breit, Feld, Mitte, Flexible Spot*) kombinieren und dadurch optimal dein Hauptmotiv anwählen. Beim Drücken des Auslösers zum ersten Druckpunkt wird das Objekt, auf dem dein Fokusfeld liegt, anhand von Farbe, Entfernung und Gesicht erkannt und ab jetzt weiterverfolgt, solange du den Auslöser halb gedrückt hältst oder Serienbilder machst. Die α7R IV ermöglicht sogar das Echtzeit-Tracking, da sie Muster und Augen für das Nachverfolgen mitberücksichtigt.

Bei den Kameras mit *AF-Verriegelung* wird ein Rahmen um das Objekt angezeigt und anhand Farbe, Entfernung und Gesicht erkannt. Manchmal kann das Objekt mit der *AF-Verriegelung* nicht perfekt verfolgt werden. Das kann z. B. bei Tieren der Fall sein, die in ihrem natürlichen Umfeld gut getarnt sind. Das merkst du daran, dass deine Fokusfelder oder der Rahmen wild umherwandern. Dann solltest du lieber den *Flexible Spot* oder den *Erweiterten Flexible Spot* nehmen und die Kamera genau mit deinem Motiv mitbewegen.

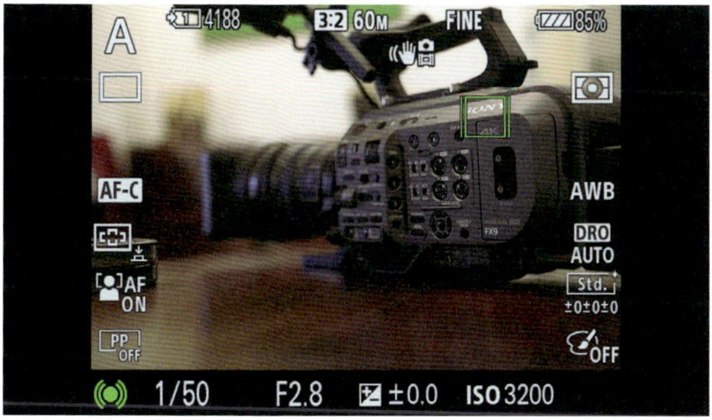


So sieht der Rahmen aus, wenn du dein Objekt gewählt hast

## Der Augen-AF

Für Porträts und Fotos von Menschen auf Feierlichkeiten oder Events ist der *Augen-Autofokus* (*Augen-AF*) besonders praktisch. Er macht diese Art der Fotografie deutlich einfacher und führt zu mehr scharfen Fotos. Hier gibt es zwischen den Kamerageneration größere Unterschiede.

Die Modelle der ersten und zweiten Generation ähneln sich da wieder: Bei ihnen muss eine Taste gedrückt werden, die den Augen-Autofokus aktiviert. Das heißt, das Auge wird erst gesucht, wenn du diese Taste drückst. Standardbelegung für den Augen-AF ist die Mitteltaste. Der Augen-AF funktioniert auch nur im *Einzelbild-AF,* dem *AF-S* (natürlich gibt es auch hier wieder die Ausnahme: Bei der α7R II funktioniert auch schon der *AF-C*). Du kannst also nur ruhige Porträts fotografieren, wenn die Person also für dich posiert. Auf Seite 47 liest du, wie du eine Taste für den Augen-AF programmierst. Wir empfehlen z. B. die AEL-Taste, da sie gut mit dem Daumen zu erreichen ist.

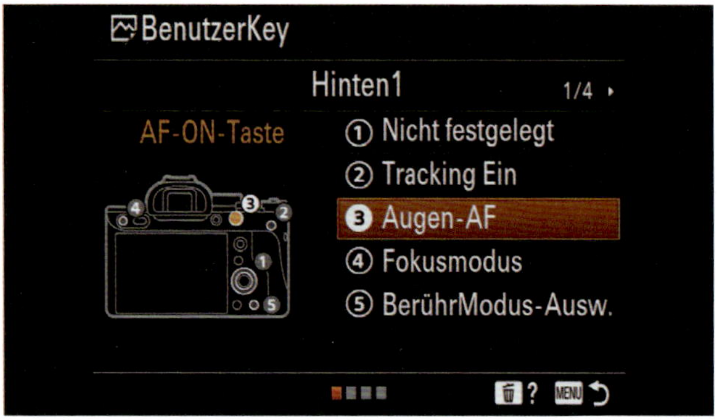


Wie du eine Taste belegen kannst, erfährst du unter „Die Tastenbelegung" auf Seite 46

Bei den Modellen der Generation III und IV funktioniert der Augen-AF auch im Nachführ-AF, dem *AF-C* und auch ohne zusätzliches Drücken einer Taste: Sobald ein Auge zu sehen ist, wird dir das angezeigt, und du fotografierst einfach. Je nachdem welche Fokusfeldsteuerung du angewählt hast, kannst du bei mehreren Personen im Bild mit dem Fokusfeld eine Person auswählen. Im Menü kannst du auch einstellen, dass du den Tieraugen-AF nutzen möchtest. Dieser kann bei einer Vielzahl an Tierarten die Augen fokussieren, auf jeden Fall bei Hunden und Katzen, aber auch bei vielen Vögeln und Wildtieren.

Wenn du mal keinen Augen-AF nutzen möchtest, weil du weißt, dass du in nächster Zeit nur Architektur oder Landschaften fotografierst, kannst du ihn im Menü ausschalten. Es gibt außerdem weiterhin die Option, den Augen-AF nur über eine Taste zu aktivieren.

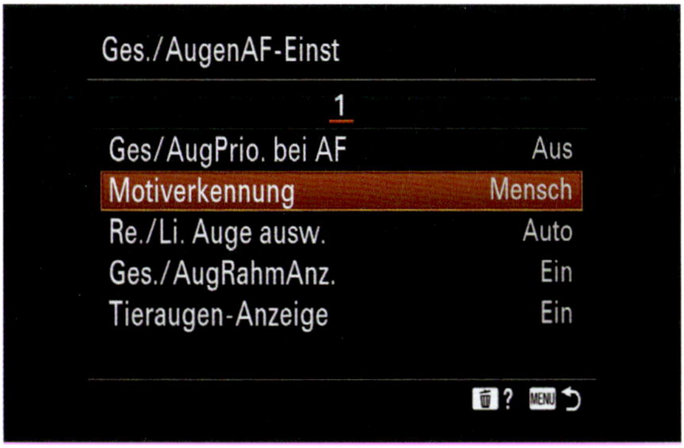


Modelle der Generation III und IV: Auswahl der Motiverkennung bzw. Fokus Mensch- oder Tieraugen

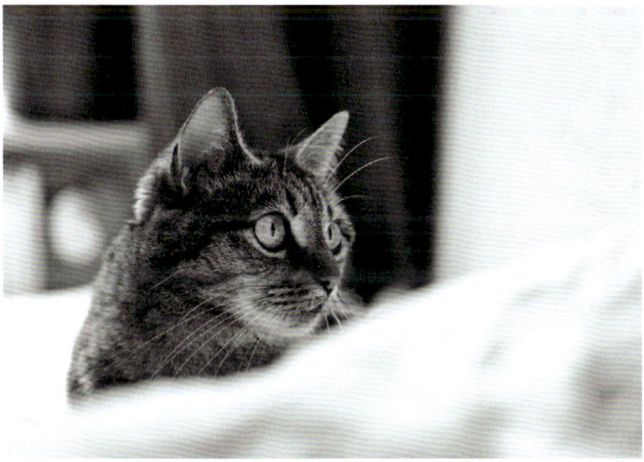

Der Augen-AF stellt auch scharf, wenn die Katze halb verdeckt ist

### AUTOFOKUS BRAUCHT PRAXISÜBUNG

Welche Fokusfeldwahl in welcher Situation am besten passt und wann Unterstützungen wie *Echtzeit-Tracking/AF-Verriegelung* und der *Augen-AF* perfekt funktionieren, musst du ausprobieren. Scharfe Actionfotos oder ein Habicht im Sturzflug sind und bleiben anspruchsvolle Motive. Deine Kamera kann dir mit diesen Optionen, sogenannten Assistenzsystemen, sehr gut helfen. Aber der Fotograf oder die Fotografin bleibst du!

# Schärfe II: Fokusmodi

Jetzt hast du mit dem **Fokusfeld** bestimmt, *wo* die Kamera scharfstellen soll, nun wählst du mit dem **Fokusmodus**, *wie* du scharfstellen möchtest.

Sieh dir im Fn-Menü die Liste mit den Fokusmodi an. Es gibt den *AF-A* (ab Generation III), *AF-S* und *AF-C* sowie *DMF* und *MF*.

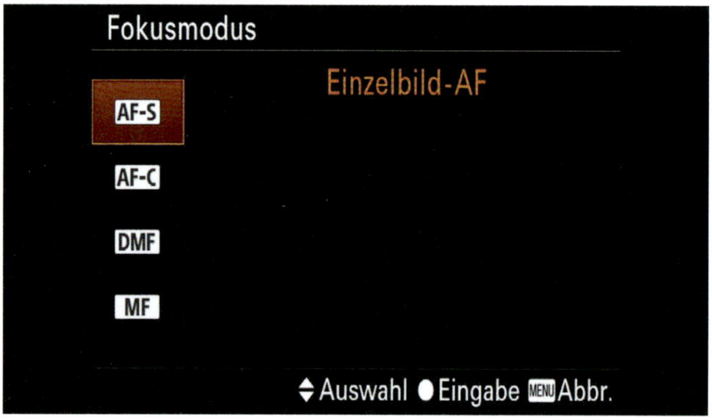


Hier wählst du den Fokusmodus aus

Um das richtige und gezielte Scharfstellen zu üben, stelle zunächst das Fokusfeld auf *Mitte* und dann den Fokusmodus auf *AF-S*. Fokussiere wieder dein Lieblingsmotiv. Du solltest ziemlich nah an das Objekt gehen und den Zoom einsetzen. Halte den ersten Druckpunkt des Auslösers und schwenke nun die Kamera etwas nach rechts oder links. Siehst du, dass dein erstes Objekt weiterhin scharf ist und der Hintergrund unscharf bleibt?

Jetzt stellst du den Modus auf *AF-C*, den *Nachführ-AF*. Sonst änderst du nichts. Schwenke wieder die Kamera mit halb gedrücktem Auslöser. Nun solltest du einen Unterschied bemerken: Die Schärfe wandert nun auf den Hintergrund, weil dein Objekt nicht mehr an der Position deines mittleren Fokusfelds ist. Der Nachführ-AF hat also genau das getan, was er soll: Er hat die Schärfe nachgeführt, und die scharfe Ebene liegt nun auf dem Hintergrund, worauf dein Fokusfeld liegt.

Stelle jetzt noch mal auf dein Objekt scharf und bewege die Kamera mal vor und wieder zurück in Richtung des Objekts. Achte aber darauf, dass dein Fokusfeld immer auf dem Gegenstand bleibt. Jetzt solltest du sehen, dass dein Objekt immer wieder scharfgestellt wird. Diese Situation ist genau die Richtige für den Fokusmodus *AF-C*. Genauso funktioniert es, wenn das Objekt auf dich zukommt oder sich entfernt wie z. B. ein Dauerläufer oder ein Hund.

Würden jetzt alle „Objekte" immer schnurgerade auf dich zulaufen, wäre schon alles getan. Da der Sportler, der Hund oder das Rennmotorrad aber auch schon mal Haken schlagen oder Kurven fahren, brauchst du die anderen Fokusfeldsteuerungen, die du verschieben kannst oder die das Objekt verfolgen.

Der *AF-A* ist nur eine Automatik, die eigenständig umschaltet, wenn die Kamera eine Objektbewegung erkennt. Da sie sich ab und zu mal vertun und den falschen Modus wählen kann, empfehlen wir immer, wirklich immer, den Fokusmodus selbst zu wählen. Wer diese Einstellung häufig während einer Fotosession ändert, legt sich den Fokusmodus auf eine Taste, am besten die Taste C1. Auf C2 kommt dann das Fokusfeld.

## Der manuelle Fokus

Es klingt fast paradox. Warum sollte man mit so einer modernen Kamera wie der α7 überhaupt manuell scharfstellen? Genau *weil* sie so modern ist und man im Vergleich zu einer Spiegelreflexkamera einfacher manuell fokussieren kann. Mit dem Sucher oder dem Display hilft sie dir durch die Fokusvergrößerung oder die Kantenanhebung. Und bei Makro- oder Sachaufnahmen ist das exakte manuelle

Scharfstellen auf kleinste Details manchmal noch genauer als der Autofokus.

Wähle den Fokusmodus *MF* aus und drehe am Fokusring deines Objektivs. Bei Zoomobjektiven ist das der schmalere Ring, Festbrennweiten haben nur den Fokusring. Die Kamera aktiviert nun die **Fokusvergrößerung**, eine Art Lupe, mit der du sehr intuitiv und einfach scharfstellen kannst. Die Kamera vergrößert immer den Bereich, auf dem das Fokusfeld liegt. Es ist also möglich, das wichtige Detail bei einer Nahaufnahme mit dem *Flexible Spot* anzuwählen und beim manuellen Fokussieren dann genau zu erkennen, wann das Detail perfekt scharf ist.

Optionen für die Fokusvergrößerung findest du im Kapitel „Das Menü der α7“ unter „Fokus-Hilfe“ auf Seite 126. Die Funktion *Fokusvergröß[erung]* solltest du definitiv auf eine Taste legen, weil sie das Ansichtsbild im Display oder Sucher größer darstellt und die Beurteilung der Schärfe im Bild besser ermöglicht.

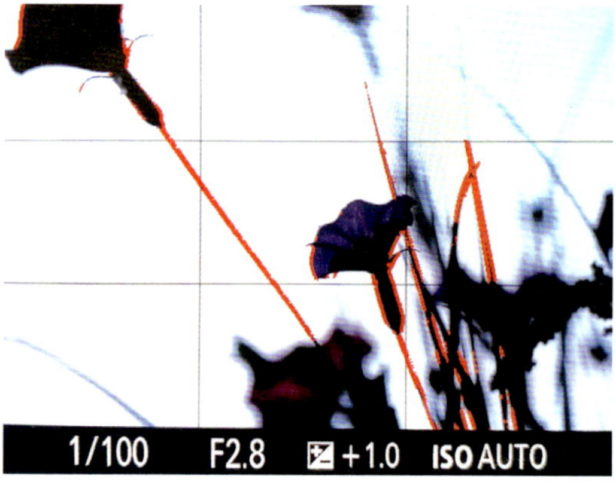


Die Kantenanhebung zeigt die scharfen Bereiche, eine Alternative zur Fokusvergrößerung

Die andere Hilfe, die du beim manuellen Fokussieren benutzen kannst, ist die **Kantenanhebung**, bei anderen Kameras auch Fokus-Peaking genannt. Bei ihr zeigt dir die Kamera die scharfen Bereiche des Bildes mit einer auffälligen Farbe an. Du kannst aus Rot, Gelb und Weiß wählen. Rot wäre z. B. in einem herbstlichen Laubwald nicht so auffällig, daher auch die anderen Optionen. Probiere beides aus und entscheide selbst, womit du lieber arbeitest.

Der Fokusmodus *DMF* (**d**irekt **m**anuell **f**okussieren) ist eine Kombination aus *AF-S* und *MF*, also Autofokus und manuellem Scharfstellen. Du fokussierst ganz wie gewohnt mit dem Antippen des Auslösers und kannst dann am Schärfering deines Objektivs drehen, um z. B. bei Sachaufnahmen oder auch Landschaften die Schärfe ganz genau zu legen. Es wird genau wie beim *MF* in die Fokusvergrößerung gezoomt oder die Kantenanhebung angezeigt.

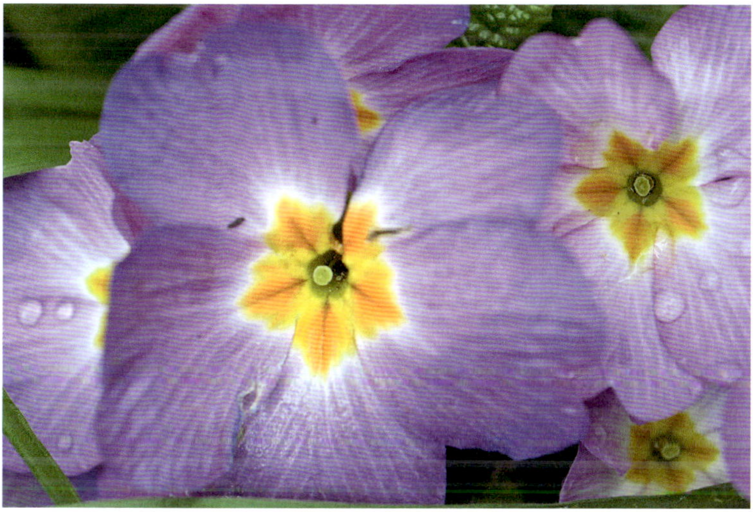

Auch kleinste Details werden mit MF oder DMF perfekt scharfgestellt

**DMF: FEINGEFÜHL GEFRAGT**

Etwas schwierig ist anfangs, den Auslöser während des manuellen Fokussierens die ganze Zeit halb gedrückt zu halten, bis man dann auslöst – ansonsten aktiviert die Kamera wieder den Autofokus. Das braucht ein bisschen Übung, aber dann ist es eine tolle Funktion. Beim MF muss der Auslöser während des Fokussierens nicht gedrückt werden.

# Die Belichtungsmodi

Vielleicht fotografierst du bisher vorwiegend im Automatikmodus oder nutzt Szeneprogramme für besondere Fotos. Aber es gibt keine fotografische Anforderung, die nicht auch mit den klassischen Modi **P, A, S** oder **M** gemeistert werden kann. Damit du einen Überblick bekommst, wann du welchen Modus am besten einsetzt, nimmst du dir am besten deine Kamera zur Hand und ein Objekt deiner Wahl, z. B. eine Spielfigur, eine Tasse oder einen anderen Gegenstand.

## Modus P: Programmautomatik

Im **Modus P** wählt die Kamera eine **Verschlusszeit und Blende** aus, die nach technischen Gesichtspunkten sinnvoll ist. Das heißt, die Verwacklungsgefahr für normale und eher ruhige Motive ist gering und die Tiefenschärfe liegt im mittleren Bereich. Wenn du eine andere Kombination, z. B. mit mehr Tiefenschärfe, haben möchtest, kannst du am hinteren oder vorderen Drehrad drehen. Dann wird deine Blendenzahl größer (die Blendenöffnung wird kleiner) und deine Verschlusszeit länger oder der ISO-Wert höher. Drehst du in die andere Richtung, ändern sich die Werte ebenso in die andere Richtung.

Diese Werte können aber immer wieder leicht variieren, wenn die Lichtverhältnisse sich ändern, es also heller oder dunkler in deinem Motiv wird oder du länger den Auslöser nicht betätigt hast.

## DIE PROGRAMMAUTOMATIK

Die Programmautomatik kommt dem Automatikmodus noch am nächsten, aber du kannst hier alle Parameter im Fn-Menü und auch im Menü einstellen, die bei AUTO und SCN noch grau unterlegt und nicht zu ändern sind.

### Einstellungen in Modus P bei ruhigem Motiv

1. Stelle die ISO-Automatik ein.
2. Mach zuerst einfach ein Foto deines Lieblingsobjekts.
3. Dreh das Drehrad nach links. Dein Blendenwert wird größer und deine Verschlusszeit wahrscheinlich länger. Mach ein weiteres Foto und schau, ob es noch scharf ist.
4. Jetzt bewege das Drehrad über die Mitte zurück und weiter nach rechts. Die Werte verschieben sich in die andere Richtung.

Wenn du indoor fotografierst, ändert sich vielleicht gar nichts im Vergleich zu deinem ersten Foto. Dann geh ans Fenster oder probiere es draußen aus und vergleiche die Bilder. Schau dir auch dieses Foto an. Erkennst du den Unterschied in der Tiefenschärfe?

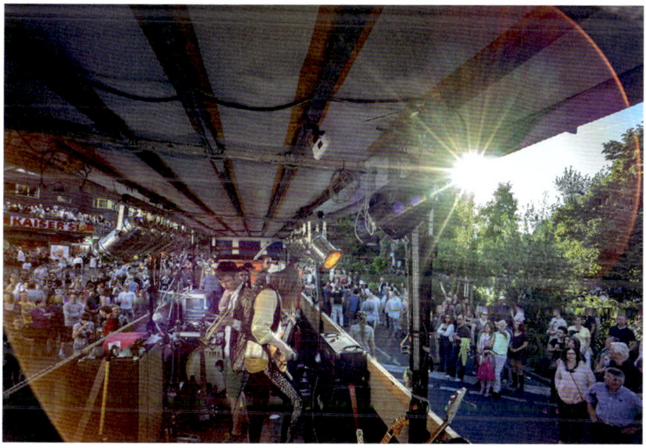


Eine ausgewogene Schärfentiefe, keine Bewegungsunschärfe

## Modus A: Blendenpriorität/Zeitautomatik

Modus A ist die beste Wahl, wenn die Tiefenschärfe für deine Fotos wichtig ist. Bei Porträts oder stimmungsvollen Detailaufnahmen arbeitet man meist mit einer geringen Tiefenschärfe, so dass nur das Wichtigste auf dem Bild scharf ist. Bei Architektur- oder Landschaftsfotografie ist häufig eine große Tiefenschärfe gewünscht, also dass alles auf dem Bild scharf ist.

Im **Modus A** wählst du nur den **Blendenwert** mit einem der Drehräder vor. Die Verschlusszeit wird von der Kamera angepasst. Wenn du die ISO-Automatik benutzt, wird die ISO angehoben oder abgesenkt, je nachdem wie weit deine Blende geöffnet oder geschlossen ist. Dabei versucht die Kamera eine Verschlusszeit zu bilden, die du nicht verwackelst.

Das heißt, du kannst dich bei einem Porträtshooting ganz auf dein Model konzentrieren und sicher sein, immer die geringe Tiefenschärfe zu bekommen, die du möchtest. Genauso erhältst du natürlich auch bei Landschaftsfotos die große Tiefenschärfe. Anders als im Modus P ändert sich der Blendenwert nicht, auch wenn die Lichtverhältnisse sich ändern oder du sogar die Kamera ausschaltest.

Wenn du ein Stativ benutzt, sollte der ISO-Wert fest auf 100 oder einen ähnlich niedrigen Wert eingestellt werden.

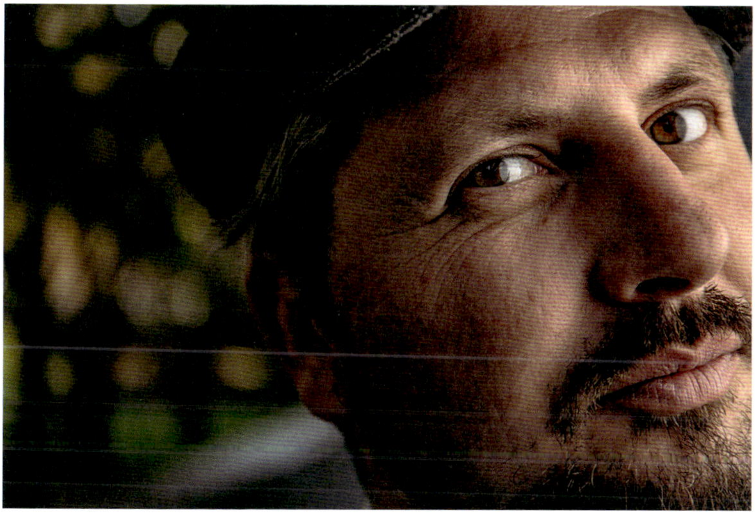

Ein Porträt von Manuel mit unscharfem Hintergrund durch eine offene Blende (kleine Blendenzahl)

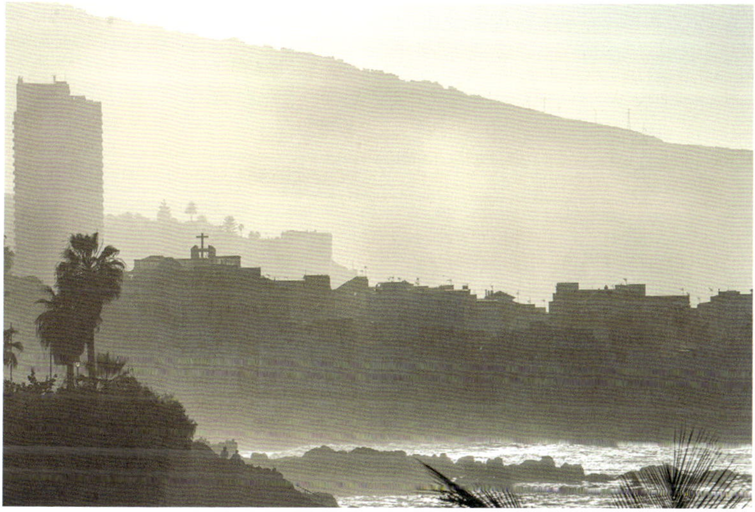

Große Tiefenschärfe durch eine geschlossene Blende (große Blendenzahl), um alle Details sichtbar zu machen

**Einstellungen in Modus A bei Detailfotos**

1. Stelle die ISO-Automatik ein.
2. Stelle die Blende per Drehrad auf den kleinsten Wert, z. B. f/1.8 oder f/4, und mach ein Foto. Achte darauf, mit der Kamera nah an dein Motiv heranzugehen.
3. Stelle nun die Blende auf f/11 und löse wieder aus. Es sollte nicht zu dunkel im Raum sein. Geh ans Fenster oder nach draußen, wenn es nicht klappt. Vergleiche die beiden Fotos.
4. Versuche es jetzt noch einmal mit festen ISO-Werten. Bei Tageslicht solltest du mit 100 oder 200 ISO auskommen. Im Innenraum wirst du bei Blendenwert f/11 wahrscheinlich mindestens ISO 1600 oder ein Stativ brauchen.

**MERKSATZ FÜR DIE BLENDE**

Kleine Zahl → kleine Schärfe!
Große Zahl → große Schärfe!

## Modus S: Zeitpriorität/Blendenautomatik

Wenn es um Action, schnelle Bewegung oder besondere gestalterische Raffinessen durch Verwischeffekte geht, ist der **Modus S** der richtige. Du legst hier deine **Verschlusszeit** über die Drehräder fest: eine besonders kurze, etwa 1/1000 sek für das Einfrieren von Actionaufnahmen, oder eine längere, z. B. 1/30 sek, um Bewegung dynamisch im Bild zu zeigen.

Die Kamera bildet hier nun den passenden Blendenwert und bei aktivierter ISO-Automatik auch die Empfindlichkeit. Wir fotografieren im Modus S meist mit ISO-Automatik, damit die Kamera die Belichtung auch bei großen Veränderungen der Verschlusszeit richtig einstellen kann. Jetzt kannst du dich ganz auf die Verfolgung deines Motivs konzentrieren, und wenn du einmal die passende Verschlusszeit gefunden hast, werden die Bilder immer bewegungsscharf oder haben die von dir gewünschte Dynamik.

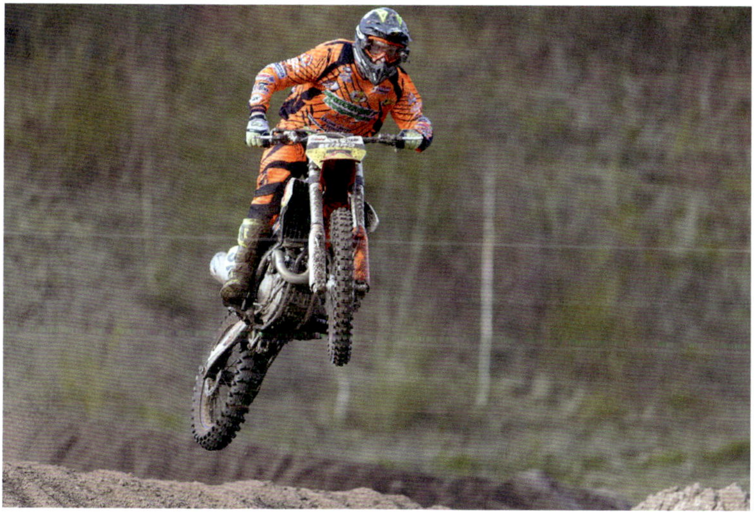

1/4000 sek (f/2.8): Eingefrorene Bewegung durch kurze Verschlusszeit

**Einstellungen in Modus S bei ruhigem Motiv**

1. Stelle die ISO-Automatik ein.
2. Stelle die Verschlusszeit auf 1/20 sek ein und versuche, eine scharfe Aufnahme von einem unbewegten Gegenstand zu machen. Wenn das noch zu lang ist, verkürze schrittweise die Verschlusszeit, bis es klappt. So weißt du für die Zukunft, welche Verschlusszeiten du brauchst, um verwacklungsfreie Fotos zu machen.
3. Die Helligkeit kannst du über das Belichtungskorrekturrad einstellen, bis sie dir gefällt.

**Einstellungen in Modus S bei bewegtem Motiv → eingefroren**

1. Stelle die ISO-Automatik ein.
2. Stelle die Verschlusszeit auf 1/125 sek ein und versuche, eine scharfe Aufnahme von einem bewegten Objekt, z. B. einem fah-

renden Auto oder Fahrrad zu machen. Wenn das Foto noch nicht scharf ist, verkürze die Verschlusszeit schrittweise, bis es klappt.

**Einstellungen in Modus S bei bewegtem Motiv → dynamisch**

1. Stelle die ISO-Automatik ein.
2. Stelle die Verschlusszeit auf 1/40 sek ein und ziehe die Kamera während des Auslösens mit der Bewegung des Fahrzeugs mit. Stell dir dabei die Bewegung vor, die du machen würdest, wenn du ein fahrendes Fahrzeug durch ein Fernglas beobachten würdest.
3. Stelle die Helligkeit über die Belichtungskorrektur ein, bis sie dir gefällt.
4. Wenn das gut klappt, verlängere die Verschlusszeit schrittweise, damit der Effekt des verwischten Hintergrunds stärker sichtbar wird. Diesen Trick kannst du bei allen bewegten Motiven anwenden, auch bei Menschen oder Tieren.

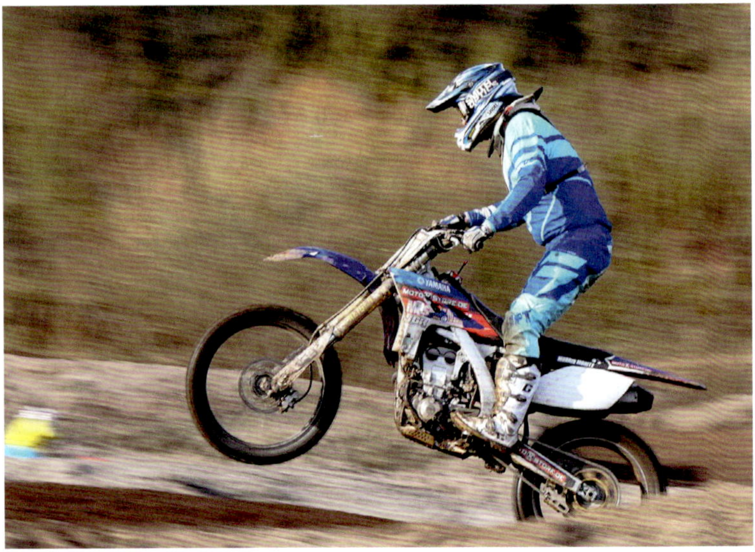


1/125 sek (f/16): Der Hintergrund wird durch das Mitziehen der Kamera verwischt

## M: Manuelle Belichtung

Im Modus M zu fotografieren, gilt als besonders professionell. M ist dann besonders gut geeignet, wenn die Lichtverhältnisse sehr schwierig sind, wie z. B. in der Theater- oder Konzertfotografie oder bei Nachtaufnahmen. Durch den sehr hohen Kontrast, verursacht durch Bühnenscheinwerfer, Leuchtreklamen, Straßenlaternen oder die Sterne am Nachthimmel, wird die Belichtung der Kamera meistens viel zu hell.

Im **Modus M** kannst du die Helligkeit durch **individuelles Einstellen von Blendenwert und Verschlusszeit** ändern. Auf dem Live-View im Sucher oder Monitor kannst du die Helligkeit deines Bildes schon gut abschätzen. Auf Seite 33 kannst du nachlesen, wie du das Histogramm zur Belichtungsprüfung aktivierst.

Modus M ist auch immer dann gut geeignet, wenn sich die Lichtverhältnisse nicht ändern, also bei Nachtaufnahmen oder auch im Fotostudio mit Blitzlicht oder speziellen LED- oder Halogenlampen. Einmal die richtigen Blendenwerte und Verschlusszeiten eingestellt, kannst du einfach deine Aufnahmen machen. Standardmäßig wird die Blende mit dem hinteren und die Verschlusszeit mit dem vorderen Drehrad verändert. Auf Seite 49 findest du die Möglichkeit, das zu ändern.

Die Belichtungskorrektur hat im Modus M keine Auswirkung, es sei denn, du benutzt die ISO-Automatik. Dann kann die Kamera die Helligkeit deines Fotos über den ISO-Wert ändern. Aber Achtung, das ist eine eher von Profifotografen genutzte Einstellung z. B. bei Event- oder Hochzeitsfotografie. Um den Modus M zu beherrschen, solltest du zunächst mit festen ISO-Werten fotografieren.

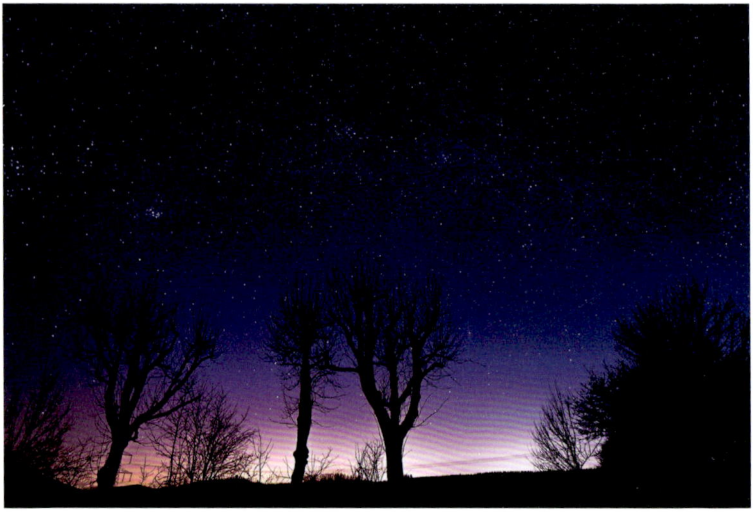

f/2.0, 20 sek, ISO 800: manuelle Belichtung eines Sternenhimmels

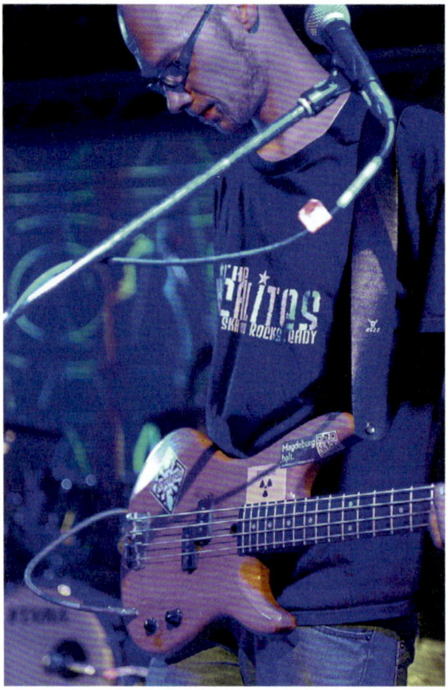

f/2.8, 1/500 sek, ISO 12800: manuelle Belichtung bei einem Konzert

**Einstellungen in Modus M**

1. Stelle die ISO auf feste Werte: ISO 1250 im Innenraum oder ISO 100 draußen bei Tageslicht. (Dies sind nur geschätzte Werte. An einem bewölkten Tag können auch 200 oder 400 ISO besser sein.)
2. Den Blendenwert stellst du auf die kleinste Zahl/größte Öffnung ein, z. B. f/4 oder was bei deinem Objektiv möglich ist.
3. Jetzt veränderst du die Verschlusszeit so lange mit dem anderen Drehrad, bis dir die Helligkeit des Fotos auf dem Display gefällt.
4. Jetzt stellst du den Blendenwert auf f/11 ein und veränderst wieder die Verschlusszeit solange, bis die Helligkeit passt. Hast du gemerkt, wie groß der Unterschied zwischen der offenen Blende f/4 und der weiter geschlossenen Blende f/11 ist?

**BLENDENREIHE UND LICHTWERT**

Zwischen Blendenwert f/4 und Blendenwert f/11 liegen drei Lichtwertstufen, bei deiner Kamera EV, „exposure value", genannt. **1 EV** Unterschied bedeutet jeweils eine **Verdopplung bzw. Halbierung der Lichtmenge.** Das bedeutet, dass die Verschlusszeit bei f/11 achtmal so lang ist wie bei f/4 (2 x 2 x 2), wenn du die Blendenreihe betrachtest:

| 1.0 | 1.4 | 2.0 | 2.8 | 4.0 | 5.6 | 8.0 | 11 | 16 | 22 | 32 | 45 |
|---|---|---|---|---|---|---|---|---|---|---|---|

# ZUBEHÖR

*Eine Kamera und ein Objektiv, mehr brauchst du zunächst nicht zum Fotografieren. Aber je nachdem welche Motive du fotografieren möchtest oder ob du auch mal nachts Fotos machen möchtest, wirst du um einige wichtige Zubehörteile nicht herumkommen. Objektive, Stative und Filter machen deine Ausrüstung besser und ermöglichen dir, deine Fotoideen leichter umzusetzen. Wir stellen dir hier ein paar Dinge vor, mit denen das Fotografieren noch mehr Spaß macht.*

## Objektive

### Die Brennweite

Sicherlich hast du schon an deinem Objektiv gezoomt. Bei der kleinen Brennweite, also ohne dass du zoomst, hast du einen sehr großen Blickwinkel. Alles ist im Bild. Bei der großen Brennweite, also beim Nah-Heranzoomen, hast du einen sehr kleinen Blickwinkel.

Auf den folgenden Bildern siehst du 12–300-mm-Brennweiten im Vergleich. 50 Millimeter entsprechen in etwa dem Blickwinkel des menschlichen Auges. Werte kleiner als 50 mm nennt man Weitwinkel (also 12, 16, 24, 28 und 35 mm), damit siehst du sozusagen die Weite des Raumes. Bei Werten größer als 50 mm, z. B. 70, 85, 135, 200 mm oder größer, spricht man vom Teleobjektiv. Es sieht dann so aus, als sei man sehr nah dran.

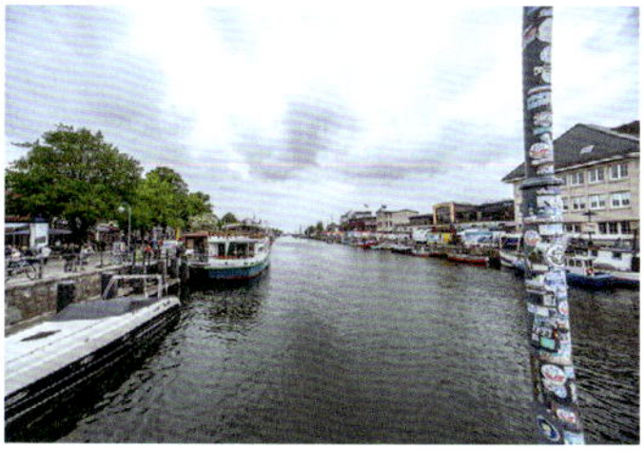
12 mm

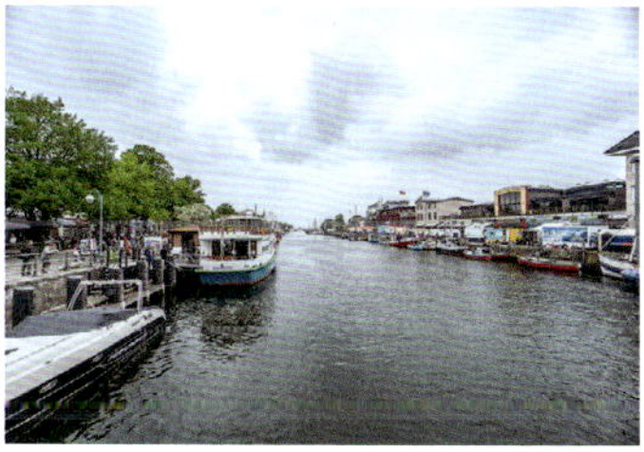
16 mm

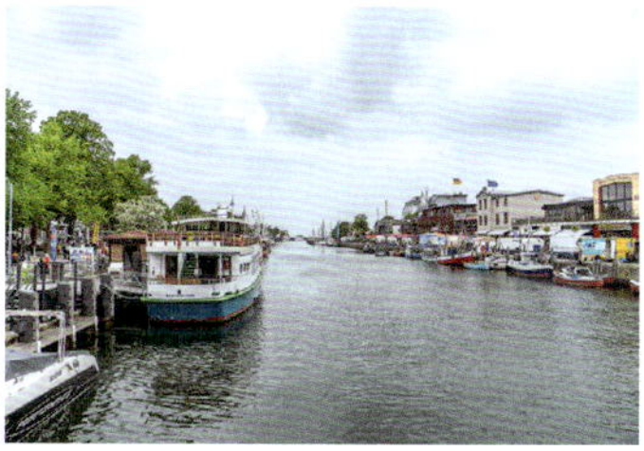
24 mm

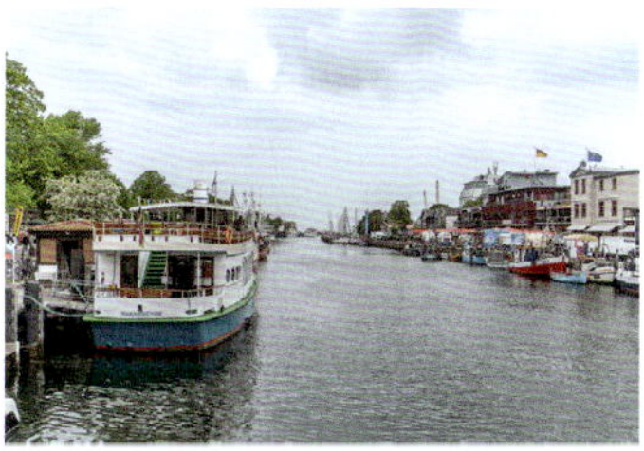
35 mm

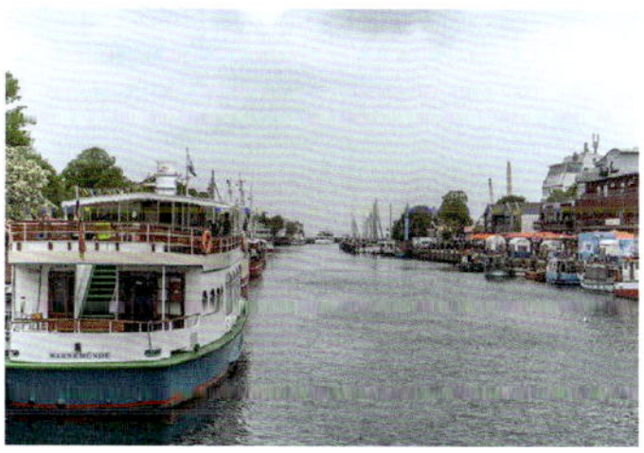
50 mm

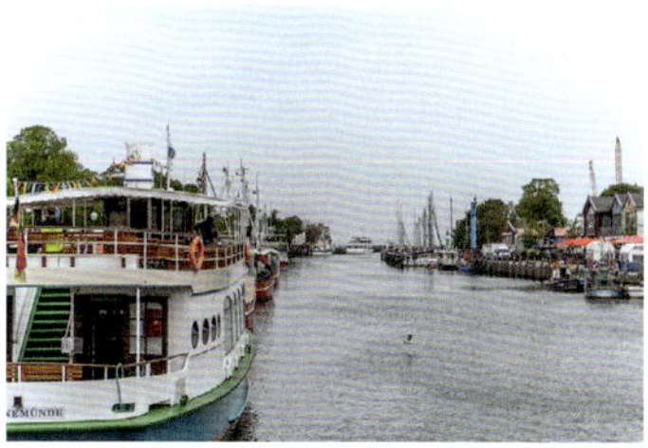
70 mm

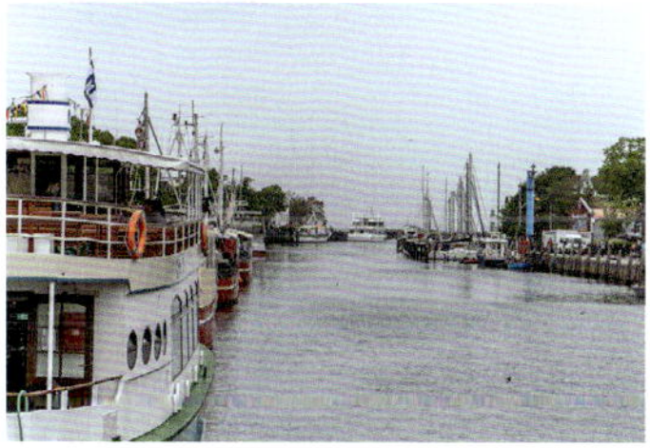
100 mm

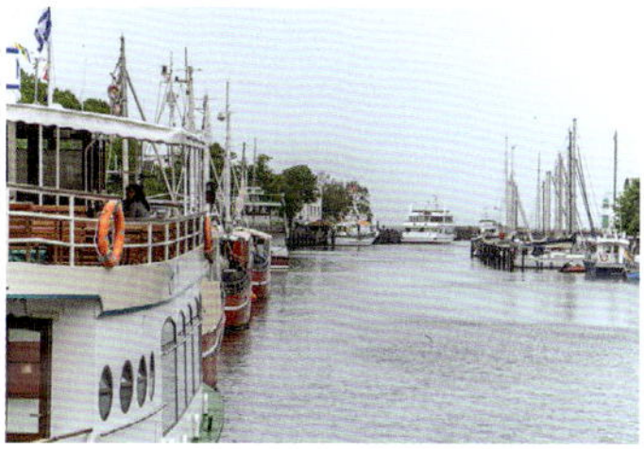
135 mm

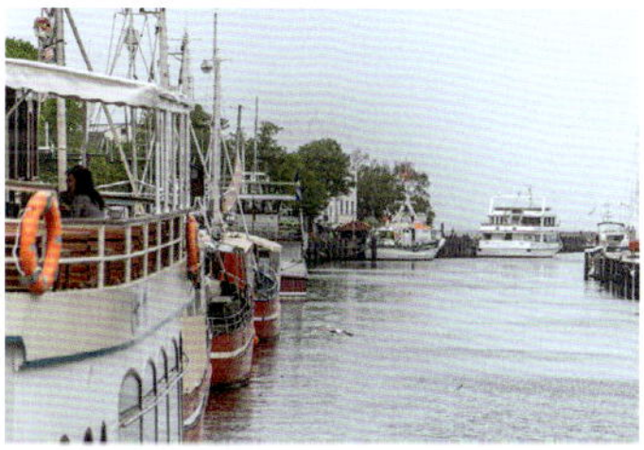
200 mm

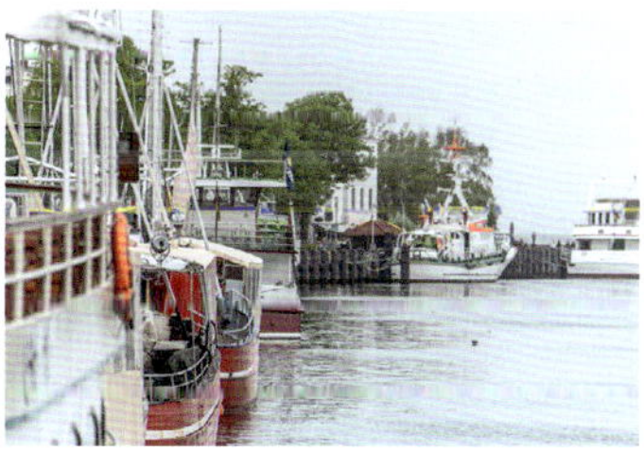
300 mm

Der Alte Strom in Rostock im 12–300-Brennweiten-Vergleich

## Zoomobjektive

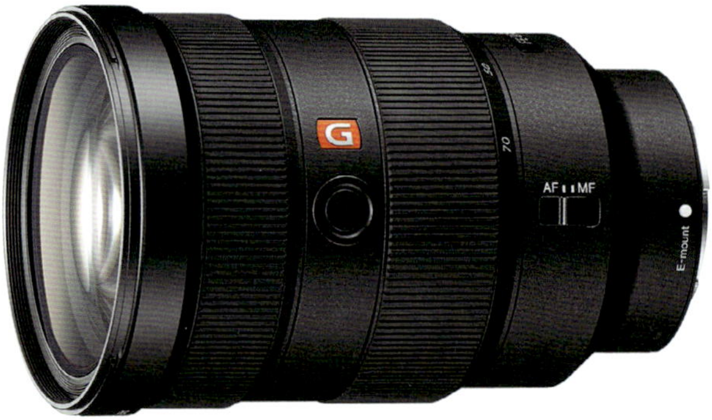


Das 24–70 mm f/2.8 für den Standardbrennweitenbereich

Wahrscheinlich hast du deine Kamera mit einem Zoomobjektiv gekauft oder dir mindestens eines zugelegt. Es gibt Zoomobjektive, die einen sehr großen Brennweitenbereich abdecken, z. B. das 24–240 mm f/3.5–6.3. Solche Objektive sind sehr praktisch, wenn du etwa im Urlaub kein weiteres Objektiv mitnehmen möchtest oder vor einem Ausflug nicht überlegen willst, welche Objektive du einpackst. Mit einem solchen Zoomobjektiv hast du quasi alles dabei. Bei wenig Licht oder wenn du allerhöchste Qualität erreichen willst, kann ein Objektiv mit einem so großen Brennweitenbereich aber an seine Grenzen stoßen.

Daher gibt es auch Zoomobjektive mit kleineren Brennweitenbereichen, z. B. die Klassiker 24–70 mm f/2.8 oder f/4. Diese Objektive haben eine höhere Lichtstärke, das heißt, du kannst bei schwindendem Licht am Abend oder in Innenräumen mit niedrigeren ISO-Werten fotografieren. Auch ist die Schärfe und Auflösung höher, und Bildfehler wie Verzeichnung und Vignettierung sind geringer.

Um den Bereich bis 200 mm, also stärkeres Tele, abzudecken, brauchst du allerdings noch ein zweites Objektiv. Je nachdem, ob du ab und zu mal Tiere oder Landschaftsansichten, die weiter weg sind, oder auch Sport oder Wildtiere fotografieren möchtest, gibt es hier viele Optionen. Das 70–300 mm f/4.5–5.6 bietet schon sehr gute Aufnahmen. Aufgrund der niedrigeren Lichtstärke im Telebereich von Blende f/5.6 kann es aber schwierig werden, scharfe und gute Porträts auf Feierlichkeiten zu machen. Wenn das dein Anliegen ist, solltest du lieber ein 70–200 mm f/4 oder sogar f/2.8 wählen. Diese Objektive gehören zur Grundausstattung von Event- und Hochzeitsfotografen.

Wer gerne Vögel im Flug oder wilde und scheue Tiere fotografieren möchte, braucht meist noch mehr Telebrennweite. Da gibt es Objektive wie das 100–400 mm f/4.5–5.6 oder das noch längere 200–600 mm f/4.5–6.3. Beide haben auch superschnelle Fokusmotoren und gute Abbildungsleistungen, aber auch ihren Preis.

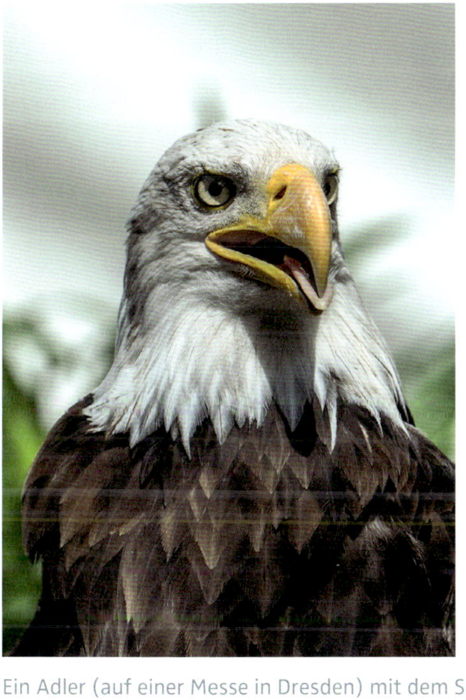

Ein Adler (auf einer Messe in Dresden) mit dem SEL 100–400 mm bei 400 mm

Wenn Landschaften oder Architekturaufnahmen eher zu deinen Spezialgebieten gehören, brauchst du vor allem Weitwinkel. Hier empfiehlt sich das Ultraweitwinkel-Zoom 12–24 mm f/2.8 und das 16–35 mm f/2.8. Beide werden gerne von Event- und Hochzeitsfotografen benutzt, da es lichtstärker ist und der Bereich bis 35 mm besser für Personenaufnahmen in Räumen passt als die 24 mm des 12–24 mm f/4.

Wenn dein Geldbeutel keine original Sony-Objektive erlaubt, kannst du auch auf andere Modelle zugreifen: Mittlerweile haben einige Hersteller verschiedene Zoomobjektive für das Sony E-Mount im Programm.

## Festbrennweiten

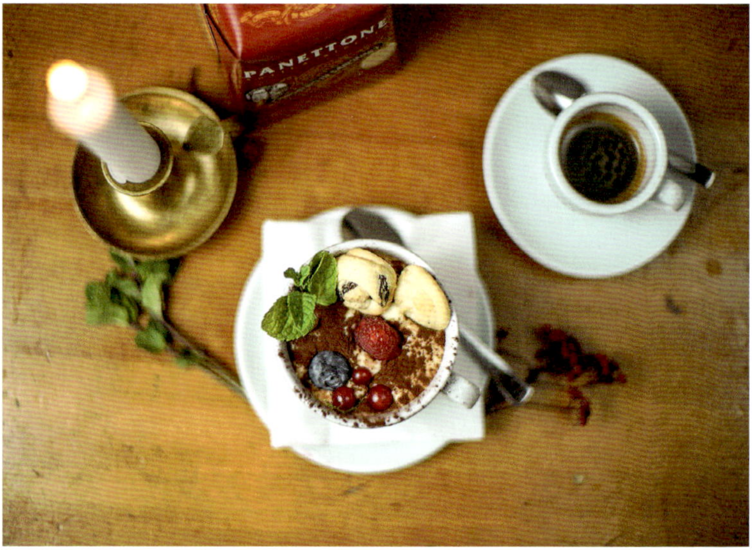


Gestochen scharf durch Festbrennweite: die Himbeere auf dem Tiramisu macht Lust auf dieses Dessert

Viele Fotografen schwören auch auf Festbrennweiten. Sie bieten noch einmal deutlich höhere Lichtstärken als die besten Zoomobjektive und haben eine bessere Schärfe und Auflösung. Sie müssen eben nur für diese eine Brennweite, die sie besitzen, konstruiert werden. Natürlich könnte man alle Brennweiten, die man jemals benötigt, über Festbrennweiten abdecken, aber die Fototasche wäre bald zu voll und das Bankkonto leer. Aber wenn du auf ein ganz bestimmtes Genre spezialisiert bist, z. B. Porträts oder Fotos vom Sternenhimmel, dann lohnt es sich schon, sich einen oder zwei dieser absoluten Spezialisten näher anzuschauen.

Der absolute Klassiker ist ein 50-mm-Objektiv. Das 50 mm f/1.8 etwa bietet eine mehr als doppelt so hohe Lichtstärke wie ein Profi-Zoomobjektiv und etwa achtmal so viel wie ein Standardzoom, z. B. das 28–70 mm f/3.5–5.6 oder das 24–240 mm f/3.5–6.3. Seine Bildqualität ist gut, kann aber an den neuesten Kameras gerade mit sehr hohen Auflösungen wie den 7R-Modellen noch nicht ganz mithalten.

Das zweite Objektiv dieses Brennweitenbereichs ist das 55 mm f/1.8. Es wurde in Zusammenarbeit mit dem Optikspezialisten Zeiss entwickelt und hat nicht nur eine höhere Schärfe und Auflösung. Seine Farben, der Kontrast und das sogenannte Bokeh, also die Darstellung der unscharfen Bereiche im Bild, wurden mit sehr viel Aufwand konstruiert, daher liegt sein Preis schon etwas über der Schmerzgrenze für einen Spontankauf. Wer aber perfekte Fotos bei Hochzeiten oder ähnlichen Veranstaltungen abliefern möchte, kann durch die nochmals höhere Bildqualität punkten.

Es gibt natürlich noch eine ganze Anzahl weiterer Brennweiten. Hier nennen wir einige exemplarisch. Wer etwa gerne den Nachthimmel fotografieren möchte, kann z. B. mit dem 24 mm f/1.4 seine Möglichkeiten steigern. Die hohe Lichtstärke lässt deutlich mehr Strukturen der Milchstraße im Bild erkennen, und das Objektiv hat eine enorm hohe Abbildungsqualität bis in den Rand, was bei solchen Aufnahmen wichtig ist. Natürlich ist diese Qualität auch bei Landschaftsaufnahmen ein Vorteil.

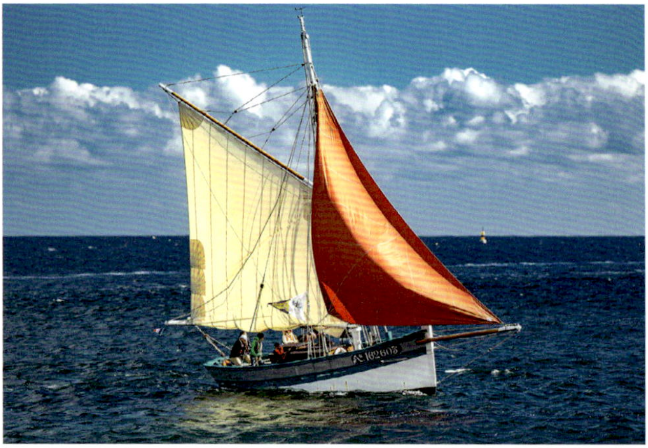

135 mm f/1.8: selektive Schärfe selbst in der Entfernung mit lichtstarkem Tele

Wer gerne mehrere Personen auf Feiern und Hochzeiten auch bei wenig Licht und mit stimmungsvoller selektiver Schärfe fotografieren möchte oder gern in Städten unterwegs ist und ein nicht zu starkes Weitwinkel bei Straßenszenen bevorzugt, kann mit dem 35 mm f/1.8 glücklich werden. Auch zum Filmen ist diese Brennweite sehr gut geeignet. Unterhalb des 24 mm f/1.4 gibt es auch noch das 20 mm f/1.8. Auch diese Brennweite ist für Sternenhimmel und Landschaften, aber auch Architektur sehr schön. Und wer Theater- oder Konzertfotografie auf ein höheres Level bringen möchte oder einfach für Porträts noch mehr Möglichkeiten sucht, ist mit 85 mm oder 135 mm perfekt ausgestattet. Die 85-mm-Brennweite gibt es in mehreren Versionen, da sie zu den absoluten Klassikern unter den Festbrennweiten gehört.

Und wer Raubkatzen, exotische Vögel oder Eisbären in freier Wildbahn fotografieren möchte, wird vielleicht bei dem 400 mm f/2.8 oder 600 mm f/4 schwach. Diese Objektive sind aber sicher nichts mehr für den Alltag, sondern für Fotografen, deren Leidenschaft oder Beruf Wildtier- oder Sportfotografie ist.

Im Bereich der **Makroobjektive** gibt es das 90 mm f/2.8, sehr scharf und mit einem hohen Kontrast, der auch für die Beautyfotografie, also Porträts mit aufwendig geschminkten Models, toll ist. Der Autofokus dieses Objektivs ist allerdings nicht der schnellste, da er auf absolute Genauigkeit im Nahbereich getrimmt ist.

Natürlich gibt es auch bei den Festbrennweiten die Möglichkeit, bei anderen Objektivherstellern zu schauen, die mittlerweile eine Vielzahl an lichtstarken manuell fokussierbaren Objektiven und günstigen Autofokusobjektiven anbieten. Diese haben meist ältere Konstruktionen, was nicht unbedingt ein Nachteil sein muss, auch wenn sie die Auflösung oder die Autofokusgeschwindigkeit der modernsten Kameras nicht ganz unterstützen.

## Stative

Hier gibt es alles, von günstig bis sehr teuer. So viel vorab: Es muss kein wahnsinnig teures Karbonstativ sein, aber spare nicht zu sehr. Sonst kaufst du dir mit Sicherheit bald ein zweites, besseres Stativ oder du nimmst es am Ende gar nicht mit zu deinen Fotoabenteuern, weil es zu schwer oder zu fummelig ist.

Zur Grundausstattung gehört ein kleines Tischstativ, das du schon für unter 30 Euro bekommst. Es hält locker eine Kamera mit Objektiv. Da es nur etwa 20 cm hoch ist, fotografierst du damit sehr bodennah, also quasi aus der Froschperspektive, was interessante Bilder ergeben kann – außer du stellst es auf eine Mauer, einen Baumstumpf oder das Dach deines Mietwagens im Urlaub. Ein Manko: Mit diesem Modell kann man nicht im Hochformat fotografieren und die Kamera auch nicht direkt nach oben richten, was bei Fotos vom Nachthimmel wichtig ist.

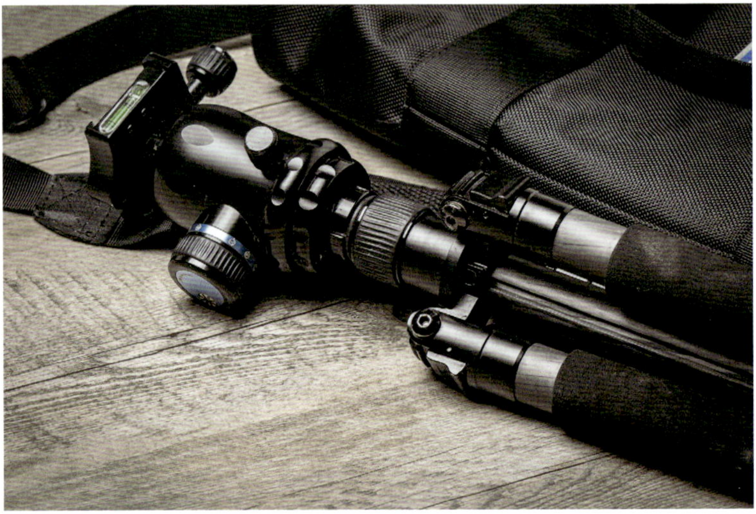

Stativ mit Kugelkopf

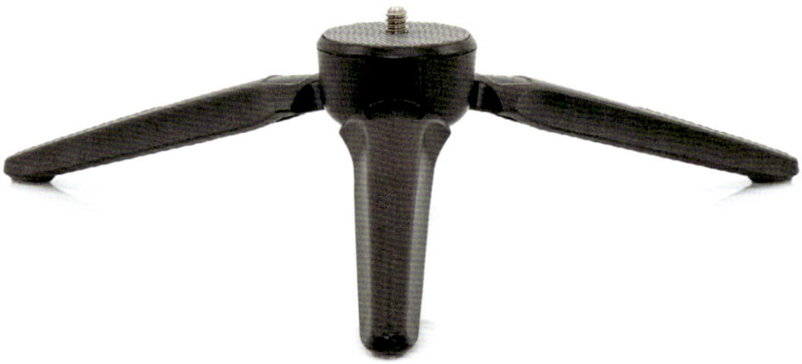

Ministativ ohne Kopf

Richtig schwere und robuste Stative eignen sich für Jobs, wenn du sowieso mit dem Auto anreist. Dann kannst du das Gewicht richtiggehend genießen, denn einmal aufgestellt, steht es wie ein Fels, und du kannst dich darauf verlassen, dass dein Bildausschnitt über Stunden der Gleiche ist.

## Der Stativkopf

Viele Stative, gerade die kleineren, werden mit einem mehr oder weniger guten Stativkopf ausgeliefert. Aber manchmal hält der Kopf nicht das, was das Stativ verspricht. Häufig ist es ein **Kugelkopf**. Er ist für allgemeine Fotografie sehr praktisch, weil man mit ihm sehr schnell arbeiten kann. Wenn du aber z. B. Architekturfotos machen möchtest, ist ein Kugelkopf nicht unbedingt die beste Wahl, denn du bekommst damit sehr schwer eine wirklich genaue Kameraausrichtung hin. Wenn du dann noch mal deinen Ausschnitt verfeinern willst, weil du z. B. etwas nach links oder rechts verschwenken willst, ist dein Bildausschnitt meistens wieder schief.

Es gibt auch Kugelköpfe, die die horizontalen und vertikalen Ebenen auch getrennt voneinander verstellen können. Das ist eine feine Sache, aber nicht gerade günstig.

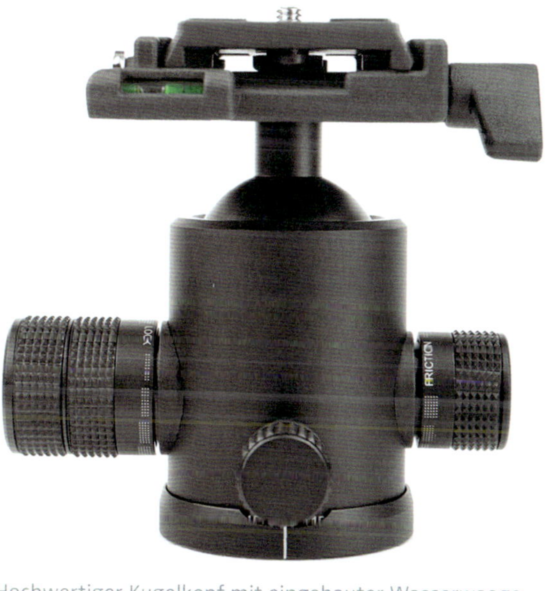


Hochwertiger Kugelkopf mit eingebauter Wasserwaage

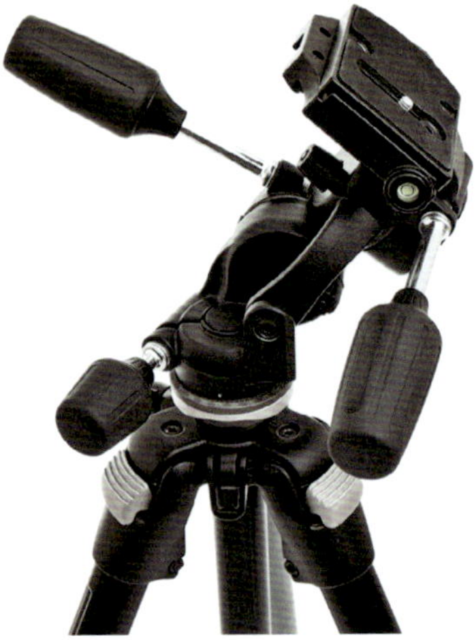

Mit dem Drei-Wege-Neiger kann die Kamera schnell in alle Richtungen geneigt werden

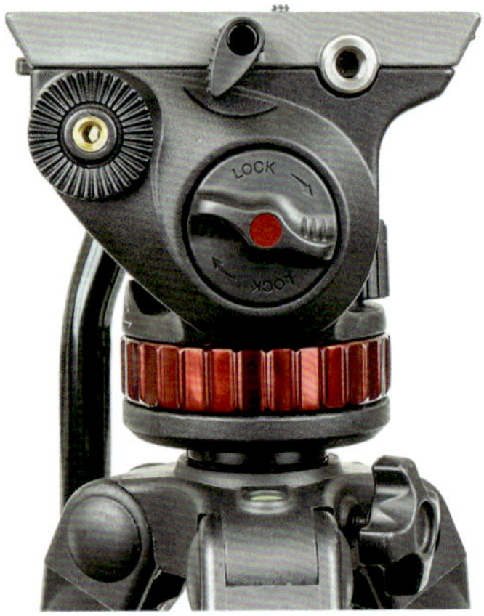


Videoneiger

Für Landschaft oder Architektur sind **Drei-Wege-Neiger** besser geeignet. Das i-Tüpfelchen ist ein sogenannter **Getriebeneiger**. Hier kannst du alle Ebenen ganz genau und unabhängig voneinander verstellen. Mittlerweile sind diese Köpfe auch deutlich leichter geworden.

Zuletzt gibt es noch einen ganz speziellen Stativkopf-Typ, den **Kardankopf**. Er ist für Tierfotografen geeignet, die Vögel im Flug fotografieren möchten. Er sieht wie eine Schaukel aus, und man hängt quasi die Kamera bzw. das Objektiv in diese Konstruktion. Der Vorteil ist, man kann nun den Vogel durch Schwenken verfolgen und auch, wenn er seine Höhe verändert, einfach darauf reagieren. Diese Köpfe sind allerdings meistens sehr teuer und erfordern ein sehr schweres Stativ, sonst reißt man das Stativ beim Schwenken gleich mit.

Wenn du gern filmst, gibt es dafür spezielle **Videoköpfe**. Wichtig ist dabei, dass du einen verstellbaren Arm hast und sehr gut, das heißt ruckelfrei schwenken kannst. Deswegen sind diese Köpfe häufig mit einer flüssigkeitsgelagerten Mechanik ausgestattet. Es steht dann meistens etwas mit „fluid" drauf. Dann kannst du auch den Widerstand des Kopfes so fein einstellen, dass er immer zum Gewicht deiner Kamera passt.

Gerade in den letzten Jahren immer populärer fürs Filmen sind sogenannte **Gimbals**. Mit ihnen kannst du während des Drehs gehen oder sogar laufen, und sie gleichen deine Bewegungen aus. Hier ist es sehr wichtig, dass der Gimbal das Gewicht deiner Kamera und Objektivkombination trägt, sonst hängt dein Objektiv ständig nach unten.

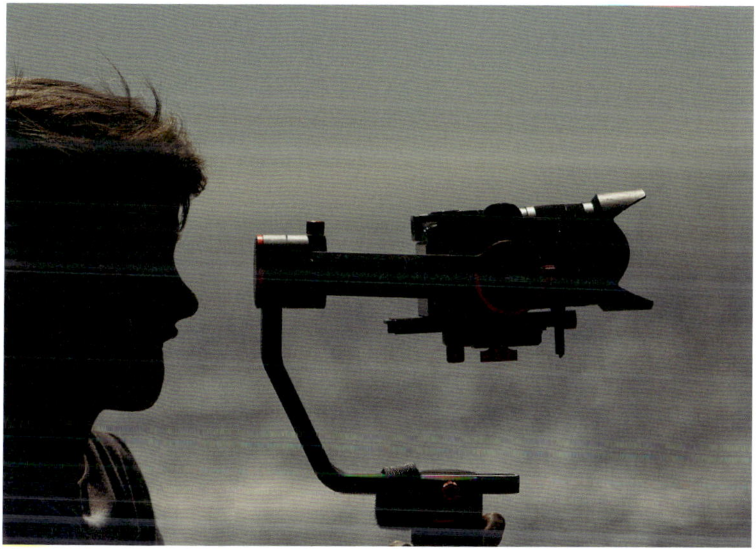

Die kleine Schwester der α7, eine α6500, auf einem Gimbal im Video-Set-up

# Filter

Es gibt unzählige Filter. Vielleicht hast du schon von ein paar Filtertypen gehört oder besitzt bereits welche. Welche du wirklich brauchst, erklären wir dir hier.

## UV- und Schutzfilter

Es gibt die UV- oder Neutralfilter, die man gern als Schutzglas für die Frontlinse des Objektivs verwendet. Wichtig ist hier: Der Filter verbessert nicht die Bildqualität. Im besten Fall, das heißt, wenn es ein qualitativ hochwertiger Filter ist, verschlechtert er die Bildqualität nicht merkbar. Ob du deine Objektive durch Filter schützen solltest, ist zum einen eine Frage des Preises des Objektivs und zum anderen, ob die Gefahr besteht, dass deine Frontlinse beschädigt wird. Das wäre z. B. bei actionlastiger Fotografie wie Motocross, BMX oder auch wenn du gerne am Strand fotografierst der Fall – da könnte mal ein Steinchen in deine Richtung fliegen oder Sand die Linse verkratzen. Wenn du dagegen gerne Porträts in Räumen machst oder Architektur dein Hauptgebiet ist oder du in anderen eher „ungefährlichen" Gegenden unterwegs bist, brauchst du für dein Objektiv eher keinen Schutz. Die Gegenlichtblende, die bei den meisten Objektiven dabei ist, schützt dein Objektiv ausreichend.

## Polfilter

Dieser Filter ist wohl der bekannteste. Er besteht aus zwei Filterscheiben, die sich gegeneinander verdrehen lassen. Dadurch kannst du seine Wirkung verstärken oder abschwächen. Man benutzt ihn, um Wasserflächen, also z. B. Seen oder das Meer farbintensiver darzustellen, weil durch den Filter die Reflexion des Wassers gemindert wird. Er wird auch bei der Architekturfotografie eingesetzt, wenn man die Spiegelungen in Glasscheiben vermindern will.

Außerdem kann er die Farbintensität bei Landschaftsfotos verstärken. Zum Beispiel wirkt der Himmel blauer und die Wolken weißer, aber auch Blattgrün oder die Farben von Blüten können deutlich gesteigert werden. Aber Vorsicht bei Porträts, hier ist der Effekt eher unerwünscht. Rötungen der Haut würden deutlich verstärkt. Bei Porträts will man meist eher sanfte Farbübergänge.

Polfilter sind etwas teurer. Ihre Konstruktion ist schwierig und ihre Farbneutralität wichtig, damit die Farben zwar intensiviert, aber nicht verfälscht werden.

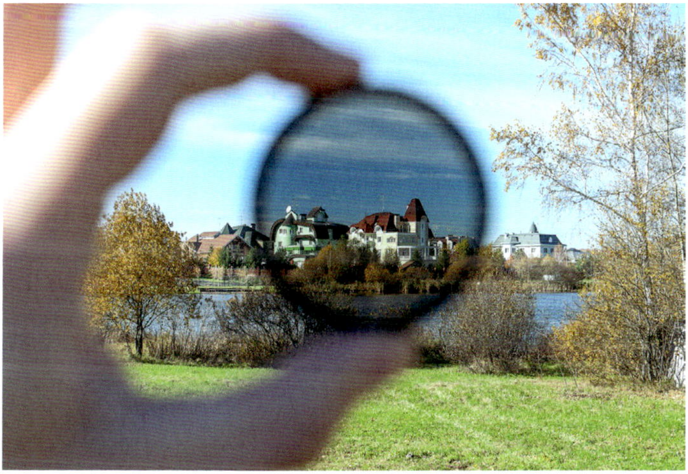

Die Farbintensität und Kontraste von Wasser, Himmel und Landschaft werden durch den Polfilter verstärkt

## POLFILTER SCHLUCKEN LICHT

Nimm beim Polfilter immer die Verpackung mit, damit du ihn sicher verstauen kannst, wenn du ihn nicht brauchst. Achtung: Der Polfilter schluckt Licht, manche Polfilter bis zu zwei Lichtwertstufen. Das heißt, ein Objektiv mit Blende f/4 lässt dann nur noch die Lichtmenge eines Objektivs mit f/8 durch.

## Graufilter

Dieser Filtertyp, auch ND-Filter genannt, ist wichtig, wenn du zu viel Licht hast. Häufiger Einsatzzweck sind Landschaftsfotos mit Wasserfällen oder die Brandung an Stränden oder Klippen. Vielleicht wolltest du schon mal abends einen Brunnen oder am Strand fotografieren und hast diese schöne weiche Darstellung des Wassers eingefangen. Abends ist so wenig Licht vorhanden, das deine Verschlusszeit zwangsläufig länger wird und dadurch dieser Effekt entsteht. Aber tagsüber ist für längere Verschlusszeiten einfach zu viel Licht vorhanden: Das Bild würde zu hell.

Deswegen brauchst du für diesen Effekt einen Graufilter. Es gibt ihn in verschiedenen Stärken. Am besten lässt du dich in einem Fotofachgeschäft beraten, damit du die richtige Stärke, also Abdunklung für deine Zwecke bekommst. Mit einem ND500 bekommst du bei Sonnenschein schon eine Belichtungszeit von etwa 30 sek hin.

## Verlaufsfilter

Mit diesem Filtertyp kannst du Teile des Bildes abdunkeln. Am häufigsten ist das der helle Himmel. Bestimmt hast du auch schon einmal bemerkt, dass du vor dir einen tollen blauen Himmel mit den schönsten Postkartenwolken hast, aber wenn du dein Foto gemacht hast, siehst du darauf nur einen blassblauen Himmel ohne Wolkenkonturen. Der Verlaufsfilter dunkelt den hellen Teil ab, und auf deinem Foto sind Struktur und Farbintensität des Wolkenhimmels wieder sichtbar.

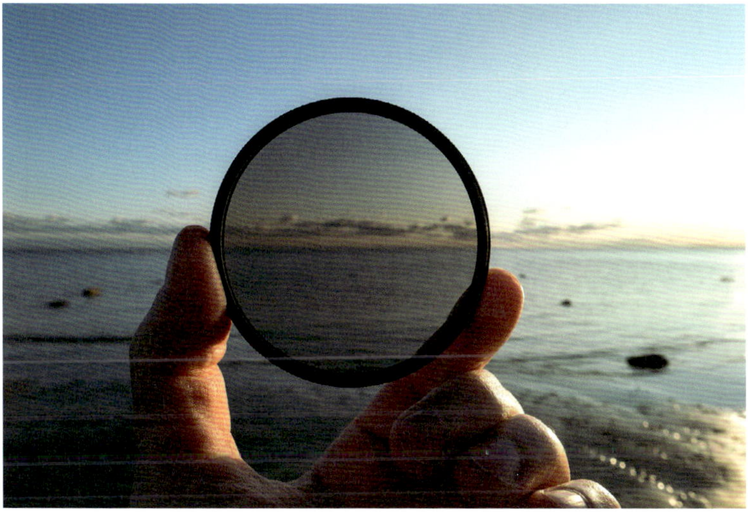

Grau- und Verlaufsfilter braucht man vor allem in der Landschaftsfotografie. Es gibt sie rund, aber auch rechteckig.

## Effektfilter

Hier gibt es alles Mögliche, durch die Digitalfotografie und die Nachbearbeitungsmöglichkeiten sind Effektfilter jedoch etwas in den Hintergrund getreten. Um nur zwei zu nennen: Sterneffektfilter und Vignettierungsfilter ergeben hübsche Effekte.

# DAS MENÜ DER α7

*In diesem Kapitel erklären wir dir leicht verständlich alle Menüposten der α7-Kameras. Nicht alle Menüfunktionen sind für das Fotografieren wichtig. Aber mit deiner Sony willst du vielleicht auch mal dein Handy als Auslöser nutzen oder du möchtest tiefer in die Videografie einsteigen. Du musst nicht alle Funktionen auswendig kennen, sondern bekommst hier ein super Nachschlagewerk an die Hand, wenn du mal eine Einstellung suchst und/oder verändern möchtest.*

Die Abbildungen zeigen immer die Grundeinstellung. So kannst du die Voreinstellungen wiederherstellen, auch wenn du deine Menüposten total verändert hast, ohne deine Kamera komplett auf die Werkseinstellungen zurückstellen zu müssen.

Die Abbildungen der Menüs stammen zum größten Teil von der α7R IV, Stand Mitte 2020. Durch Firmware-Updates können einzelne Menüpunkte anders heißen oder dazugekommen sein.

**DIE MENÜABBILDUNGEN**

Wir orientieren uns bei den Menüabbildungen an den neueren Modellen. Viele der Einstellungen findest du bei der ersten und zweiten Generation an etwas anderer Stelle, da dort noch das ältere, nicht farbige Menü benutzt wird.

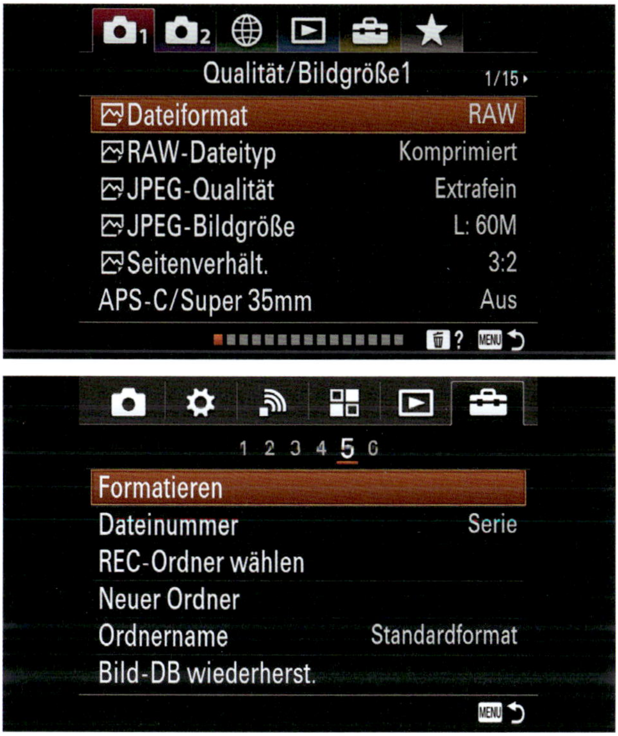


Vergleich der Menüs der Generation III und IV (oben) sowie der ersten und der Generation II (unten)

Lass uns mit dem vielleicht wichtigsten Menüpunkt starten: Die Menü-Registerkarte mit dem gelben Werkzeugkoffer wird *Einstellungen* genannt. Sie hat mindestens sechs weitere Unterseiten. Auf der letzten findest du *Einstlg zurücksetzen*. An dieser Stelle kannst du die Kameraeinstellungen zurücksetzen oder im schlimmsten Fall die Kamera initialisieren, also die Werkseinstellungen wiederherstellen.

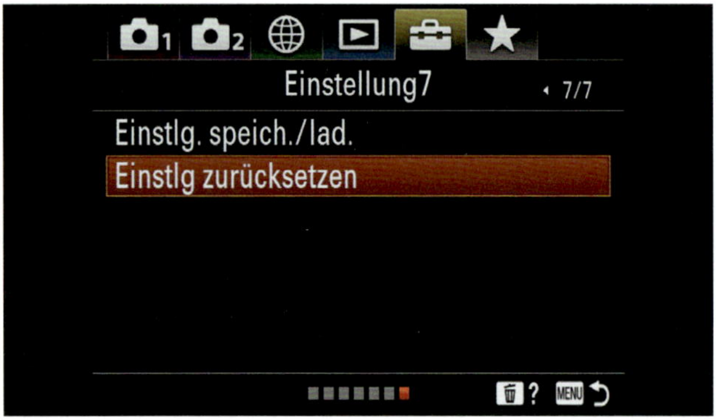


Einstellungen zurücksetzen auf der letzten Seite des Menüs „Einstellung"

**DIE „RETTUNGSTASTE"**

Um das Menü zu verlassen, kannst du entweder die Menü-Taste drücken oder den Auslöser kurz antippen. Er ist also zusätzlich eine Rettungstaste, wenn du aus verworrenen Menüs wieder herausfinden möchtest.

Schauen wir uns nun das Menü etwas genauer an. Am oberen Rand findest du die verschiedenen Menü-Registerkarten, in denen die Einstellungswerte nach Kategorien sortiert sind. Keine Angst: Das ist einfacher, als es sich anhört. Schauen wir uns diese Menü-Registerkarten mal an:

1. Karte (Rot): (Kamera-)Einstellung1
2. Karte (Violett): (Kamera-)Einstellung2
3. Karte (Grün): Netzwerk
4. Karte (Blau): Wiedergabe
5. Karte (Gelb): Einstellungen
6. Karte (Grau): Mein Menü (ab α7 III)

In Einstellung1 findest du nun noch Kategorien direkt unter den Registerkarten. Das sind je nach Kamera sieben bis 14 Seiten, die ab der α7 III auch so benannt sind („Qualität/Bildgröße1"). Bei der α7 und α7 II siehst du lediglich die Nummer der Kategorie ohne Bezeichnung.

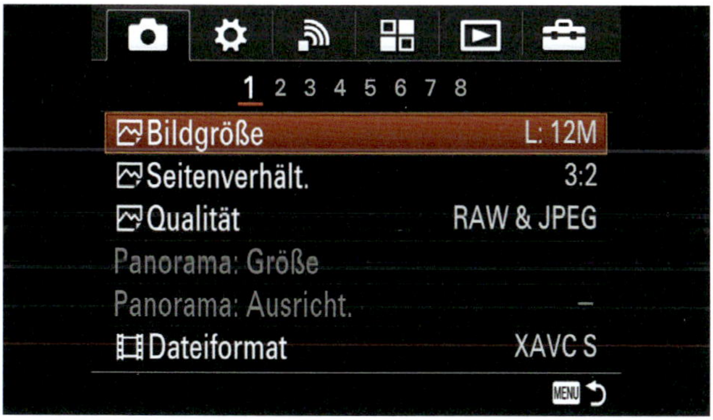


Die Kategorien 1 bis 8 bei der ersten und zweiten Generation

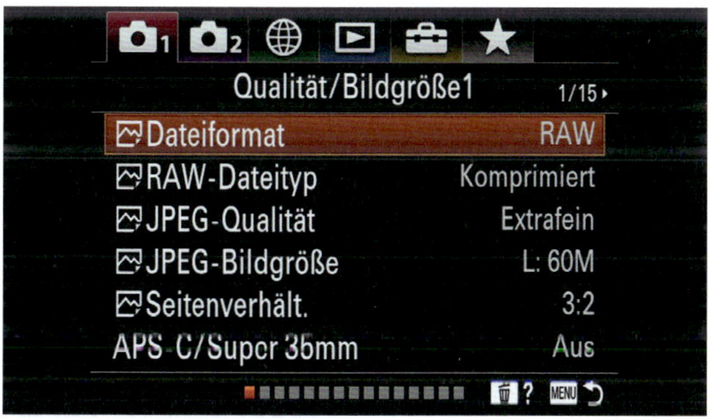


Die Kategorien in „(Kamera-)Einstellung1" bei der α7R IV

Im Menü findest du vor den Einstellwerten manchmal Symbole, z. B. vor *Dateiformat*: Ein kleines Piktogramm, das eine Landschaft darstellt, sagt dir, dass sich die Funktion auf den Fotomodus bezieht.

Wird dir ein Filmstreifen vor manchen Einstellungen gezeigt, bedeutet das, du kannst diesen Einstellwert nur für den Filmmodus benutzen.

Außerdem findest du am unteren Rand eine Skala, die dir deine Position (orangefarbenes Quadrat) in der aktuellen Menü-Registerkarte zeigt.

Daneben siehst du deine aktuell nutzbaren Tasten. Das übersieht man oft, ist aber extrem nützlich, wenn du sehen willst, was du hier alles einstellen kannst. Diese Symbole der nutzbaren Tasten hast du übrigens auch in anderen Ansichten auf dem Display, z. B. bei der Fokusfeldauswahl im Fn-Menü.

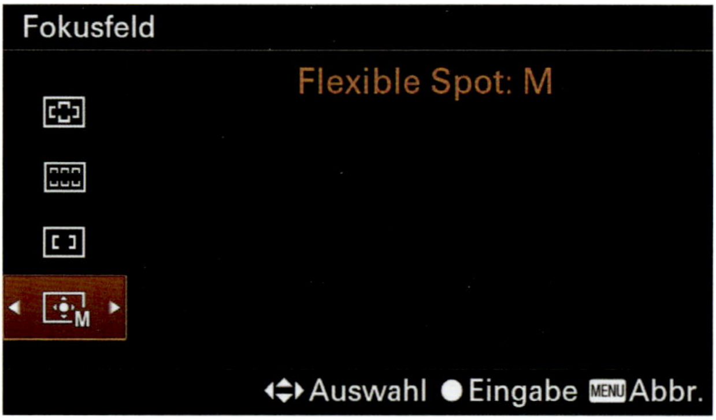


Symbole der nutzbaren Tasten bei der Fokusfeld-Auswahl im Fn-Menü

Und noch ein paar Worte zur Navigation: Mit den Tasten oben und unten kannst du vertikal deine Einstellwerte wechseln und auch die Menü-Registerkarte auswählen. Blätterst du nun weiter nach oben, springt die orangefarbene Markierung wieder nach unten ins Menü und umgekehrt.

Mit den Tasten links und rechts blätterst du durch die Kategorieseiten. Auch hier springt die Anzeige nach der letzten Seite wieder zur ersten und umgekehrt.

# Einstellungen1

## Qualität/Bildgröße1

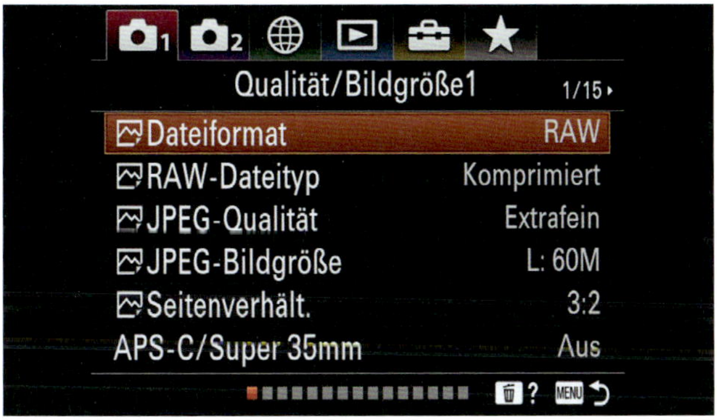


Das Menü in „Qualität/Bildgröße1"

*Dateiformat* oder *Qualität* (bis Generation II): Welches Dateiformat du nutzt, hängt vor allem von deinem Workflow ab. Willst du alles aus deiner Kamera herausholen, nutzt du ganz klar *RAW*. Diese Bilder sind allerdings noch nicht „fertig", sie müssen noch von dir bearbeitet werden. *JPEG*-Bilder durchlaufen in der Kamera ein „Processing", eine Bearbeitung, die mindestens Schärfe, Kontrast und Sättigung angeht, und können direkt benutzt werden. Wer zu Beginn sofort nutzbare JPEGs haben möchte, sich aber die Möglichkeit der späteren Bearbeitungen behalten will, für den ist die Möglichkeit, beides zu speichern, am interessantesten.

Durch die dreifache Dateigröße des RAW ist der Informationsgehalt enorm erweitert. Ein RAW hat 14 Bit Farbtiefe, ein JPEG nur 8 Bit. Das ist ein Unterschied von 16,7 Millionen Farben zu 4 Billionen Farben, du hast also extrem viel mehr Abstufungen in den Schatten- und Highlightbereichen.

Beim *RAW-Dateityp* unterscheidet man zwischen dem komprimierten und unkomprimierten Bild, um nochmals das letzte Quäntchen an Differenzierung bei sehr kontrastreichen Aufnahmen bei Nacht oder von Veranstaltungen zu bekommen. *Komprimiert* sollte generell am Tag oder bei Porträts ausreichen.

Ab Generation III kann das JPEG, das zum RAW abgespeichert wird, nochmals angepasst werden. Bis Generation II heißen die folgenden Posten nur *Bildgröße* und *Qualität*.

*JPEG-Qualität* und *JPEG-Bildgröße* solltest du nur ändern, wenn du dir zusätzlich zum RAW ein JPEG für eine Bibliothek auf einem Laptop anlegen möchtest, der nur eine begrenzte Speicherkapazität hat. Die Unterschiede im Platzbedarf sind enorm: 1 MB in der Kombination Qualität *Standard* und Bildgröße 6 MP (Megapixel) im Vergleich zu 12 bis 16 MB in der Kombination Qualität *Extrafein* und Bildgröße 60 MP. Für den Hausgebrauch empfehlen wir, im JPEG mit höchster Auflösung und maximaler Qualität (*Extrafein*) zu arbeiten.

Das *Seitenverhält[nis]* kann natürlich im Nachhinein verändert werden, wäre da nicht die Sache mit der Bildkomposition: Bei einem Bild im 16:9- oder gar 1:1-Verhältnis ergeben sich nämlich ganz andere Anforderungen für einen interessanten Bildausschnitt. Am besten du arbeitest in dem Seitenverhältnis, das später benötigt wird. *1:1* solltest du wählen, wenn du Fotos für Instagram machst, da dir die Komposition dann von Anfang an besser gelingt.

Die Wahl des *APS-C/Super 35 mm*-Modus entspricht dem „Abschneiden“ des Vollformatsensors auf die Größe eines kleineren Sensors z. B. der α6000-Serie. Diese Funktion wird von vielen als digitaler Telekonverter benutzt und auch gern auf eine Taste gelegt. Achtung: Hier verändert sich die Auflösung des Bildes, da nicht die gesamte Sensorfläche genutzt wird.

Falls deine Kamera noch das Schwenkpanorama unterstützt, findest du noch *Panorama: Größe* und *Ausricht[ung]*: Auch hier entscheiden die Auflösungsangaben über die Einstellungen. Bei der Größe *Standard* haben wir 8000 Pixel zu 12.000 Pixel bei *Wide* an der Längskante und 1800 Pixel in der Höhe. Die Panorama-Funktion hilft gerade in den Situationen, in denen kein Weitwinkelobjektiv greifbar ist, besonders wenn du auf die vertikale Ausrichtung wechselst, also die Kamera hochformatig hältst und dann horizontal schwenkst. Dadurch bekommst du etwas mehr Bildhöhe und somit einen noch größeren Bildausschnitt.

## Qualität/Bildgröße2

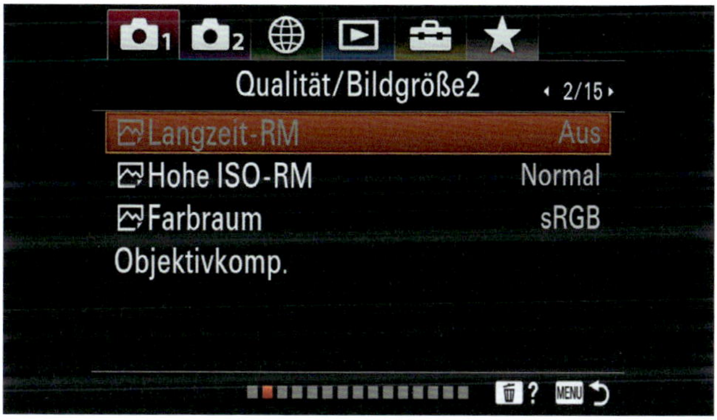


Das Menü in „Qualität/Bildgröße2"

*RM* bedeutet „Rauschminderung". Bei *Langzeit*-Aufnahmen wird der Sensor direkt nach der Belichtung ein weiteres Mal mit der gleichen Verschlusszeit ausgelesen, allerdings ohne den Verschluss zu öffnen. Das entstandene Bild enthält statisches Rauschen, also das Rauschen, das beim vorherigen Bild an der gleichen Stelle auftritt. Das zusätzliche Bild wird vom ersten subtrahiert, und übrig bleibt eine Aufnahme mit weniger Rauschen. Während des Subtrahierens kann man übrigens den Schriftzug „Verarbeitung" auf dem Display lesen. Diese Art der Rauschminderung wird ab einer Verschlusszeit von 1 sek eingesetzt.

Bei Aufnahmen mit *Hoher ISO* kommt es auch zu Rauschen, allerdings ist dieses dynamisch, also immer an anderer Stelle und schwieriger zu behandeln. Der Bildprozessor analysiert das Bild nach Schärfentiefe und Details und entscheidet selektiv, wo das Rauschen durch eine Art Weichzeichnung entfernt werden soll. Der Prozessor verhindert dadurch, dass bildentscheidende Details verloren gehen.

Der *Farbraum* betrifft nur JPEG-Bilder. Da fast alle Geräte wie Smartphone, Laptop und Fernseher lediglich mit den *sRGB*-Farbraum zurechtkommen, benötigst du *adobeRGB* nur, wenn du dein JPEG direkt aus der Kamera in die Druckvorstufe zur Bearbeitung geben willst.

Die *Objektivkomp[ensation]* gleicht starke Verzeichnungen, Abschattungen und Farbabweichungen von Objektiven aus. Dabei weiß die Kamera genau, welches Objektiv welchen Ausgleich erfordert. Jetzt könnte man fragen, warum man das Objektiv nicht gleich richtig berechnet und sich eine softwareseitige Kompensation erspart. Es gibt jedoch Anforderungen an Objektive, die unter Umständen mit den Berechnungsmöglichkeiten kollidieren. Dazu zählen Größe, Gewicht, Material und natürlich auch der Preis.

## Aufnahme-Modus/Bildfolge1

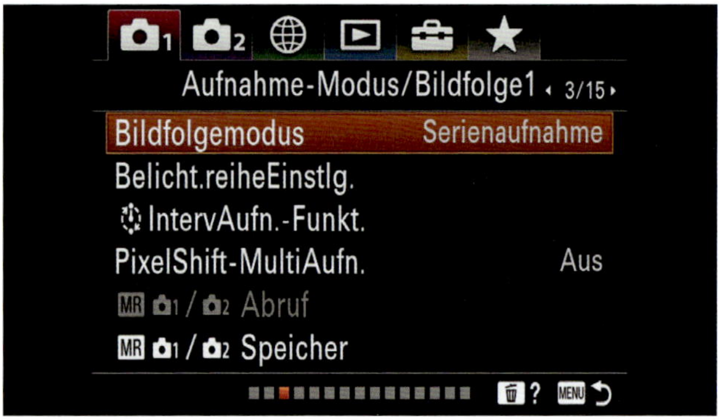


Das Menü in „Aufnahme-Modus/Bildfolge1"

*Modus Automatik* (bis Generation II) gibt dir die Wahl zwischen einer intelligenten Automatik und einer überlegenen Automatik. Die intelligente Automatik entscheidet durch Motiverkennung die „richtige“ Belichtung, Schärfe und Farbe. Die überlegene Automatik erkennt darüber hinaus, welche anderen Anforderungen ein Motiv hat, z. B. ob der HDR-Modus oder die Multiframe-RM sinnvoll ist.

*Szenenwahl* (bis Generation III) gibt dir die Wahl zwischen den verschiedenen Szenenmodi. Sowohl Szenenwahl als auch Modus Automatik sind über das Fn-Menü in Standardkonfiguration in der unteren Zeile an sechster Stelle erreichbar.

*Üb[erlegene] Auto[matische] Bildextrah[ierung]* (bis Generation II) hat mit der überlegenen Automatik zu tun. Die bei Multiframe-Aufnahmen erstellten Serienbilder können bei Bedarf auch abgespeichert werden, was sinnvoll ist, falls das Erstellen eines HDR nicht passend ist, da es bei schnellen Bewegungen zu „Ghosting“ kommen kann, was bei den Einzelbildern nicht der Fall ist.

Der *Bildfolgemodus* entscheidet nicht nur über die Geschwindigkeit der Serienbilder, sondern auch über Selbstauslöser, Belichtungsreihe, Weißabgleichreihe und DRO-Reihe. Der Bildfolgemodus ist außerdem über das Fn-Menü und das Drücken des Einstellrads nach links erreichbar.

Wer HDR selbständig erstellen will, kann mit *Belicht.reiheEinstlg.* die Aufnahme vereinfachen. Hier entscheidest du, dass die Belichtungsreihe selbstständig von der ersten bis zur letzten Aufnahme durchgeführt wird – und das mit nur einer Auslösung. Zusätzlich kannst du den Selbstauslöser in verschiedenen Zeiten wählen, um mögliche Schwingungen der Kamera abzuwarten. Normalerweise reichen hier 2 sek. Bei schweren Objektiven in Kombination mit leichten Stativen wählst du die längste Zeit vor.

Hinter *IntervAufn.-Funkt[ion]* verbirgt sich die Einstellung der Intervallaufnahmen. Du kannst entscheiden, welche Startzeit die Länge des Intervalls haben soll, ob die Belichtung nachverfolgt werden oder ob die Belichtungszeit oder das Aufnahmeintervall priorisiert werden soll.

Mit *PixelShift-MultiAufn[ahme]* wählst du den Aufnahmemodus, um Bilder mit einer höheren Auflösung oder besserer Farbwiedergabe bei den Modellen α7R III und IV zu erzielen. Die Aufnahmen müssen in jedem Fall am PC mit Hilfe der „Imaging Edge Mobile"-Software zusammengeführt werden.

*MR* bedeutet Speicherabruf und hat mit dem Moduswahlrad zu tun. Sobald du auf dem Moduswahlrad MR eingestellt hast, kannst du im Menü *MR Abruf* deine verschiedenen häufig benutzten Modi abrufen, wenn du sie vorher hier gespeichert hast. Du wählst zunächst ganz nach Belieben deinen Aufnahmemodus, das Fokusfeld oder sonstige Einstellungen, gehst dann auf den Menüpunkt *MR Speicher* und speicherst sie auf einem deiner Speicherslots auf dem Speicherabruf auf dem Moduswahlrad. Es gibt je nach Modell ein bis drei Slots, die auf den Positionen 1 bis 3 auf dem Moduswahlrad abgespeichert werden, und die Positionen M1 bis M4, die auf der Speicherkarte gespeichert und über *MR Abruf* aufgerufen werden können.

## Aufnahme-Modus/Bildfolge2

*MR Medien-Auswahl* entscheidet, auf welcher der beiden Speicherkarten die M1- bis M4-Einstellungen abgelegt werden sollen. Ab der α7 III ist es sogar möglich, spezielle Konfigurationen auf Tastendruck abzurufen. Diese Möglichkeit erhöht das Arbeitstempo in schwierigen Situationen wie Sport enorm, da du mit einem Tastendruck deine Kamera komplett anders einstellen kannst. Diese Voreinstellung kannst du im Menü *BenutzAufnEinstlg. reg[istrieren]* vornehmen. Du hast dabei drei Slots zur Verfügung.

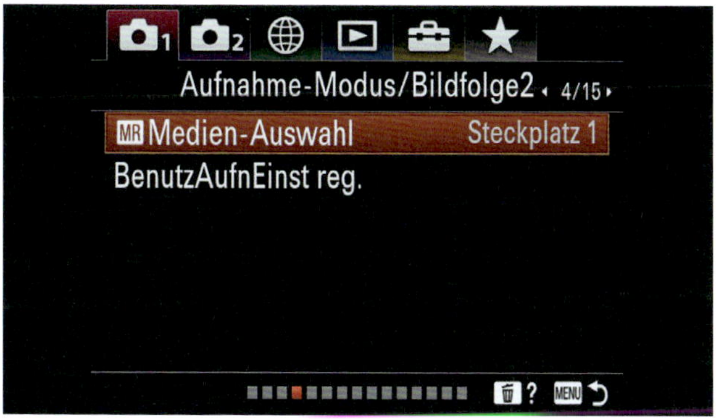


Das Menü in „Aufnahme-Modus/Bildfolge2"

## AF1

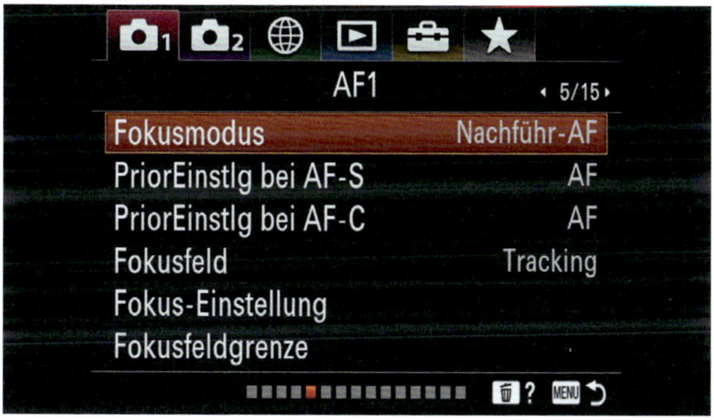


Das Menü in „AF1"

Mit dem *Fokusmodus* entscheidest du, wie fokussiert werden soll. Dabei hast du die Möglichkeit, zwischen Einzel-Autofokus, AF-S, kontinuierlichem Autofokus, automatischem Autofokus (es wird also selbstständig erkannt, welcher Modus sinnvoll ist) sowie dem manuellen Fokus zu wechseln. Diese Funktion findest du außerdem im Fn-Menü.

Bei *PriorEinstlg bei AF-C/S* kannst du das Verhalten zwischen Fokussierung und Auslösung gewichten. Entweder die Kamera löst sofort aus oder sie sucht zuerst nach dem Fokus und löst dann erst aus. Die Einstellung *Ausgewogene Gewichtung* empfehlen wir nicht.

Mit *Fokusfeld* und *Fokus-Einstellung* entscheidest du, wo fokussiert werden soll. Es gibt diverse Einstellmöglichkeiten – um hier etwas mehr Übersicht zu haben, kannst du in der *Fokusfeldgrenze* die Fokusfelder, die du nicht benutzt, einfach herausnehmen.

Hinter *Fokusfeldgrenze* (ab Generation IV) verbirgt sich eine weitere hilfreiche Funktion: Du kannst das Fokusfeld je nach Ausrichtung deiner Kamera speichern. Wenn du jetzt zwischen Querformat und Hochformat wechselst, ändert sich auch dein Fokusfeld und seine Position.

## AF2

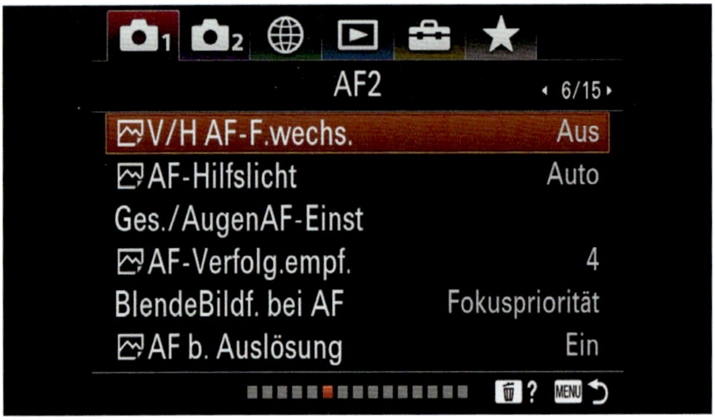


Das Menü in „AF2"

Mit *V/H AF-F.wechs[eln]* kannst du die Position und Art der Fokusfelder für Hoch- oder Querformat festlegen. Das ist interessant, wenn du oft Hochformatporträts machst.

Zum Fokussieren bei schlechten Lichtverhältnissen gibt es das *AF-Hilfslicht,* das der Fokusmessung der Kamera einen besseren Kontrast von Hell auf Dunkel gibt, um die Schärfe zu finden. Der Nachteil ist, dass diskretes Fotografieren damit nicht mehr möglich ist, weil es ein helles rotes Licht aus Richtung der Kamera gibt.

Die *Ges./AugenAF Einst[ellungen]* sind sehr wichtig. Sie machen das Fotografieren von Porträts bei Events wie Hochzeiten oder Tagungen um einiges einfacher. Hier kannst du entscheiden, ob beim halben Drücken des Auslösers Augen und Gesichter erkannt werden sollen, ob das rechte oder linke Auge ausgewählt werden soll, ob ein Rahmen um erkannte Gesichter gesetzt werden soll und ob du Menschen oder Tiere fotografierst. Das Einblenden des Rahmens um erkannte Gesichter herum (*Ges./AugRahmAnz.*) ist sehr nützlich, um schon vor dem Tippen des Auslösers zu wissen, ob die Kamera Gesichter erkannt hat.

*AF-Verfolg[ungs]empf[indlichkeit]* legt fest, wie schnell die Kamera von einem verfolgtem Motiv auf ein kreuzendes Motiv wechseln soll. Je nach Aufnahmesituation will man *reaktionsschnellen* Wechsel oder *verriegelt* auf ein Motiv.

Bei der Messung des Fokus spielt auch das einfallende Licht eine entscheidende Rolle. Ist zu viel oder zu wenig vorhanden, funktioniert die Fokusmessung unter Umständen nicht so gut, deshalb wird die Blende zur Messung mal geöffnet oder mal geschlossen. Dies kann hier auf den Einsatzzweck optimiert werden. Ist die Geschwindigkeit entscheidend oder die lautlose Arbeitsweise der Kamera? Mit *Blende-Bildf.bei AF* kannst du entscheiden, was dir wichtiger ist. Wir empfehlen die Einstellung *Standard*.

Der *AF b[ei] Auslösung* ist bei fast allen Fotografen beliebt. Dennoch mögen es einige, das Scharfstellen vom Auslösen zu entkoppeln und auf eine andere Taste zu legen. Stellst du hier auf *AUS*, fokussiert die Kamera nicht mehr beim halben Drücken des Auslösers.

## AF3

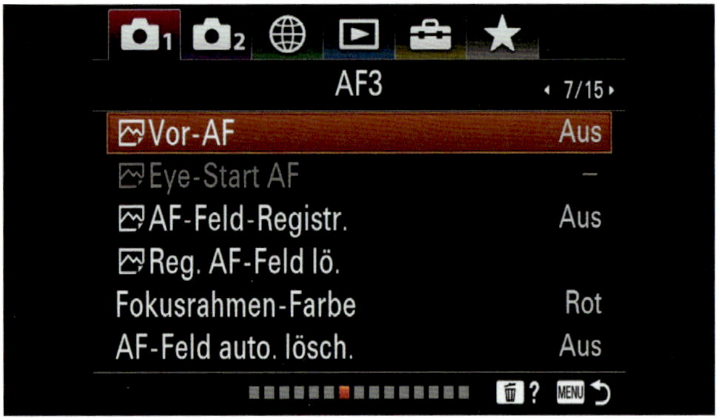


Das Menü in „AF3"

Der *Vor-AF* sorgt dafür, dass auf deinem Display immer ein scharfes Bild angezeigt wird, also auch ohne dass du den Auslöser benutzt.

Der *EYE-Start AF* sorgt manchmal für Verwirrung, da er mit dem Augen-AF verwechselt wird. Diese Funktion ist nur bei adaptierten A-Mount-Objektiven nutzbar und eine Besonderheit aus der Minolta-Ära: Sobald man das Auge an den Sucher hebt, beginnt die Kamera mit dem Fokussieren – deshalb „Eye-Start".

Die *AF-Feld-Registr[ierung]* ist sehr praktisch. Auf Tastendruck kannst du hier eine zuvor gespeicherte Position von einem AF-Feld abrufen und darauf fokussieren. Damit kannst du sehr schnell zwischen zwei AF-Feldern wechseln, z. B. vom Goldenen Schnitt links im Bild zum Goldenen Schnitt rechts im Bild.

Natürlich kannst du ein *Reg.-AF-Feld lö[schen]*, das du zuvor festgelegt hast.

Endlich kann beim Posten *Fokusrahmen-Farbe* die Farbe des Fokuspunkts verändert werden – sehr hilfreich, aber nur bei der α7R IV verfügbar.

*AF-Feld auto[matisch] lösch[en]* ermöglicht es dir, dein AF-Feld nur einzublenden, sobald du den Auslöser halb durchdrückst. Ansonsten wird es nicht angezeigt.

## AF4

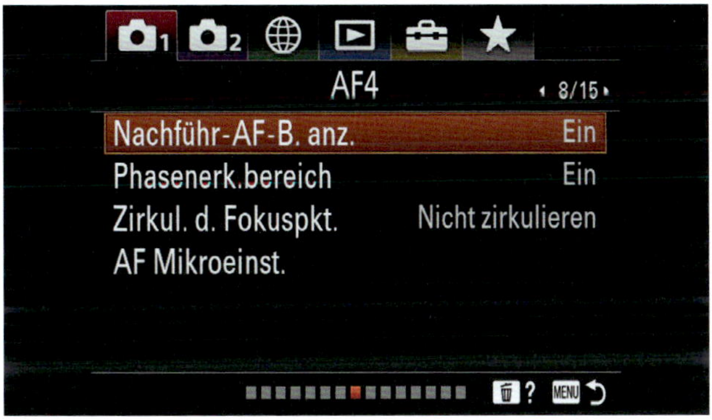


Das Menü in „AF4"

Mit *Nachführ-AF-B. anz[eigen]* sind die 425 Autofokusfelder gemeint, die im kontinuierlichen Autofokus AF-C eine gewisse Unruhe auf dem Display erzeugen können. Wer sich auf sein Motiv konzentrieren möchte, kann sich ganz auf den Autofokus verlassen und die Anzeige der einzelnen AF-Punkte abschalten.

*Phasenerk[ennungs]bereich* zeigt den Bereich mit einer Klammer an, in dem Phasen-AF-Punkte zur Verfügung stehen. Die Einstellung empfehlen wir besonders bei den Modellen α7 und α7 II sowie α7R II und III, da sich hier die schnellen Autofokuspunkte nur im angezeigten Bereich befinden und es leichter fällt, das verfolgte Objekt in diesen Bereichen zu halten.

*Zirkul[ieren] d[es] Fokuspkt.* ist sehr nützlich, wenn man von einem Ende des Fokussierrahmens auf das andere Ende springen will.

*AF-Mikroeinst[ellungen]:* Hier geht es wieder um adaptierte A-Mount-Objektive. Damit kannst du deine Objektive feinjustieren, falls die Schärfeebene nicht stimmt.

## Belichtung1

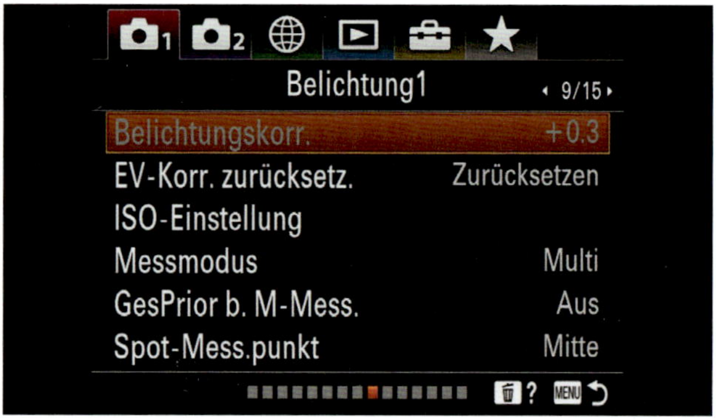


Das Menü in „Belichtung1“

Die *Belichtungskorr[ektur]* ist eine der wichtigsten Funktionen, um deine Helligkeit im Bild zu steuern. Nutze sie so oft wie möglich, um eine Belichtung zu erzielen, die genau deinen Wünschen entspricht.

*EV-Korr[ektur] zurücksetz[en]:* Hier entscheidest du, ob die Belichtungskorrektur nach dem Ausschalten zurückgesetzt werden soll.

Die *ISO-Einstellung* wird zu Beginn auf *ISO-Auto* stehen; erst nach und nach wirst du selbstständig ISOs vorwählen, um die bestmögliche Bildqualität zu erzielen. Nutze in der *ISO-Auto* die *ISO-Bereichsgrenze*, indem du nach rechts auf *ISO-Auto minimal/maximal* gehst. Damit stellst du sicher, dass deine Qualitätsanforderungen an dein

Bild erreicht werden. Es gilt: Lieber ein verrauschtes als ein verwackeltes Bild. Mit *ISO-Auto Min. VS* kannst du festlegen, bei welcher Verschlusszeit sich im ISO-Automodus die ISO anpassen soll. Man hat trotz der Automatik Einfluss darauf, ob die Bilder eine Bewegungsunschärfe haben oder eingefrorenen sind.

Der *Messmodus* ermöglicht dir die Wahl zwischen verschieden großen Bereichen, die bei der Belichtungsmessung auf deinem Motiv zur Anwendung kommen. Sehr interessant ist der Messmodus *Spot* bei Porträtaufnahmen. Die Belichtungskorrektur, die ISO-Einstellungen und den Messmodus findest du außerdem im Fn-Menü.

*GesPrior b. M-Mess[ung]:* Hier entscheidest du, ob bei erkannten Gesichtern die Belichtungsmessung auf diese erfolgen soll, solange der Messmodus *Multi* benutzt wird.

*Spot-Mess.punkt:* Die Position des Spotmesspunktes ist normalerweise in der Mitte des Bildausschnitts. Ab der α7 III kann man ihn mit dem Fokusfeld koppeln – eine sehr nützliche Funktion.

## Belichtung2

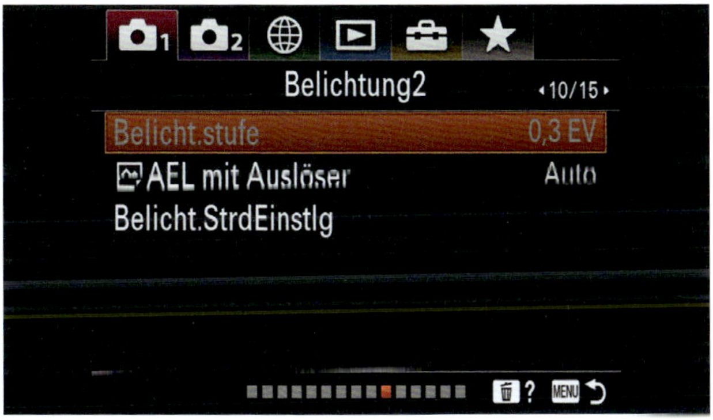


Das Menü in „Belichtung2"

*Belicht[ungs]stufe:* Hier entscheidest du, ob du von einer auf die andere Belichtungsstufe Drittelstufen oder Halbstufen benutzen willst. Üblich sind Drittelstufen.

*AEL mit Auslöser:* So, wie der Autofokus vom Auslöser entkoppelt werden kann, so funktioniert das auch mit der Belichtungsmessung. AEL steht für „Automatic Exposure Lock".

*Belicht.StrdEinstlg:* Hast du den Eindruck, dass die Belichtung zu hell oder zu dunkel bei verschiedenen Messmethoden ist, kannst du hier eine Feinjustierung vornehmen.

## Blitz

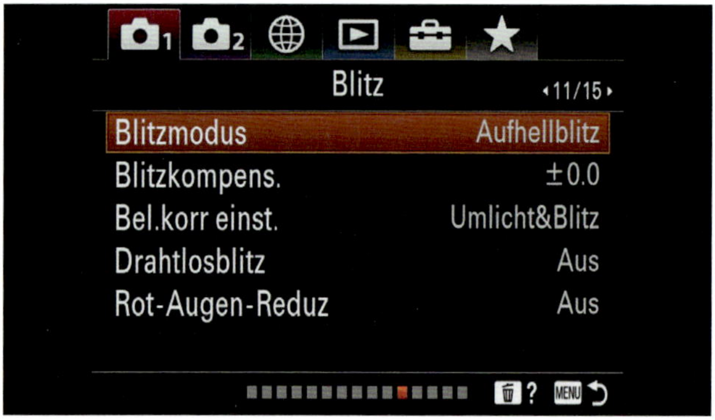


Das Menü in „Blitz"

Beim *Blitzmodus* gibt es verschiedene Einsatzmöglichkeiten. Die drei wichtigsten sind *Aufhellblitz*, *Langzeitsynchronisation* und *Synchronisation auf den zweiten Verschlussvorhang*.

Die *Blitzkompens[ation]* steuert die Helligkeit und damit die Ausleuchtung des geblitzten Motivs.

*Bel[ichtungs]korr[ektur] einst[ellen]:* Eine wichtige Einstellung für das Blitzen ist die Entkopplung von Umlicht und Blitzbelichtungskorrektur. Hier solltest du die Einstellung *Nur Umlicht* wählen.

*Drahtlosblitz:* Hier kann der aufgesetzte Blitz in den Modus versetzt werden, andere Blitze zu steuern.

*Rot-Augen-Reduz[ierung]:* Hier kannst du den Vorblitz zur Verhinderung von roten Augen aktivieren.

## Farbe/WB/Bildverarbeitung1

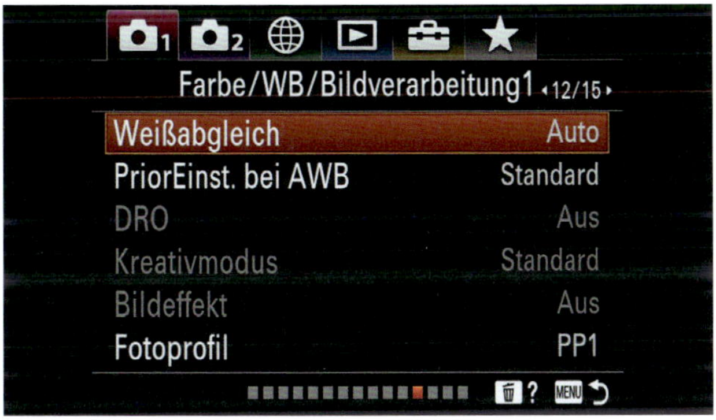


Das Menü in „Farbe/WB/Bildverarbeitung1"

Der *Weißabgleich (WB)* dient dazu, korrekte Farben für die jeweilige Zusammensetzung des Lichts zu berechnen, damit es für uns natürlich aussieht. Es gibt zwölf Voreinstellungen, von denen *AWB* („Automatic White Balance") schon zu sehr guten Ergebnissen führt. Für schwierige Situationen (z. B. Mischlicht oder Natriumdampflampen = Straßenbeleuchtung) stehen die Funktion *SET* und *Farbtemperatur/Filter* zur Verfügung, mit der du deinen Weißabgleich perfekt für die jeweilige Situation einstellen kannst.

Mit *PriorEinst[ellungen] bei AWB* kannst du entweder sehr atmosphärische Aufnahmen machen, bei denen die Lichtfarbe entscheidend ist, oder du kannst die Darstellung von Weiß optimieren, was hilfreich für Reproduktionen oder Foodfotografie ist.

*DRO:* Ein großes Thema in der Fotografie ist der Dynamikumfang eines Bildes, das heißt, der Bereich von Schwarz bis Weiß, der von der Kamera erfasst und dargestellt werden kann. Es gibt keine Kamera, die so leistungsfähig ist wie unser Auge, aber mit der *Dynamikb[ereichs-]Opt[imierung]* und dem High Dynamic Range-Modus *Auto HDR* kommt man schon recht nahe an die Sehgewohnheit des menschlichen Auges heran. Dabei nutzt du *DRO* für bewegte Motive, da es nur aus einem Bild entsteht, und *HDR* für statische Motive, da hier eine Multiframe-Aufnahme genutzt wird.

Mit dem *Kreativmodus* beeinflusst du den Look deines JPEG-Bildes. Hier kannst du scharfe Kontraste und die Sättigung beeinflussen. Besonders interessant ist die Schwarz-Weiß-Einstellung in Kombination mit der Speicherung der JPEG- und RAW-Aufnahmen. Im Sucher wird dir nun ein Schwarz-Weiß-Bild gezeigt. Das erleichtert die Bildkomposition an unkreativen Tagen. Auf der Speicherkarte landen jedoch die Rohdaten mit allen Farbinformationen, und du entscheidest bei der Bearbeitung, ob es ein Farb- oder ein Schwarz-Weiß-Bild wird. Die Einstellung *Weißabgleich* und *Kreativmodus* findest du ebenfalls als Schnellzugriff im Fn-Menü.

Bildbearbeitung ist nicht jedermanns Sache. Außerdem ist es gar nicht so einfach, in der Bearbeitung einen bestimmten Look erzeugen. Mit dem *Bildeffekt* kannst du schon vor dem Foto festlegen, welchen Look es haben soll, ohne auch nur eine Idee von Bildbearbeitung zu haben: *Miniatur, High Contrast, Black & White* und *Teilfarbe* solltest du dir auf jeden Fall anschauen. Achtung: Bildeffekte lassen sich nur nutzen, wenn du im JPEG-Modus fotografierst.

Das *Fotoprofil* hat im Grunde wenig mit Fotos zu tun. Hier stellst du Bildprofile für Videoaufnahmen ein, um HDR-Video-Content oder bestimmte Looks zu erzeugen oder die Kamera in eine Produktionsumgebung einzubinden, damit die Farbgebung des Gesamtwerks konstant ist.

## Farbe/WB/Bildverarbeitung2

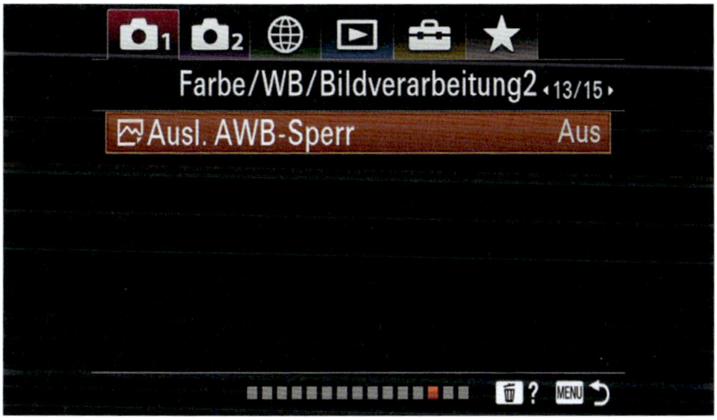


Das Menü in „Farbe/WB/Bildverarbeitung2"

Glatte schöne Haut erzeugst du mit dem *Soft Skin-Effekt* (bis Generation II). Auch hier gilt: Die Bearbeitung an Laptop oder PC kann bessere Ergebnisse erzielen, wenn man weiß, wie. Die Effekte auf der Kamera sind allerdings sofort verfügbar und damit interessant für tagesaktuelles Posting und Messaging.

*Ausl[öser] AWB-Sperr[ung]:* Mit dem Auslöser kann auch die automatische Anpassung des Weißabgleichs gesperrt werden, was z. B. bei Serienaufnahmen sehr hilfreich ist.

## Fokus-Hilfe

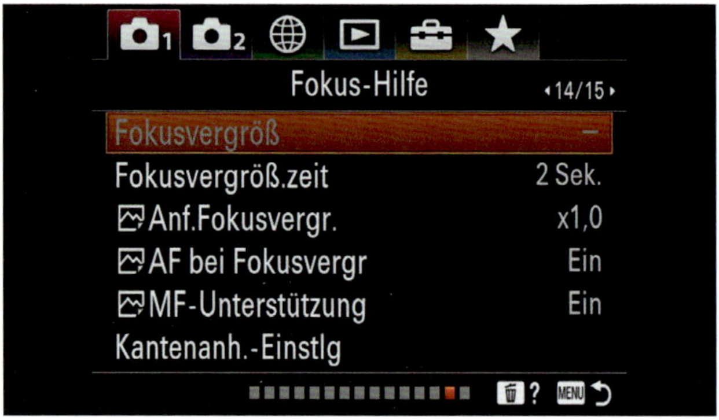


Das Menü in „Fokus-Hilfe“

Die Funktion *Fokusvergröß[erung]* gehört definitiv auf eine Taste gelegt, weil sie das Ansichtsbild im Display oder Sucher größer darstellt und die Beurteilung der Schärfe im Bild besser ermöglicht. Sie ist im Autofokus (nur α7 III und IV) *AF bei Fokusvergr[ößerung]* sowie im manuellen Fokus nutzbar (alle Modelle).

Die *Fokusvergröß[erungs]zeit* sollte man auf unbegrenzt setzen, da mit dem halben Drücken des Auslösers aus der Vergrößerung in die Gesamtansicht gesprungen wird.

Wer keine Taste belegen möchte, kann mit der Vergrößerung beim Drehen am Fokusring im MF-Modus automatisch starten: *MF-Unterstützung*. Man kann sogar festlegen, in welcher Vergrößerungsstufe man beginnen möchte: *Anf[angs-]Fokusvergr[ößerung]*.

Das Fokus-Peaking heißt bei Sony *Kantenanh[ebung]-Einstlg*. Hier wird die Kontrastkante an einem Kontrast farbig dargestellt und somit die Schärfeebene angezeigt. Auch diese Funktion ist sehr beliebt, um manuell zu fokussieren.

## Aufnahme-Hilfe

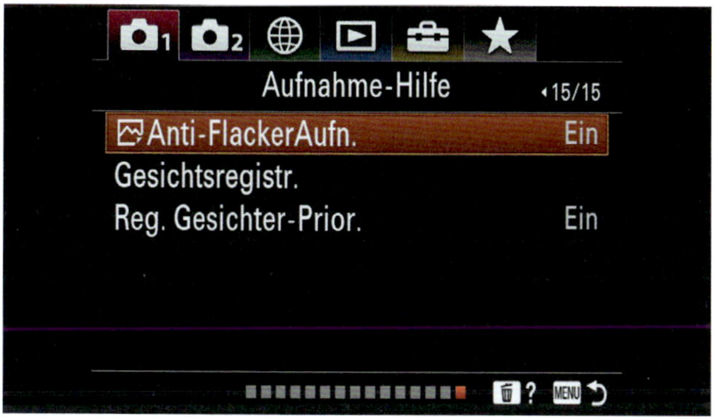


Das Menü in „Aufnahme-Hilfe"

*Anti-FlackerAufn[ahme]:* Eine Einstellung, die bei pulsierendem Licht wie LED-Beleuchtung bei Events den Auslösezeitpunkt auf die Frequenz des Lichts einstellt. Sie erkennt flackerndes Licht beim Fokussieren und zeigt dies mit dem Schriftzug *FLICKER* im Display an. Die Funktion ist nicht mit der geräuschlosen Aufnahme nutzbar.

Bei Hochzeiten und Reportagen hilft die *Gesichtsregistr[ierung]* dabei, die richtige Person scharfzustellen, und das, ohne durch den Sucher schauen zu müssen. Dazu muss die Person einmal neu registriert werden. Das kann live oder auch aus einem Zeitungsartikel sein. Es gilt die Reihenfolge von erster bis achter Position im Register.

*Reg[istrierte] Gesichter-Prior[isierung]:* Hier aktivierst du die Erkennung von registrierten Gesichtern beim Fokussieren.

Bis Generation II finden sich noch diese beiden Funktionen: Eine Kamera auf einem Stativ an der Wohnungstür während eines Kindergeburtstags sorgt mit dieser Funktion für schöne Porträts von jedem Gast: *Auslös[en] bei Lächeln*. Wer sich nicht zu sehr mit Bildkomposition befassen will, kann mit der Funktion *Auto[matischer]*

*Objektrahm[en]* Hinweise für den Anschnitt seines Motivs bekommen. Dabei wird von vielen Aufnahmen eine beschnittene Version zusätzlich abgespeichert.

# Einstellungen2

## Film1

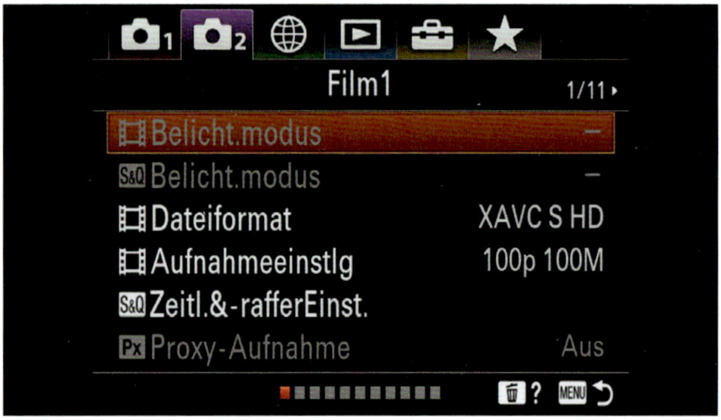


Das Menü in „Film1“

Auch im Filmmodus kannst du Halbautomatiken nutzen oder komplett manuell arbeiten. Das wählst du hier im *Belicht[ungs]modus* oder im Fn-Menü aus.

Alle Kameras mit der Funktion S&Q auf dem Wahlrad können hier *Zeitlupe&Zeitraffer: Belicht[ungs]modus* ihren Modus wählen.

*Dateiformat:* Dateiformate gibt es natürlich auch im Film. Die wichtigsten sind *XAVC S HD* und *XAVC S 4K*. Für die beste Bildqualität ist XAVC empfehlen, für die beste Kompatibilität AVCHD, da dieser Standard in jedem Blu-Ray-Player abspielbar ist.

Außerdem gibt es unter *Aufnahmeeinstlg* Qualitätseinstellungen. Sie umfassen Bitraten und Framerate und beeinflussen damit auch die Möglichkeiten, das Video später zur Zeitlupe umzuwandeln.

Falls du dir den späteren Arbeitsschritt der Umwandlung sparen möchtest, nutzt du *Zeitl[upe]&-rafferEinst[ellungen]*, um sofort Zeitlupen oder Zeitrafferaufnahmen zu machen.

Musst du auf einem betagteren PC-System arbeiten, hilft dir die *Proxy-Aufnahme*. Hier wird in der Kamera ein zweites Video kodiert, das gleich Aufnahmeeinstellungen für Bildwiederholrate, Video- und Audio-Codec (das ist die Art der Komprimierung) besitzt, aber leichter abzuspielen ist, da eine geringere Auflösung benutzt wird. Mit dieser Proxy-Datei kannst du in den Schnitt gehen und nutzt abschließend zum Rendern die Datei mit voller Auflösung.

## Film2

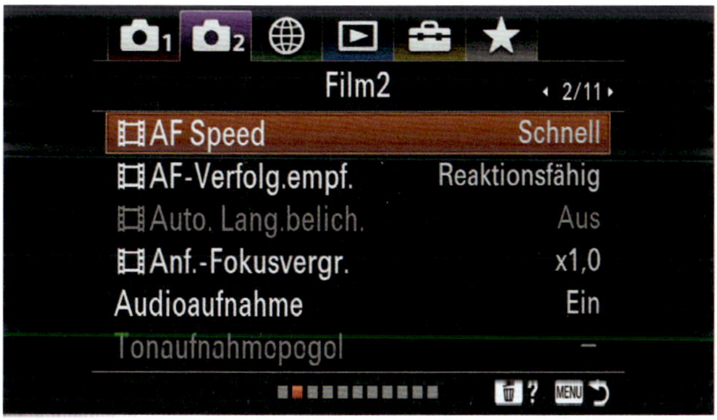


Das Menü in „Film2“

Der Autofokus im Video ist sehr komfortabel. Die Geschwindigkeit ist unter *AF Speed*, die Empfindlichkeit für die Verfolgung unter *AF-Verfolg[ungs]empf[indlichkeit]* einstellbar.

Für ein bewegtes Bild benötigst du ca. 25 Bilder pro Sekunde. Das setzt eine Belichtungszeit von 1/25 sek voraus. Sind die Lichtverhältnisse jedoch nicht ausreichend, wählt die Kamera in den Modi A und P teilweise längere Verschlusszeiten Dies kannst du verhindern, indem du die Funktion *Auto[matische] Lang[zeit]belich[tung]* auf *AUS* stellst.

Hast du eine externe Tonquelle, kannst du die *Audioaufnahme* hier deaktivieren. Empfehlenswert ist jedoch, die Aufnahme jederzeit mitlaufen zu lassen, da du so den Ton viel besser mit deiner Videospur matchen kannst. Beim Zusammenfügen werden bei aktueller Software die Tonspitzen zum Synchronisieren von Ton- und Videodaten genutzt. Hast du also eine zweite externe Tonquelle, hilft dir der kamerainterne Ton beim Abgleichen.

Mit dem *Tonaufnahmepegel* kannst du die Empfindlichkeit deines Mikrofons selbst steuern. Diese Funktion gehört für Filmer auf das Fn-Menü.

## Film3

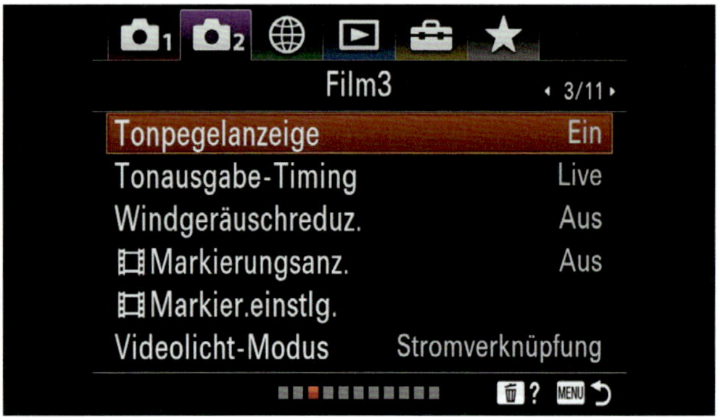


Das Menü in „Film3“

Mit dem Ton steht und fällt jede Party, so auch jedes Video. Mit der *Tonpegelanzeige* hast du immer einen Überblick, ob dein Tonpegel passt.

Durch *Tonausgabe-Timing* kann eine mögliche Verschiebung des Tons bei der Ausgabe über den HDMI-Anschluss korrigiert werden.

Die *Windgeräuschreduz[ierung]* ist sehr effektiv, schneidet aber manchmal einige Silben ab, da sie die lauten Phasen, in denen der Wind ins Mikrofon bläst, herunterpegelt. Hier musst du selbst entscheiden, wie wichtig der Inhalt des gesprochenen Wortes ist, und gegebenenfalls mit einem Ansteckmikrofon arbeiten.

In professionellen Produktionen gibt es Anforderungen für bestimmte Markierungen. Dazu kannst du hier *Markierungsanz[eige]* einschalten und mit *Markier[ungs]einstlg.* auswählen, welche benötigt werden.

## Film4

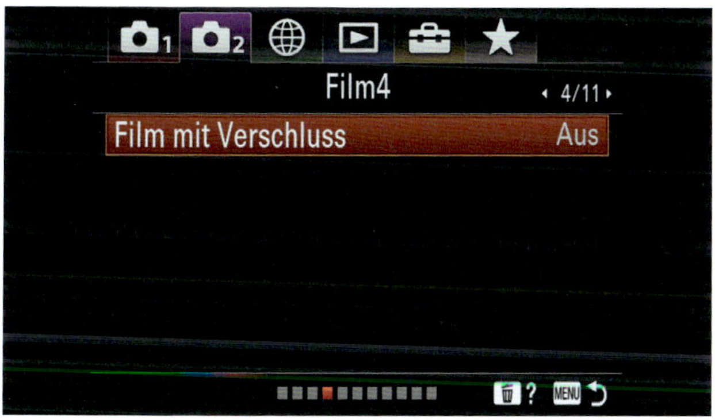


Das Menü in „Film4"

*Film mit Verschluss* ermöglicht es dir, mit dem Auslöser die Videoaufnahme zu starten.

## Verschluss/SteadyShot

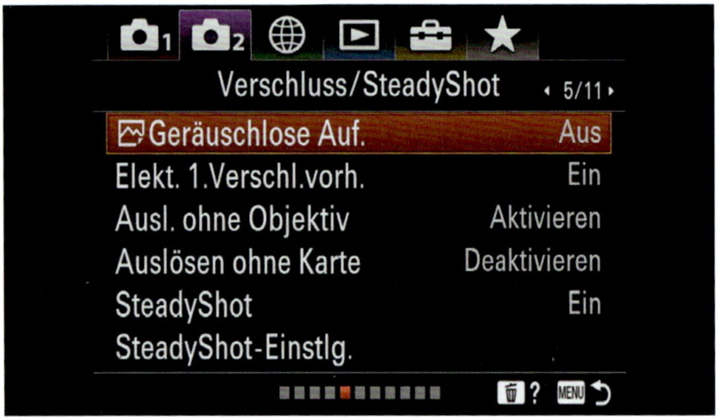


Das Menü in „Verschluss/SteadyShot"

Die Funktion *Geräuschlose Auf[nahme]* gehört in das Fn-Menü oder auf eine Taste. Anwendungsbeispiele sind Hochzeiten, Museen, Kindergeburtstage, Wildlife und Street Photography. Vermeide die Funktion bei schnellen Bewegungen von dir oder dem fotografierten Objekt, da sie zu verzerrten Bildergebnissen führen kann.

Der Verschluss einer Kamera läuft in der Regel in zwei Schritten ab: Beim ersten Verschluss öffnet der Vorhang und gibt den Sensor frei, der zweite Verschlussvorhang schließt und beendet die Belichtung. Durch eine schnelle Auslesung der Sensoren ist es möglich, den ersten Verschlussvorhang elektronisch ablaufen zu lassen *(Elekt. 1.Verschl.vorh.)* und somit eine Erschütterung bei Langzeitbelichtung zu verhindern, außerdem löst die Kamera schneller aus. Bei adaptierten Objektiven und bei kurzen Verschlusszeiten kann es sehr selten zu Bildfehlern oder falschen Belichtungszeiten kommen. In diesem Fall empfiehlt es sich, die Funktion zu deaktivieren.

*Ausl[ösen] ohne Objektiv* musst du deaktivieren, um ein Objektiv zu adaptieren. Ist dieser Menüposten aktiviert, löst die Kamera nicht aus, wenn ein manuelles Objektiv adaptiert ist.

*Auslösen ohne Karte* kann dir beim nächsten Job die Haut retten, falls du vergessen hast, die Speicherkarte einzusetzen – nichts ist ärgerlicher, als nach einem Shooting zu bemerken, dass keine Speicherkarte eingesetzt war.

*SteadyShot* heißt der Bildstabilisator bei Sony, und hier lässt er sich abschalten. Das ist nützlich z. B. bei der Nutzung eines Stativs, zum Erzeugen eines Handheld-Effekts oder beim Arbeiten mit Slidern.

Ab der α7 II lässt sich mit *SteadyShot-Einstlg.* noch festlegen, welche Brennweite das adaptierte Objektiv hat – so kannst du deine alten Schätzchen jetzt auch bildstabilisiert nutzen.

## Zoom

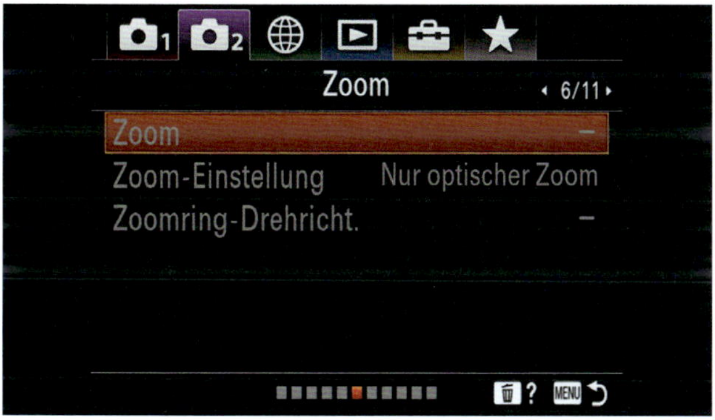


Das Menü in „Zoom"

*Zoom:* Hier wählst du den Zoomfaktor deiner Zoom-Einstellung.

*Zoom-Einstellung:* Die Empfehlung des *Digitalzooms* fällt uns schwer, da hier einfach ein Ausschnitt aus dem Bild gemacht wird, so wie es in der Bildbearbeitung auch passiert. Hier besser: im Nachhinein ausschneiden. Der *Klarbildzoom* ist jedoch für das Filmen sehr gut nutzbar. Gerade beim Naturfilmen ist das Verlängern der Brennweite um den Faktor 2 entscheidend. Die Bildqualität nimmt zwar ab, ist aber besser als das nachträgliche Ausschneiden in der Schnittsoftware. In allen anderen Situationen ist *Nur optischer Zoom* am sinnvollsten.

Da Sony viel Erfahrung im Broadcast-Bereich hat, werden auch Details beachtet wie etwa die *Zoomring-Drehricht[ung]* der Motorzoom-Objektive, die man am „P" im Namen erkennt, z. B. SELP18105G. Einige Kameraleute sind es gewohnt, zum Auszoomen gegen den Uhrzeigersinn zu drehen, andere im Uhrzeigersinn: Hier kann man die Richtung entscheiden.

## Anzeige/Bildkontrolle1

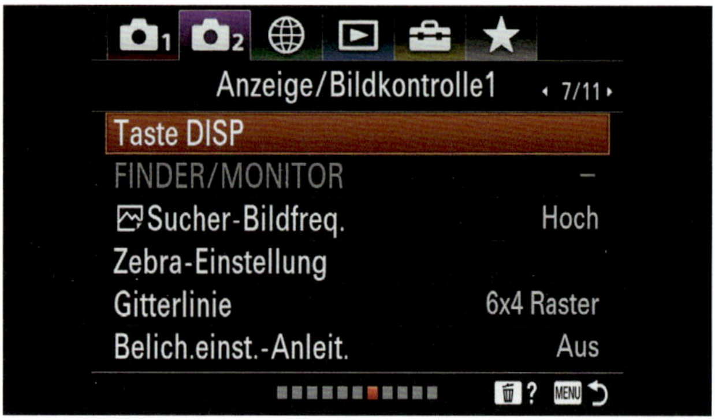


Das Menü in „Anzeige/Bildkontrolle1"

Mit der DISP-Taste am Einstellrad kannst du deine Ansichtsmodi ändern. Es sind relativ viele verschiedene Ansichten möglich. Wenn dir das zu unübersichtlich ist, kannst du hier deine Favoriten aktivieren und den Rest abschalten: *Taste DISP (Monitor/Sucher)*. Das ist für Sucher und Monitor getrennt möglich.

Bei *FINDER/MONITOR* kannst du entscheiden, ob permanent Sucher oder Monitor benutzt oder automatisch gewechselt werden soll. Der Infrarot-Sensor am Sucher wird hier bei den Einstellungen *Monitor* oder *Finder* deaktiviert. Es wird nun ignoriert, ob die Kamera ans Auge gehalten wird oder nicht, und die Einstellung im Menüposten für die Anzeige des Bildes auf dem Monitor oder im Sucher beibehalten.

Solltest du sehr schnelle Motive fotografieren, ist dir die Bildwiederholrate im Sucher unter Umständen zu langsam. Wenn du nicht deutlich genug sehen kannst, welche Bewegung gerade abläuft, dann solltest du in *Sucher-Bildfreq[uenz]* die Bildfrequenz auf 120 Bilder pro Sekunde umschalten. Damit wird das Sucherbild flüssig und sauber dargestellt.

*Zebra-Einstellung:* Dieser Einstellung kommt aus der Filmtechnik. Hier wird ein Streifenmuster auf überbelichtete Bildbereiche gelegt. Es ist sehr hilfreich beim Filmen, um schnell auf Belichtungsänderungen zu reagieren. Es kann jedoch auch sehr irritierend sein, wenn man sich auf seine Bildkomposition konzentrieren möchte. Hierbei hilft dir *Gitterlinie*.

Mit der Funktion *Belich[tungs]einst[ellungs]-Anleit[ung]* hilft dir die Kamera durch Einblendung der Belichtungswerte am unteren Bildrand beim Verstehen des Zusammenhangs zwischen Blende, Verschlusszeit und ISO: Öffnet man die Blende, muss gezwungenermaßen die Zeit kürzer werden und andersherum.

## Anzeige/Bildkontrolle2

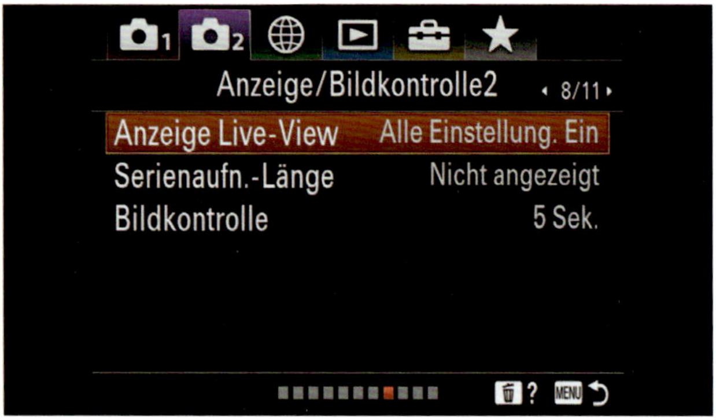


Das Menü in „Anzeige/Bildkontrolle2"

Der Live-View, der dir sofort eine Ansicht deines Bildes zeigt, noch bevor du auslöst, ist der große Vorteil einer spiegellosen Systemkamera. Allerdings gibt es auch Situationen, in denen diese Funktion nicht nutzbar ist, z. B. beim Fotografieren in einer Studiosituation mit Blitzen. Mit *Anzeige Live-View* kannst du die Live-View-Ansicht deaktivieren und ein permanentes helles Sucherbild aktivieren.

*Serienaufn[ahme]-Länge* blendet dir an der linken Displayseite einen Balken ein, der dir den verbleibenden Pufferspeicher bei Serienaufnahmen visualisiert.

Die *Bildkontrolle* zeigt dir dein gemachtes Foto für eine bestimmte Zeit auf dem Monitor oder im Sucher an. Auf einem Job empfehlen wir jedoch, diese Funktion zu deaktivieren, damit du jederzeit den Überblick über dein Motiv behältst und nicht von den gemachten Bildern abgelenkt wirst.

## Benutzerdef. Bedienung1

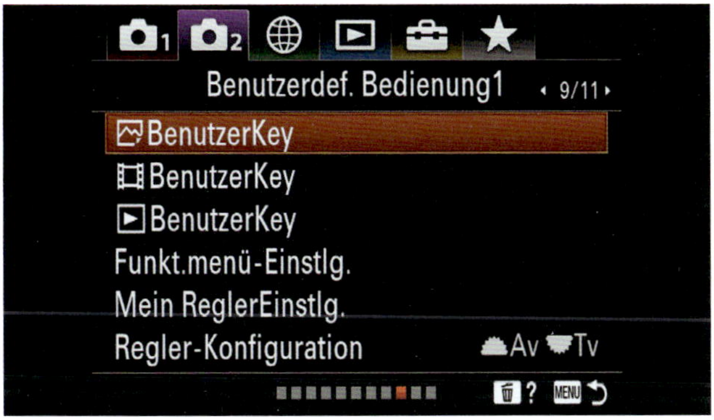


Das Menü in „Benutzerdef. Bedienung1"

Die α7 kann sehr vielfältig konfiguriert und eingestellt werden. Die beiden wichtigsten Menüpunkte für die individuelle Einstellung sind die Einstellung der Tasten mit *BenutzerKey* und die *Funkt[ions]menü-Einstlg.*, um das Fn-Menü nach deinen Anforderungen zu gestalten. Beides haben wir weiter oben im Kapitel „Das Funktionsmenü" auf Seite 36 erklärt.

Die vorübergehende Änderung der Reglerfunktion *Mein ReglerEinstlg.* ist eine weitere Möglichkeit, die Handgriffe auf ein Minimum zu reduzieren. Belegst du eine Taste (z. B. die C1-Ttaste) und drückst sie, wechselt die Funktion deines Reglers von Einstellungen der Blende oder Zeit auf den Wert, den du hier einstellen kannst, z. B. Bildeffekt, Fokusfeld oder ISO-Zahl.

Mit *Regler-Konfiguration* kannst du die Belegung der Rädchen untereinander tauschen.

## Benutzerdef. Bedienung2

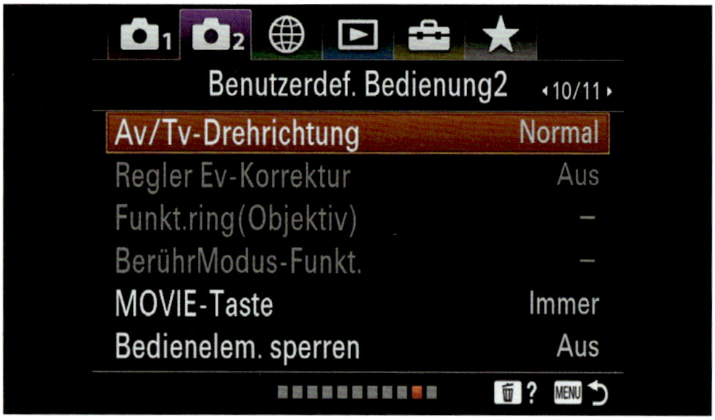


Das Menü in „Benutzerdef. Bedienung2"

*Av/Tv-Drehrichtung:* Auch Details wie die Drehrichtung der Regler werden berücksichtigt.

*Regler/Rad Ev-Korr[ektur]:* Hier gibst du dem nicht genutzten Drehrad in den Halbautomatiken A und S die Funktion der Belichtungskorrektur.

*Funkt.ring(Objektiv)* ermöglicht das Umschalten der Funktion des Fokusrings bei bestimmten Objektiven auf *APS-C/Super 35 mm.*

*BerührModus-Funkt[ion]:* Die Touchbedienung der α7R IV hat zwei Funktionen: Zum einen wird durch Tippen ein Fokusfeld mit fester Position auf dem Bildausschnitt gewählt (*Touch-Fokus*). Zum anderen gibst du den Startpunkt zur nachverfolgenden Fokussierung eines Motivs an.

Die *MOVIE-Taste* drückt man relativ regelmäßig und nimmt dann ungewollt ein Video auf, deshalb kannst du die Taste außerhalb des Filmmodus hier deaktivieren.

Je mehr Funktionen auf Rädern abgelegt sind, desto höher ist die Gefahr der Verstellung. Die Funktion *Bedienelem[ente] sperren* schafft hier Abhilfe und verhindert das versehentliche Ändern von Einstellungen.

## Benutzerdef. Bedienung3

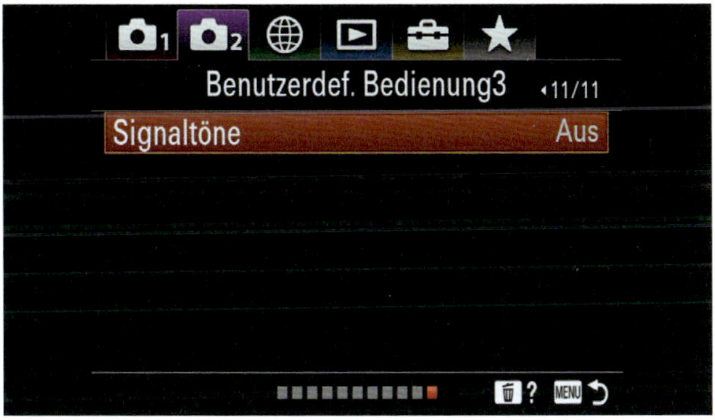


Das Menü in „Benutzerdef. Bedienung3"

Zu einer lautlos auslösenden Kamera gehören natürlich auch keine *Signaltöne* zur Fokusbestätigung. Du kannst sie hier deaktivieren.

# Netzwerk

## Netzwerk1

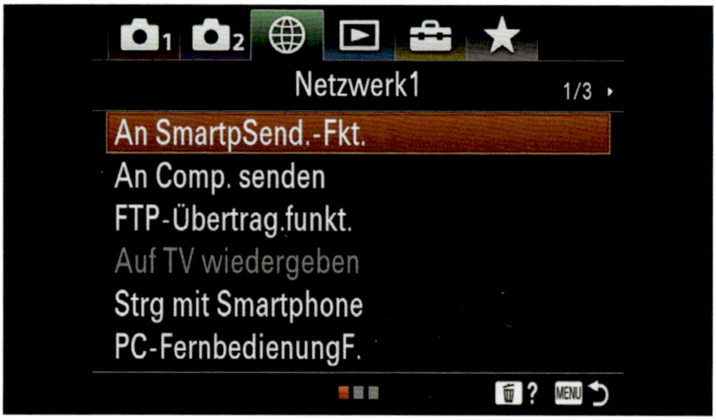


Das Menü in „Netzwerk1"

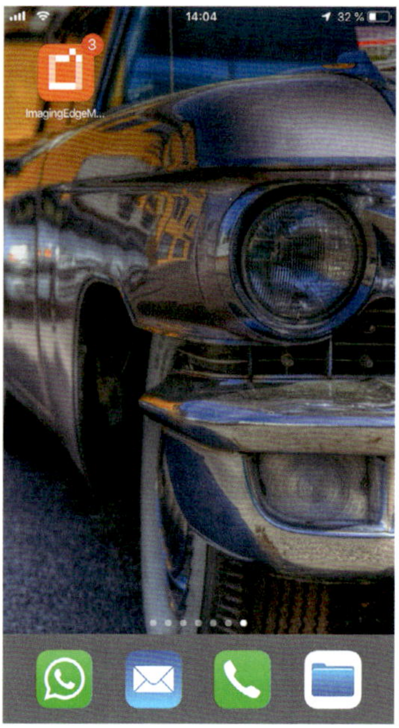


Die App „Imaging Edge Mobile"

Eine Kamera ohne Konnektivität wäre heutzutage undenkbar. Deshalb bietet die α7-Serie eine Vielfalt an Verbindungsmöglichkeiten. Für das Verbinden mit dem Smartphone benötigst du die App „Imaging Edge Mobile“ und verbindest die beiden Geräte mithilfe *An Smartp[hone]Send[en]-Fkt.: An Smartph[one] send[en]*.

Man kann sich entscheiden, auf welchem der Geräte man die Bilder auswählt. Auch bei der Art der Verbindung kann man zwischen drei Methoden wählen. Entweder nutzt du den NFC-Chip deines Android-Telefons, die Erkennung des QR-Codes bei iOS- und Android-Telefonen oder du verbindest ganz klassisch mithilfe der Netzwerkkennung und eines Passworts. Hast du diese Verbindung einmal hergestellt, erinnert sich das Smartphone an die Kamera, und besonders unterwegs ist es sehr einfach, Bilder auf dein Smartphone zu übertragen.

Sogar die Videoübertragung ist nach speziellen Kriterien möglich. Mit *An Smartp[hone]Send[en]-Fkt.: Sendeziel (Proxy-Filme)* entscheidest du dich, entweder voll aufgelöste Videos oder nur die Proxy-Videos zu übertragen.

Du kannst Bilder und Videos an den Computer senden (*An Comp. Senden*) (bei Generation IV durch *FTP-Übertrag[ungs]funkt[ion]* oder Fotos auf den Fernseher *(Auf TV wiedergeben)*). Diese beiden Funktionen sind zwar sehr komfortabel, aber auch relativ langsam, deshalb bevorzugen wir die Übertragung der Fotos und Videos per Speicherkarten, Lesegerät und die Verbindung mit dem TV über ein Mikro-HDMI-Kabel. Die *FTP-Übertrag[ungs]funkt[ion]* der α7R IV ist sehr professionell umgesetzt und ermöglicht schnelles und gezieltes Übertragen von Bildern, z. B. auf Events.

Wenn du dein Smartphone als Fernsteuerung benutzen willst, kannst du das mit *Strg mit Smartphone* aktivieren. Übrigens geht das Verbinden mit einem Android-Telefon am effektivsten. Bist du im Fotomodus und nutzt die NFC-Funktion zum Verbinden, aktiviert die Kamera die Fernsteuerung per Smartphone. Bist du im Wiedergabemodus, aktiviert die Kamera die Bildübertragung wahlweise für das angezeigte Bild, die Bilder an diesem Datum oder für ausgewählte Bilder.

*PC-FernbedienungF.:* Hier wird die Kamera über eine Wi-Fi- oder USB-Verbindung von einem Computer aus gesteuert, z. B. zum Aufnehmen und Speichern von Bildern auf dem Computer.

## Netzwerk2

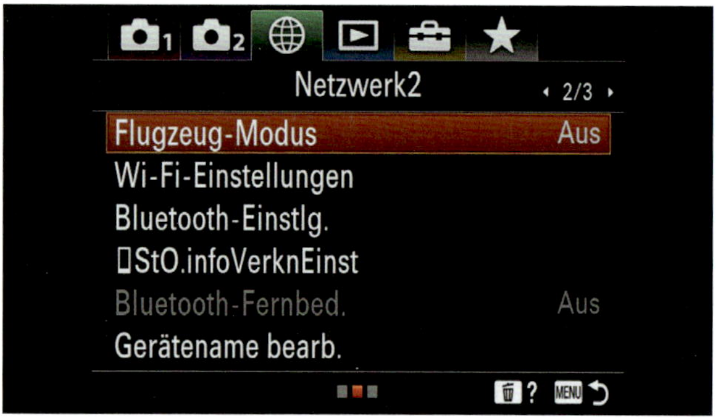


Das Menü in „Netzwerk2"

Der *Flugzeug-Modus* ist wie bei allen technischen Geräten neben der Flugsicherheit auch etwas energiesparender.

Wenn die Kamera im Heimnetzwerk eingebunden werden soll, kann das über *Wi-Fi-Einstellungen: WPS-Tastendruck* oder *Zugriffspkt.-Einstlg.* geschehen: entweder SSID und Passwort des Netzwerks eingeben oder die WPS-Funktion am eigenen Router nutzen, um die manchmal etwas umständliche Passworteingabe zu umgehen. Um in bestimmten Netzwerkumgebungen nur bestimmte Geräte zuzulassen, müssen sie anhand der MAC-Adresse identifiziert werden. Unter *MAC-Adresse anz[eigen]* oder, bei der *α*7R IV, *WiFi.Infos anzeigen* kann sie angezeigt werden.

*Bluetooth-Einstlg.:* Die α7 III und IV haben ein Niedrig-Energie-Bluetooth an Bord, um Verbindung mit einem Smartphone aufzunehmen und die Ortsinformationen anhand von Koordinaten in das JPEG oder RAW zu schreiben. Hier verbindest du deine Geräte und kannst danach mithilfe von *StO.infoVerknEinst (Standort-Informationsverknüpfungseinstellungen)* das Tagging der Orte aktivieren.

Der Vorteil einer *Bluetooth-Fernbed[ienung]* liegt in der Verbindung ohne Sichtkontakt und in einem Geschwindigkeitsvorteil gegenüber der Verbindung mit dem Smartphone, bei dem es einige Millisekunden Verzögerung geben kann. Sie ist als separates Zubehör zu erwerben und heißt RM-TP1BT.

Unter *Gerätename bearb[eiten]* kannst du deiner Kamera einen Namen geben.

## Netzwerk3

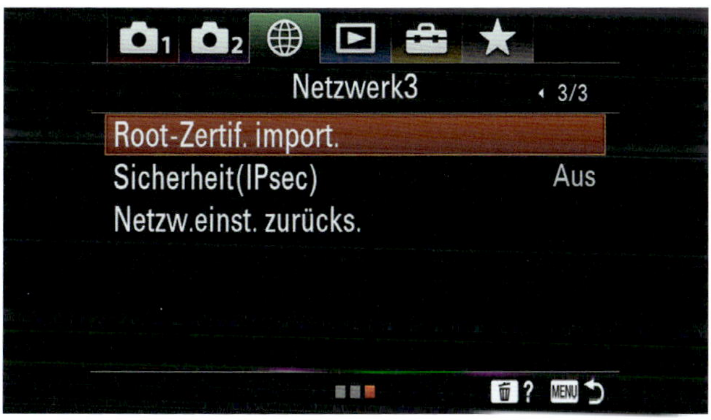


Das Menü in „Netzwerk3"

*Root-Zertif[izierung] import[ieren]* importiert eine bestimmte Signatur, um während der FTP-Übertragung verschlüsselt zu arbeiten. FTP bedeutet „File Transfer Protocol" und ist eine etablierte Art, Dateien in einem Netzwerk ohne Verluste zu übertragen. Diese Möglichkeit macht die α7R IV für journalistische Arbeit noch interessanter. Für diesen umfangreichen Part verweisen wir auf den FTP Helpguide, der sämtliche Fragen zu diesem Thema behandelt: https://helpguide.sony.net/di/ftp/v1/de/index.html

*Sicherheit(IPsec)* ist eine weitere Möglichkeit, Wi-Fi-Verbindungen nach einem weitverbreiteten Standard zu verschlüsseln.

Wir erleben oft, dass Netzwerkfunktionen einer Kamera auf dem einen Gerät funktionieren und auf dem anderen nicht. Das Zurücksetzen der Einstellungen mit *Netzw[erk]einst[ellungen] zurücks[etzen]*, das Deinstallieren der App auf dem Smartphone und anschließendes Neustarten („Reboot tut immer gut") haben bisher immer zum Ziel geführt.

# Wiedergabe

## Wiedergabe1

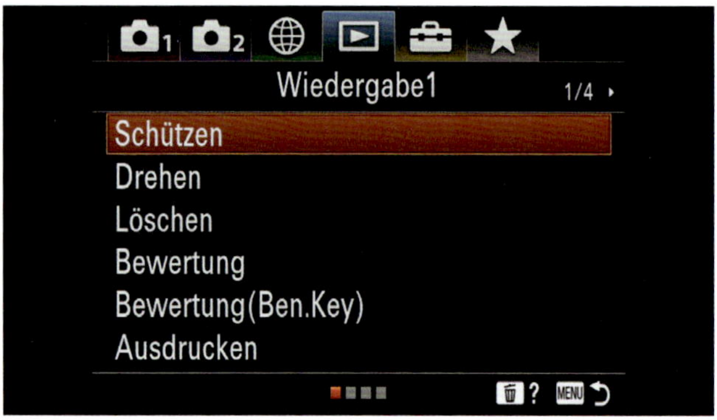


Das Menü in „Wiedergabe1"

Im Wiedergabe-Menü sind viele Funktionen selbsterklärend. Im Urlaub oder beim Arbeiten mit großen Speicherkarten, die seltener gelöscht werden, ist die Gefahr von versehentlichem Löschen von Bildern durch *Schützen* sinnvoll.

In ungewöhnlichen Fotosituationen, z. B. bei Aufnahmen an verwinkelter Position, kann die Kamera nicht immer die Lage im Raum erkennen. Durch *Drehen* kannst du die Ausrichtung des Bildes anpassen.

Durch konsequente und kritische Bildanalyse der eigenen Fotos kannst du deine Foto-Bibliothek schlank und übersichtlich halten. Am besten gewöhnst du dir an, schon beim ersten Sichten deiner Aufnahmen sauber auszusortieren. Mit der Funktion *Löschen* mehrerer ausgewählter Bilder geht das viel schneller als mit der Mülleimertaste, die man immer wieder erneut drücken muss.

Du kannst zudem Zeit sparen, indem du mit *Bewertung* arbeitest: Auf Hochzeiten kannst du so schnell Gruppenbilder von Porträts und Reportage trennen und gezielt aufs Smartphone oder den Laptop übertragen.

Mit *Bewertung(Ben[utzer]Key)* wählst du aus, welche Taste welchen Bewertungswert hat. Willst du nur bestimmte Bilder in die Bildbearbeitungssoftware importieren, kannst du mit diesem Menüposten eine Bewertung vornehmen. Diese wird von der Bildbearbeitungssoftware erkannt, und du kannst beim Import angeben, welche Bewertung (1 bis 5 Sterne) importiert werden soll.

Eine Funktion, die schon sehr lange in Digitalkameras zu finden ist, *Ausdrucken*, darf natürlich auch hier nicht fehlen. An vielen Druckern mit SD-Karten-Einschub ist es so möglich, direkt von der Karte zu drucken. Auch der Anschluss der Kamera via USB-Kabel kann zum Drucken benutzt werden, falls ein SD-Karten-Einschub fehlt.

## Wiedergabe2

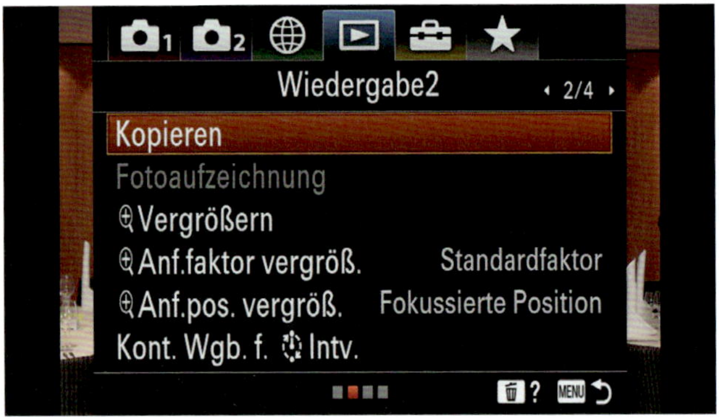


Das Menü in „Wiedergabe2"

Das *Kopieren* ermöglicht es, Daten von einer Karte auf eine andere Karte zu kopieren, wenn du zwei Kartenslots hast.

Mit der *Fotoaufzeichnung* kannst du Fotos aus einem 4K-Video abspeichern. Das ist eine bemerkenswerte Funktion, denn immerhin hat jeder einzelne Frame im Video eine Auflösung von 8 MP, was einen Ausdruck von DIN A4 problemlos ermöglicht.

*Vergrößern:* Zum Vergrößern eines wiedergegebenen Bildes kannst du mit der AEL-Taste arbeiten. Wichtig ist es, die ausgewählten Bilder auf Schärfe zu kontrollieren. Dabei kannst du die Vergrößerung, die beim Zoomen ins Bild anfänglich benutzt werden soll, durch *Anf[angs]faktor vergröß[ern]* festlegen. Empfehlenswert ist die 100-%-Ansicht, da direkt auf die durch *Anf[angs]pos[ition] vergröß[ern]* fokussierte Position gesprungen wird und du alle Details beurteilen kannst. Wer es gewohnt ist, kann natürlich auf Vergrößerung und Fokuspositionen verzichten.

Mit *Kont[inuierliche] Wgb. f[ür] Intv.* kannst du eine Intervallserie abspielen, um sie zu beurteilen.

## Wiedergabe3

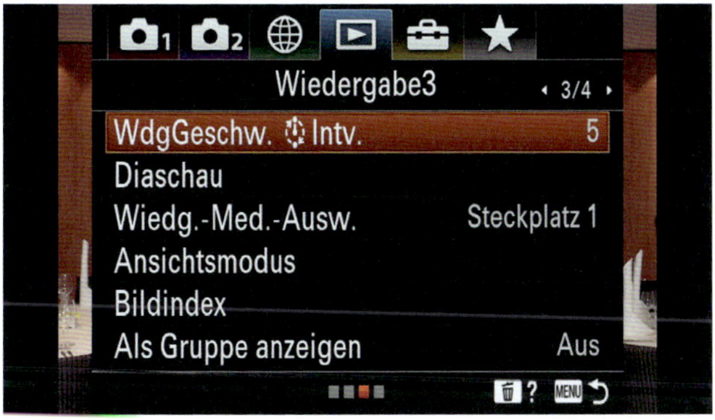


Das Menü in „Wiedergabe3"

*WdgGeschw[indigkeit] Intv.:* Sogar die Wiedergabegeschwindigkeit kann angepasst werden.

Das Wiedergeben von Bildern mit einer *Diaschau* ist mit mehreren Optionen möglich. Du kannst z. B. Intervall und Wiederholung anpassen.

Die α7 III und die α7R IV haben zwei Speicherkartenslots. Auch bei der Wiedergabe kannst du auswählen, von welcher Karte die Bilder angezeigt werden sollen: *Wiedg.-Med[ien]-Ausw[ahl].*

Im *Ansichtsmodus* wählst du die angezeigten Inhalte. Du kannst Filme und Fotos nach Format unterschieden auswählen.

Das Wiedergeben von Bildern mit *Bildindex* ermöglicht es, mehrere Bilder auf dem Display wiederzugeben, was hilfreich bei Karten mit viel Inhalt ist. Sogar das Sortieren nach Datum ist möglich.

*Als Gruppe anzeigen* lässt Serienbilder als Gruppen erscheinen und macht die Navigation übersichtlicher.

## Wiedergabe4

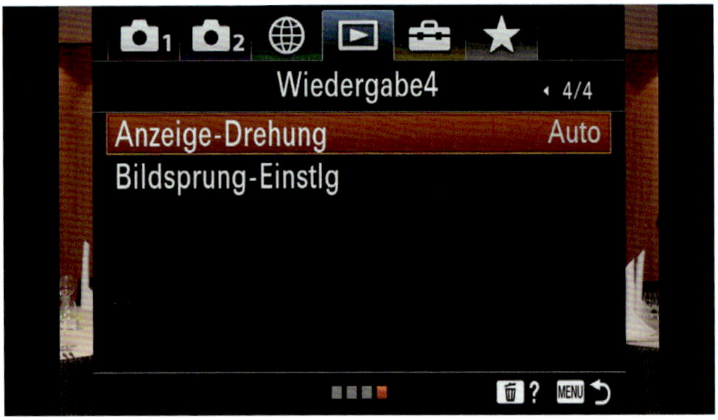


Das Menü in „Wiedergabe4"

*Anzeige-Drehung*: Wenn die Kamera selbstständig die Orientierung der Bilder beibehalten soll, auch wenn du die Kamera drehst, wählst du hier *Auto* – das ist am sinnvollsten für den täglichen Einsatz.

*Bildsprung-Einstlg.*: Das Einstellen der Methode für das Springen zwischen den Bildern, und zwar mit welchem Drehrad und welcher Anzahl der Bilder, wird hier festgelegt und lässt beim Sichten der Bilder im Gerät kaum noch Wünsche offen.

# Einstellungen

## Einstellung1

Jeder kennt es: Die *Monitor-Helligkeit* lässt es nicht zu, seine Komposition gut zu machen. Entweder du nutzt den Sucher oder erhöhst die Helligkeit manuell um zwei Punkte. Die Einstellung *Sonnig* vermeidest du besser, da sie deine Bildwiedergabe stark verändert und man denken könnte, die Belichtungs- und Farbeinstellungen seien nicht in Ordnung.

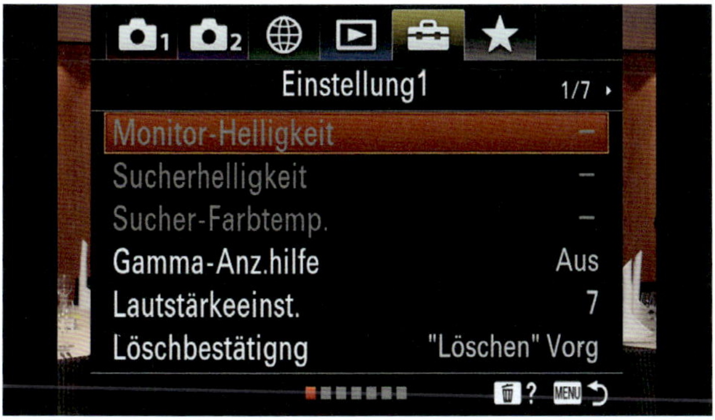


Das Menü in „Einstellung1“

Passe auch die *Sucherhelligkeit* auf die Umgebungshelligkeit an, da es sehr anstrengend ist, in sehr heller Umgebung in einen dunklen Sucher zu schauen. Besonders wenn man etwa auf einer Flugschau ständig gen Himmel fotografiert, fangen die Augen irgendwann zu tränen an.

*Sucher-Farbtemp[eratur]*: Auch hier Vorsicht mit der Einstellung: Der Weißabgleich könnte einen falschen Eindruck geben, auch wenn er korrekt eingestellt ist. Passe die Funktion von Sucher und Monitor aneinander an.

Die *Gamma-Anz[eige]hilfe* nutzt du im Zusammenspiel mit den Fotoprofilen im Video. Sie sorgt dafür, die oft sehr verfälschte Wiedergabe des Videos im S-Log 2/3 wieder natürlich wirken zu lassen, um Bilddetails, Fokus und Komposition richtig beurteilen zu können.

S-Log ist eine spezielle Art der Aufnahme, bei der Helligkeitsverteilung und Farbwiedergabe anders als die des fertigen Videos aussehen. Das Arbeiten mit S-Log setzt Grading (Farbkorrektur) in der Postproduktion voraus. Der Vorteil liegt in einem sehr viel besseren Dynamikumfang, das heißt, der Bereich vom Schwarzpunkt bis zum Weißpunkt hat viel mehr Abstufungen und ist breiter. Es werden bessere Kontraste erreicht, was Schärfe und Farbwiedergabe zugutekommt.

*Lautstärkeeinst[ellungen]*: Der kamerainterne Lautsprecher ist sehr störend, wenn man per HDMI ein Video an einem TV wiedergibt. Schalte ihn am besten ab.

Wer schnell mit den Tasten umgehen kann, sollte *Löschbestätigung* auf *Löschen* setzen. Wer noch unsicher im Menü ist, lässt die Voreinstellung *Abbrechen,* um nicht zu schnell Bilder zu löschen.

## Einstellung2

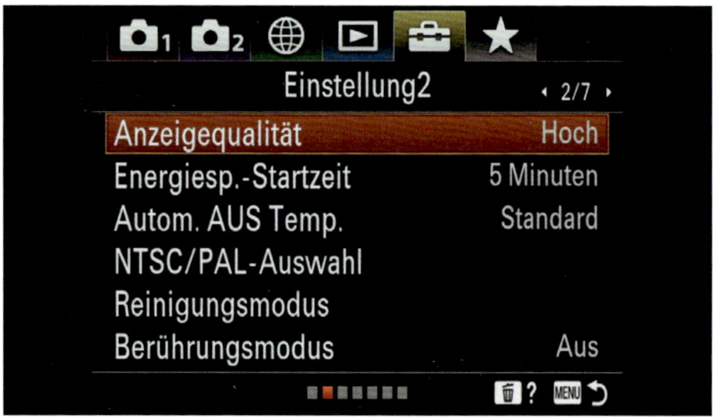


Das Menü in „Einstellung2"

Die *Modusregler-Hilfe* gibt es nur bei der α7 und α7 II. Beim Drehen am Moduswahlrad wird dir zu allen Aufnahmemodi eine kleine Beschreibung eingeblendet.

Die hohe *Anzeigequalität* verbraucht etwas mehr Energie als Standard; vor allem im Sucher sieht man einen Unterschied.

*Energiesp[ar]-Startzeit* entscheidet, wann die Kamera abschaltet, um Energie zu sparen. Mit 60 sek hast du einen guten Wert, zumal die Kamera sehr schnell aus dem Standby aufwacht.

*Autom. AUS Temp[eratur]* setzt den Trigger bei einer höheren Temperatur, bevor die Kamera zum Schutz der Komponenten abschaltet. Dafür ist die Abkühlzeit aber auch länger.

*NTSC/PAL-Auswahl*: PAL-System ist die richtige Wahl, es sei denn, du willst auf fünffache Zeitlupe kommen. Da kannst du bei NTSC auf 120 fps bei FullHD zurückgreifen.

Der *Reinigungsmodus* fixiert den Sensor bei den bildstabilisierten Modellen und bereitet die Kamera zum Reinigen mit dem Blasebalg vor.

Der *Berührungsmodus* schaltet den Touchmodus ein oder aus. Diese Funktion ist gut geeignet, um sie auf eine Taste zu legen, da es oft passiert, dass man mit dem Gesicht das Display berührt.

## Einstellung3

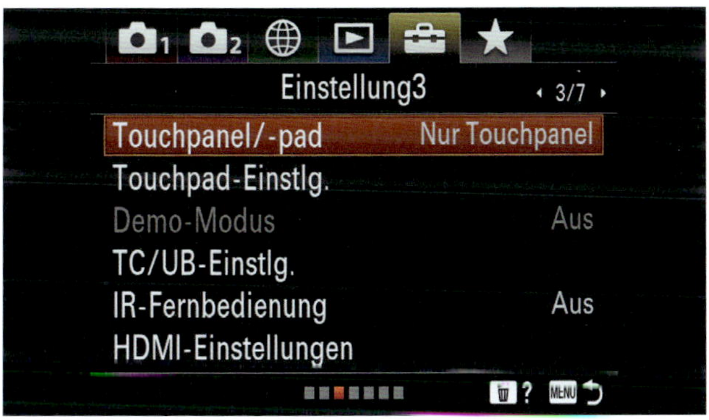


Das Menü in „Einstellung3"

*Touchpanel/-pad* sind nützlich, um mit einem Tippen auf das Display den Fokus zu setzen. Das Touchpad ist ein guter Ersatz für einen Joystick. Das Display funktioniert wie ein Touchpad am Laptop. Dabei kann man in den *Touchpad-Einstlg.* entscheiden, wie groß die empfindliche Fläche sein soll bzw. ob die absolute (du tippst genau an die

Position, wo der Fokus sein soll) oder – empfehlenswerter – die relative Position des Fingers benutzt werden soll (man kann wie beim Laptop den Finger absetzen und das Fokusfeld trotzdem bis an die obere Ecke schieben).

*Demo-Modus* lässt die Kamera bei Nichtnutzung und angeschlossenem Netzteil Filme, die auf der Karte sind, abspielen.

*TC/UB-Einstlg.:* Die Timecode- und Userbit-Einstellungen helfen, die Kamera in eine Produktionsumgebung einzubinden und sie für eine Multicam-Aufnahme vorzubereiten. Hier wählst du an allen Kameras die Funktion „Freerun" für die Szene.

*IR-Fernbedienung* kann man abschalten, um nicht von einem anderen Fotografen ausgelöst zu werden, z. B. bei einer Sonnenfinsternis oder besonderen Ereignissen wie dem „Festival of Lights" in Berlin.

Die *HDMI-Einstellungen* beinhalten eine ganze Reihe von Einstellungen, da nicht nur ein TV zur Wiedergabe angeschlossen werden kann, sondern auch Aufnahmegeräte, um das unkomprimierte Videosignal abzunehmen.

## Einstellung4

Bei *4K-Ausg[abe-]Auswahl* geht es um Timecode-Ausgabe, Aufnahmestart per HDMI (RECRUN) und Steuerung der Kamera über HDMI.

*USB-Verbindung:* Es gibt verschiedene Betriebsmodi, die du je nach Anwendungszweck anpassen musst. Die USB-Verbindung kann mit PC-Fernsteuerung und Massenspeicher für die meisten Funktionen benutzt werden.

*USB-LUN-Einstlg.* benutzt man für bestimmte Fernsteuerungen. Sie muss sehr selten eingesetzt werden.

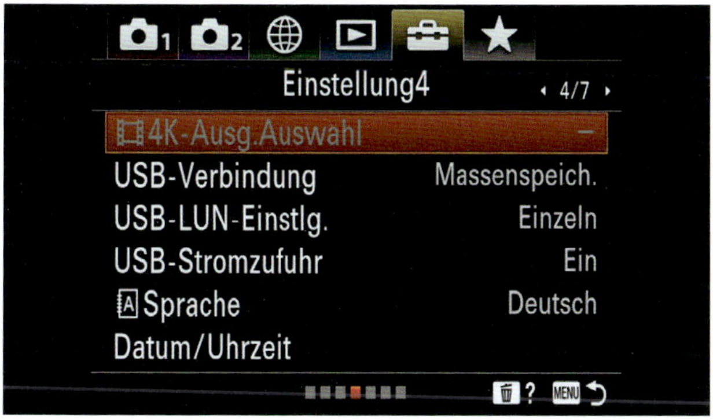


Das Menü in „Einstellung4"

*USB-Stromzufuhr* kann ab der α7S für Filmaufnahmen, Zeitraffer und Langzeitbelichtungen genutzt werden. Man macht sie damit zu echten Dauerläufern – und das sogar mit Powerbanks. Einzige Bedingung: Der Akku muss im Fach sein, da er als Pufferspeicher dient. Im Laufe des Tages wird die Ladung auch abnehmen, also am besten bei diesem Szenario einen frisch geladenen Akku anwenden.

Die *Sprache* ist bei Importen nicht auf Deutsch einstellbar, deshalb Achtung bei Urlaubseinkäufen!

Dass *Datum/Uhrzeit* immer richtig eingestellt sein sollten, sollte selbstverständlich sein, da es das Sortieren und Finden von Bildern erleichtert.

## Einstellung5

Für den Urlaub sehr hilfreich ist die *Gebietseinstellung*. So kannst du die richtige Zeit einstellen, ohne lange herumzurechnen.

*IPTC-Informationen:* Das International Press Telecommunications Council hat sich auf einen Standard geeinigt, wie Meta-Informationen in Bilddateien gespeichert werden. Hier kann mithilfe einer zusätzlichen Smartphone-App, „Transfer & Tagging add-on“, eine Vielzahl von Informationen zu einem Bild hinzugefügt werden. Man kann diese Funktion nutzen, um z. B. bei einem Event Menschen zu fotografieren und gleichzeitig die Namen dazu zu sagen. Die App wandelt das gesprochene Wort direkt in geschriebenen Text um, so dass später die Gesichter leichter zugeordnet werden können.

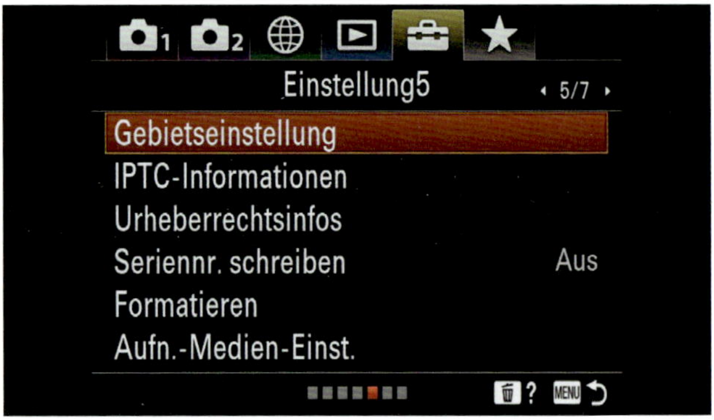


Das Menü in „Einstellung5“

Unter *Urheberrechtsinfos* kannst du deine Daten als Urheber hinterlegen.

*Seriennr. schreiben* schreibt bei Standbildaufnahmen die Seriennummer der Kamera in die Exif-Daten, um mehrere Kameras auseinanderzuhalten, die in einer Produktion benutzt werden.

*Formatieren*: Generell sollte man die Speicherkarte immer in der Kamera formatieren, heißt es – das machen wir aber nie. Aber um die Karte schnell zu löschen, ist die Funktion super.

Unter *Aufn[ahme]-Medien-Einst[ellungen]* kannst du umfangreich einstellen, wie deine Dateien auf den beiden Kartenslots verwaltet werden sollen. Ob und wie RAW, JEPG und Videodaten auf den Karten verteilt, sind hängt davon ab, wie dein späterer Bildbearbeitungs-Workflow ist. Wir empfehlen die redundante Speicherung bei wichtigen Ereignissen, das heißt, alle Daten werden doppelt gesichert.

## Einstellung6

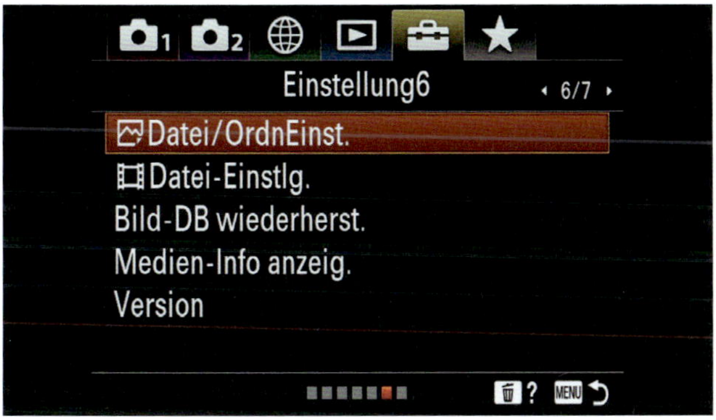


Das Menü in „Einstellung6“

*Dateinummer* oder *Datei/OrdnEinst.*: Hier kannst du die Dateinummer zurückstellen. Wir wissen aus unseren Trainings, dass die Dateien in Ordnerstrukturen selbst gesichert und organisiert werden. Das ist schwierig, da sich die Bildernamen nach spätestens der Nummer 10.000 wiederholen. Das Bearbeitungsprogramm „Capture One“ steht dir als Sony-User kostenlos zur Verfügung.

*Dateinamen einst[ellen]:* Ordnung ist das halbe Leben. Dateinamen vergeben, um deine Jobs zu unterscheiden? Großartige Idee! Du kannst hier durch eine eigene Nomenklatur sehr gut Ordnung halten. Die Funktion steht für die α7 III und IV zur Verfügung.

*REC-Ordner wählen*: Wem das nicht genügt, kann pro Tag oder Job einen neuen Ordner anlegen. Selbst der *Ordnername* kann bei den α7 III und IV gewählt werden.

Löschst du mit dem PC Bilder von der Karte, bleiben die Einträge im Inhaltsverzeichnis vorhanden. Mit *Bild-DB wiederherst[ellen]* kannst du Fehler bei der Bildwiedergabe beheben. Keine Angst: Es wird nichts gelöscht oder formatiert.

*Medien-Info anzeig[en]*: Hier bekommst du einen Überblick über den verbleibenden Speicherplatz.

*Version:* Hier kannst du die Firmware deiner Kamera überprüfen.

## Einstellung7

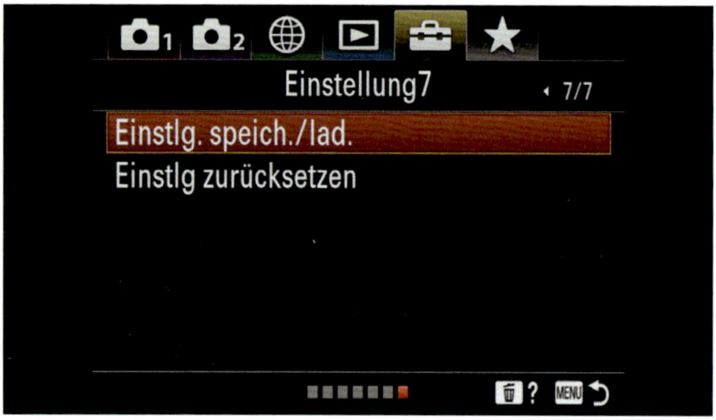


Das Menü in „Einstellung7"

*Einstlg.speich[ern]/lad[en]* ist eine sehr nützliche Funktion, um verschiedene Konfigurationen für mehrere Nutzer der Kamera zu verwalten oder Konfigurationen beim Wechsel von Kamera zu übertragen. Das erspart sehr viel Zeit.

*Einstlg zurücksetzen:* Und zu guter Letzt enden wir da, wo wir angefangen haben.

## Mein Menü-Einstellung

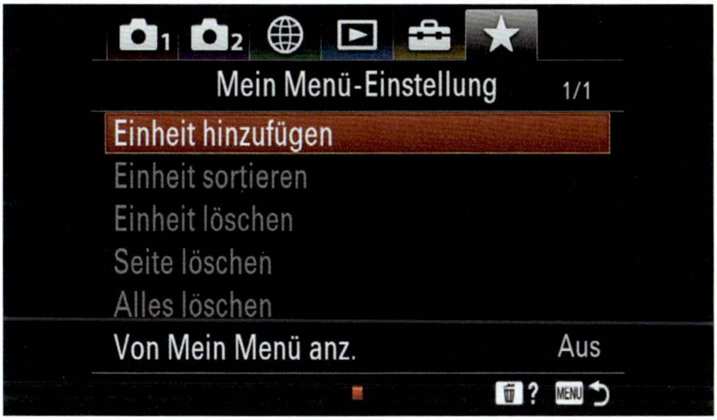


Das Menü in „Mein Menü-Einstellung"

„Mein Menü“ ist seit der $\alpha$7 III an Bord und hilft sehr, die Übersichtlichkeit und Geschwindigkeit im Menü zu erhöhen. Wir empfehlen gerade am Anfang, Menüposten, die man mehr als zweimal genutzt hat, ins Menü aufzunehmen.

Mit *Einheit hinzufügen* wählst du, welchen Menüposten du aufnehmen möchtest.

Wenn dann schon mehrere Einträge vorhanden sind und du etwas Ordnung hineinbringen und sie nach Kategorien sortieren möchtest, gibt es *Einheit sortieren*. Du kannst bis zu fünf Seiten mit 30 Eintragungen ganz nach eigenem Geschmack erstellen und mit *Seite löschen* auch wieder komplett entfernen.

*Alles löschen* nimmt alle Einträge aus „Mein Menü“.

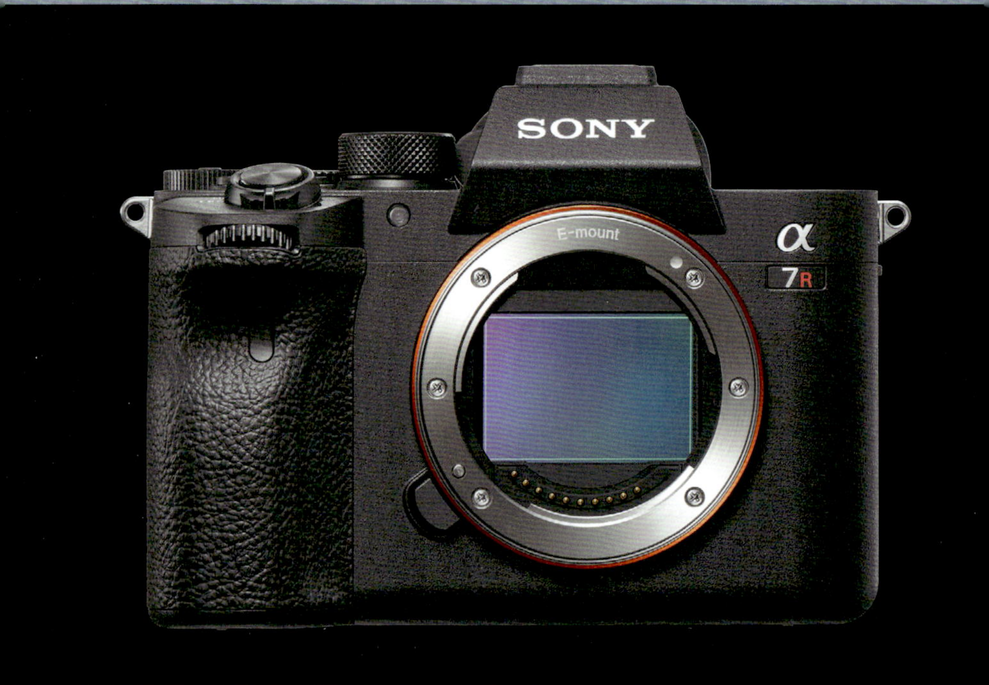
SONY
E-mount
α
7R

# PRAXISWORKSHOP

*Nachdem du nun alle technischen Feinheiten deiner Kamera kennengelernt hast, ist es Zeit für den kreativen Teil dieses Buches. Für die Praxisworkshops haben wir unsere Lieblingsfotos aus verschiedenen Fotogenres ausgesucht. Die folgenden Beispiele sollen dir Tipps und Anregungen geben, Motive mal genauer zu betrachten und deine eigenen Ideen umzusetzen.*

Jedes neue Foto ist eine neue Interpretation und entsteht immer mit etwas anderen Einstellungen und aus einem anderen Blickwinkel. Auch die Sujets Porträt, Landschaft, Architektur usw. kannst du immer wieder kombinieren: Warum nicht einen Menschen vor einem Gebäude abbilden? Und wenn du das Ganze im Dunkeln fotografierst, hast du gleich auch noch die Nachtfotografie dabei.

Wie funktionieren die Workshops? Die Texte auf der linken Seite enthalten die Einstellungen, die wir während des Fotografierens vorgenommen haben. Auf der rechten Seite siehst du das dazugehörige Bild. Wir haben den Praxisteil in Landschaft, Porträt und Architektur aufgeteilt. Etwas freier geht es im Abschnitt „Kreativ unterwegs“ zu, dort kommt von allem etwas vor: Stillleben, Sport, Tiere und vieles andere. Du findest Urlaubsfotos genauso wie Fotos, bei denen du ein bisschen mit der Technik experimentieren kannst.

Bevor es losgeht, noch ein Wort zum Dateiformat: Manuel fotografiert sehr häufig ausschließlich im JPEG-Format, hin und wieder natürlich auch in RAW, z. B. bei Porträt- und Nachtaufnahmen. Stefan fotografiert sehr viel häufiger im RAW-Format.

Warum diese Erklärung? Wir geben immer auch den gewählten Kreativmodus an und ob und wenn ja welche DRO-Einstellung gewählt wurde. Das ist bei JPEGs sehr wichtig, weil Kontraste und Farbwirkung stark davon beeinflusst werden. Im JPEG-Format sind diese nicht mehr verlustfrei zu ändern. Wenn du in RAW fotografierst, kannst du diese Einstellungen auch nachträglich ändern.

Und jetzt wünschen wir dir viel Spaß beim Nachlesen, Ausprobieren und selbst Kombinieren!

# LANDSCHAFT

Die Landschaftsfotografie gehört zu den beliebtesten Bereichen der Fotografie und ist sehr vielfältig. Vielleicht hast du mit dem Handy schon Landschaftsaufnahmen gemacht und gute Ergebnisse erzielt. Aber mit deiner Sony besitzt du nun eine Kamera mit einem viel größeren Aufnahmesensor, der das Licht viel differenzierter aufnehmen kann. Und weil du jetzt Objektive wechseln oder zoomen kannst und alle Einstellungen selber, also manuell, einstellen kannst, sind deine Möglichkeiten schier grenzenlos.

Landschaften kannst du zwar auch im Szenenmodus *Landschaft* fotografieren, aber um die Helligkeit, die Farben und auch das richtige Maß an Tiefenschärfe kontrollieren zu können, nimmst du hier besser Modus A oder M. Besonders dann, wenn das Licht schwindet, erzielst du oft sogar schneller mit dem Modus M ein gutes Belichtungsergebnis. Das liegt daran, dass die Belichtungsmessung der Kamera mit den großen Kontrasten, also den starken Unterschieden zwischen Hell und Dunkel, z. B. beim Sonnenuntergang, nicht so gut umgehen kann: Die Fotos werden oft zu hell, weil es sehr große dunkle Bereiche im Motiv gibt, die aber für die richtige Lichtstimmung dunkel bleiben sollen.

Dadurch, dass du im Modus M dein Foto durch Verstellen der Verschlusszeit heller oder dunkler machst, kannst du durch einfaches Betrachten im Sucher oder Monitor oder durch die Hilfe des Histogramms die perfekte Helligkeit für dein Foto einstellen.

Neben der Helligkeit und natürlich der Schärfe in der richtigen Ebene sind auch die Farben extrem wichtig. Sie geben deiner Landschaftsaufnahme die richtige Stimmung. Hierbei kannst du eine möglichst realistische Färbung, aber auch eine abstrakte Farbgebung einstellen. Dafür brauchst du den Weißabgleich und den Kreativmodus.

Du solltest dir bei besonderen Lichtstimmungen auch genügend Zeit nehmen – selbst wenn du im RAW-Format fotografierst. Wir haben nämlich ein schlechtes Gedächtnis für Farben: Nach ein paar Tagen würdest du dich nicht mehr an die genaue Farbstimmung des Himmels oder Blattgrüns in deiner Landschaftsaufnahme erinnern.

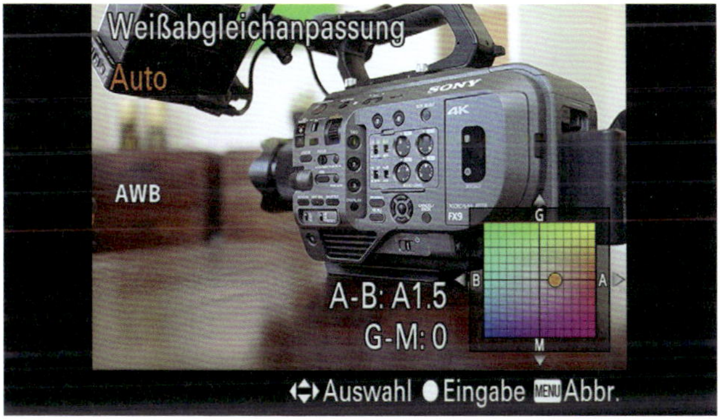


Du kannst jede Weißabgleichvoreinstellung mit einem Klick des Drehrads nach rechts feinjustieren.

**Die Grundeinstellungen:**

- Stelle **Modus A** oder **M** auf dem Moduswahlrad ein.
- Bei Tageslicht reicht meistens **ISO 100** oder **200.** Wenn deine Verschlusszeit zu lang wird, benutze besser ein **Stativ**, anstatt die ISO zu weit zu erhöhen. Aber die α7-Kameras schaffen da schon einiges.
- Wähle **AF-S** und den **flexiblen Spot**. Oft sind auch der manuelle Fokus **MF** oder **DMF** sehr gut geeignet.
- Im **Kreativmodus** kannst du bestimmen, wie kontrastreich und farbintensiv deine Bilder werden. Auch die Scharfzeichnung, also die Knackigkeit deines Fotos wird hier festgelegt: *Landschaft*, *Lebhaft* oder *Klar* sind gut geeignet.

# Sonnenaufgang in der Heide

①

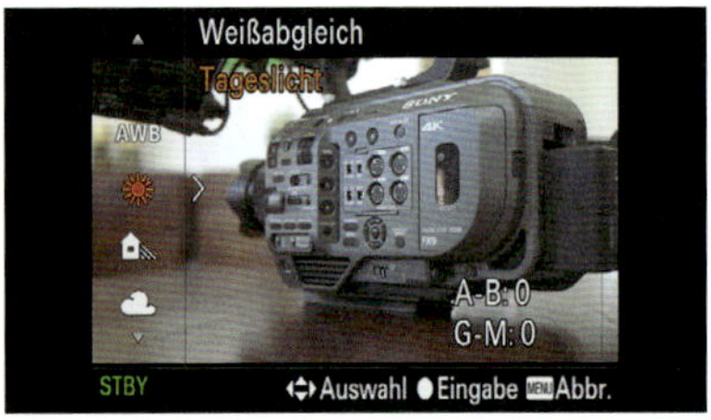


Fn-Menü Der Weißabgleich sollte als Grundeinstellung zunächst auf *Tageslicht* stehen, damit die besonderen Farben von Sonnenauf- und -untergängen realistisch und kräftig rüberkommen. Durch einen Klick nach rechts mit dem Drehrad kannst du den Weißabgleich noch feiner einstellen.

②

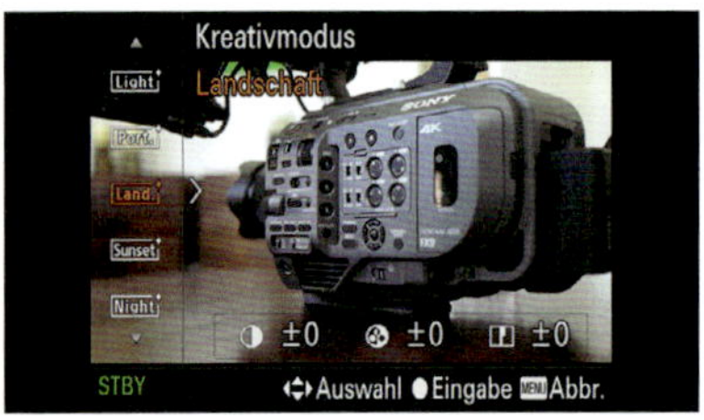


Fn-Menü Kreativmodus *Landschaft* für eine kräftige Farbwiedergabe; *Klar* und *Lebhaft* sind gute Alternativen.

③

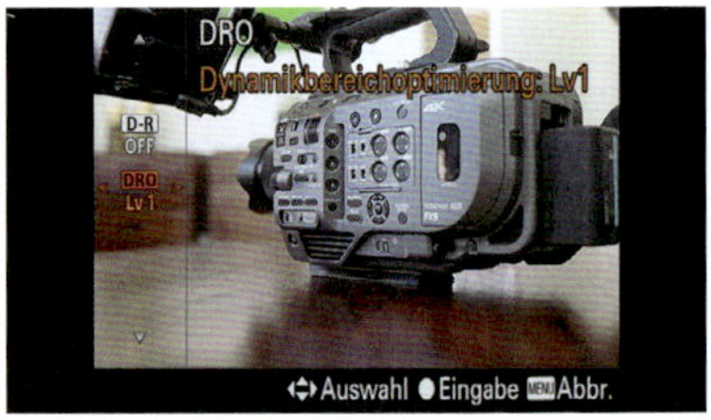


Fn-Menü *DRO* auf niedriger Stufe sorgt für eine bessere Durchzeichnung des Himmels. Wenn du im RAW-Format fotografierst, kannst du die Lichterzeichnung auch später am Computer vornehmen.

④

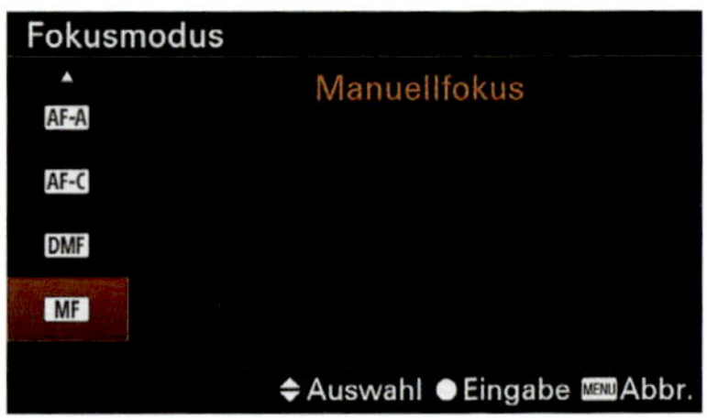


Fn-Menü Fokusmodus *MF*. Gerade bei Aufnahmen vom Stativ ist es angenehmer, mit manuellem Fokus zu fotografieren. Einmal eingestellt bleibt die Schärfe immer da, wo sie sein soll – auch wenn du mehrere Aufnahmen machst.

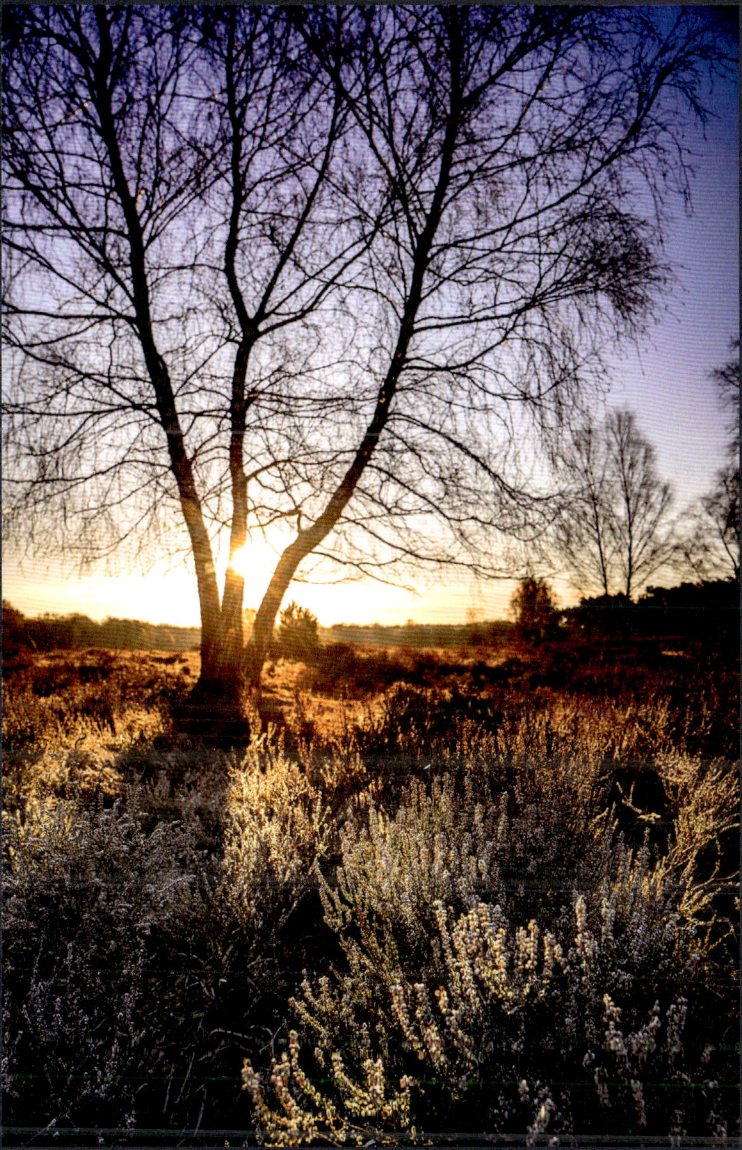

24 mm | f/6.3 | 1/60 sek | ISO 100 | Modus M

Auch in der Nähe einer Großstadt gibt es interessante Landschaften zu entdecken. Du musst nur die besondere Stimmung am Morgen oder Abend einfangen. Auch wenn du kein Frühaufsteher bist, für so ein Foto lohnt es sich, sich auch mal morgens um 4 Uhr aus dem Bett zu quälen, um vor Sonnenaufgang vor Ort zu sein.

# Morgendlicher Nebel

①

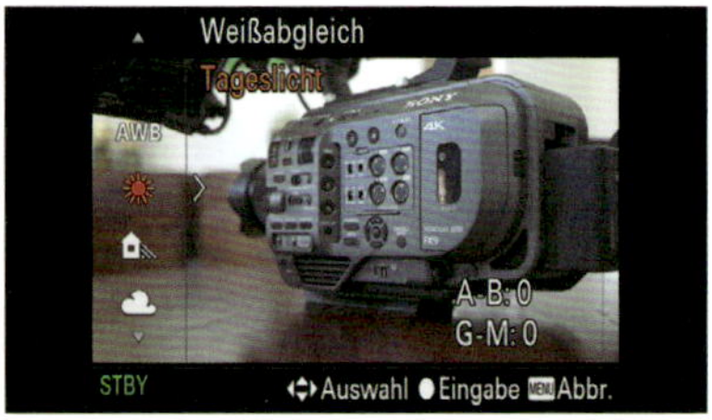


Fn-Menü Weißabgleich *Tageslicht*. Experimentiere mit dem Weißabgleich und denke auch an die Feineinstellungen. Dieses Motiv lebt sehr stark von der warmen Farbstimmung des Himmels und der Wiese.

②

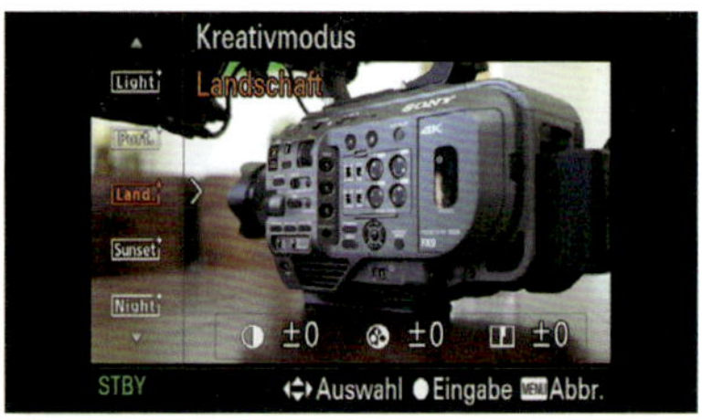


Fn-Menü Kreativmodus *Landschaft*. Je nachdem, wie stark der Kontrast in der nebligen Landschaft sein soll, kann auch *Porträt* gut funktionieren. Die Schärfe kannst du gezielt auf einen höheren Wert stellen.

③

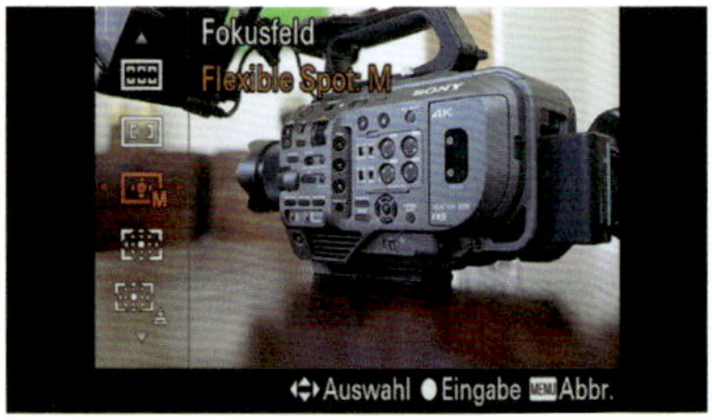


Fn-Menü Fokusfeld *Flexible Spot* oder *Erweiterter Flexible Spot*. Dadurch kannst du genauer bestimmen, welche Bereiche der Pflanzen im Vordergrund am schärfsten sein sollen.

④

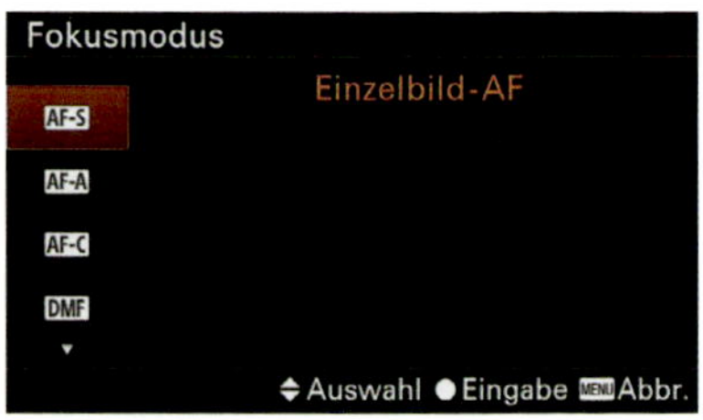


Fn-Menü Fokusmodus *AF-S* oder *AF-C*. Da dieses Bild aus der freien Hand fotografiert wurde, ist der Autofokus einfach praktischer. Ab der α7 III ist der AF-C so schnell, dass er sogar Bewegungen von dir ausgleichen kann.

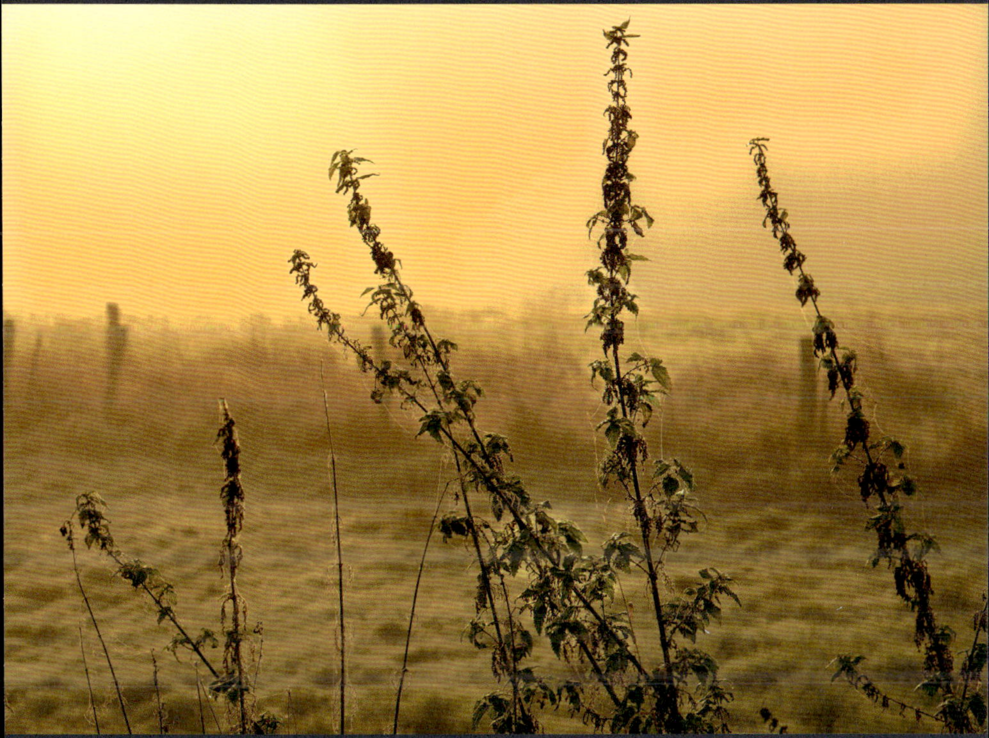

50 mm | f/4 | 1/500 sek | ISO 100 | Modus A | +0,3 EV

Wenn die Lichtstimmung interessant ist, können auch alltägliche Landschaften richtig spannend wirken. Stell dir vor, wie aufregend so ein Landschaftsbild im nächsten Urlaub in einer spektakulären Landschaft wirkt. Wenn du solche Motivideen vor deiner Haustür übst, beherrschst du sie auch, wenn es mal schnell gehen muss. Durch die Unschärfe im Hintergrund ist die Wirkung des Bildes viel mystischer, und der Dunst des diesigen Himmels am Morgen kommt viel zarter rüber. Bei solchen Motiven solltest du die Blende nicht zu weit schließen.

# Die einzige Gelegenheit

①

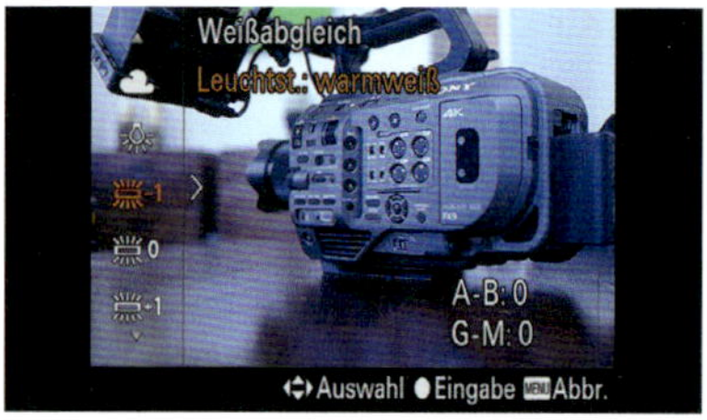


Fn-Menü Weißabgleich *Leuchtstoffröhre*. Mithilfe des Weißabgleichs kannst du vielen Motiven einen ganz besonderen Look verleihen. Probiere verschiedene Weißabgleich- und Feineinstellungen aus.

②

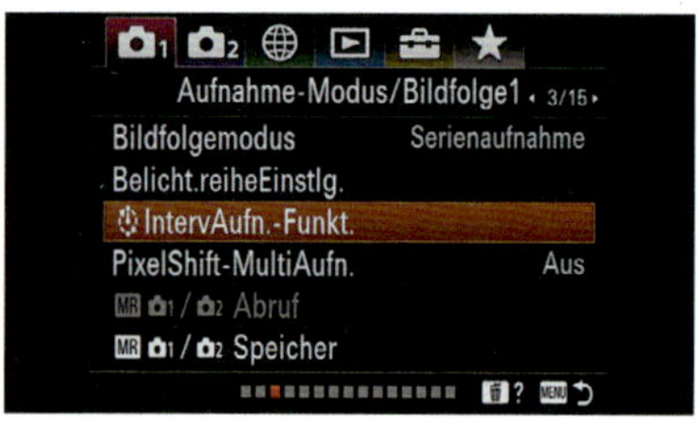


Fn-Menü *Intervallfunktion*. Hier kannst du verschiedene Einstellungen vornehmen – sogar wann die Kamera mit den Aufnahmen starten soll. Die Intervallfunktion gibt es erst ab Generation III. Alternativ gibt es Fernauslöser mit dieser Funktion.

③

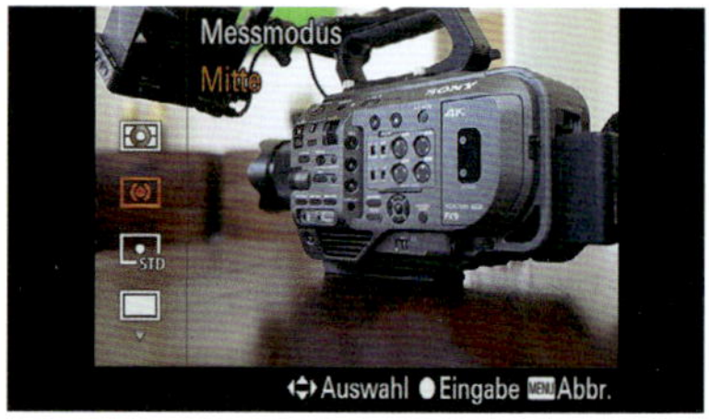


Fn-Menü Belichtungsmessung *Mitte*. Da aus den Intervallaufnahmen auch ein Zeitrafferfilm mit gleichmäßiger Belichtung entstehen sollte, kann die altmodische mittenbetonte Belichtungsmessung mit einer Belichtungskorrektur bessere Ergebnisse erzielen als die Multimessung.

④

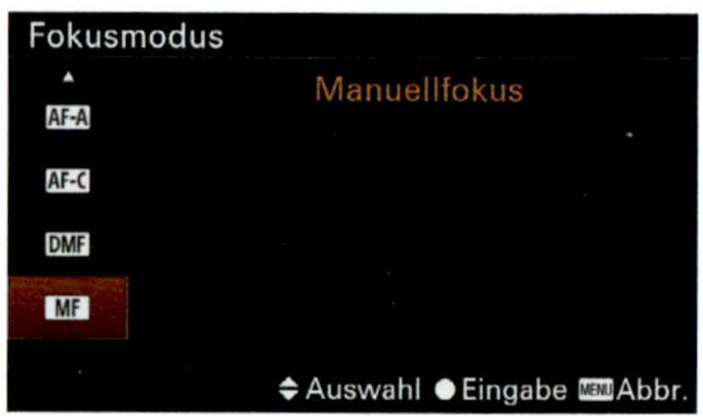


Fn-Menü Fokusmodus *MF*. Damit die Kamera in jedem Fall auslöst und während deiner Abwesenheit keinen Fehlfokus produziert, solltest du bei Intervallaufnahmen den manuellen Fokus benutzen.

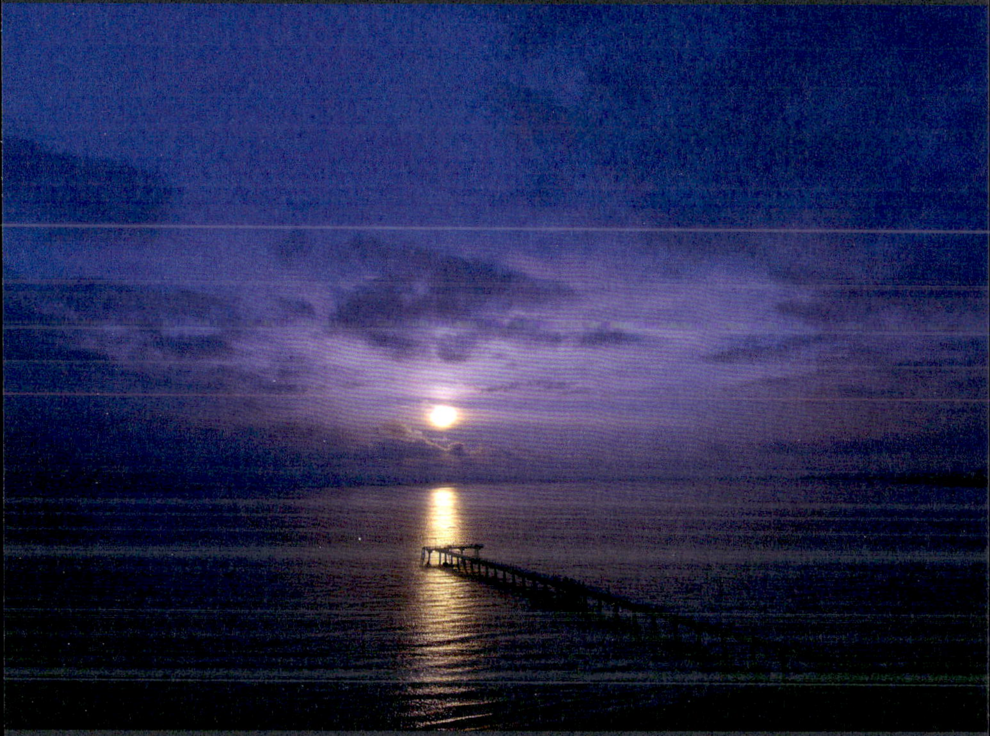

22 mm | f/5.6 | 1/640 sek | ISO 100 | Modus A | –0,7 EV

Für dieses Bild stellte Manuel den Wecker auf ca. 20 Minuten vor Sonnenaufgang. Dann programmierte er die Intervallfunktion, schätzte die richtige Belichtungskorrektur und legte sich wieder hin. Als er später die Ergebnisse durchsah, gab es nur ein paar Fotos, auf denen die Sonne durch die Wolken brach. Dass es auch noch im richtigen Moment passierte, als der Sonnenstrahl über den Steg schien, war die schönste Belohnung an diesem Morgen. Den ganzen restlichen Tag war die Sonne nicht mehr zu sehen.

# Lieblingsort

①

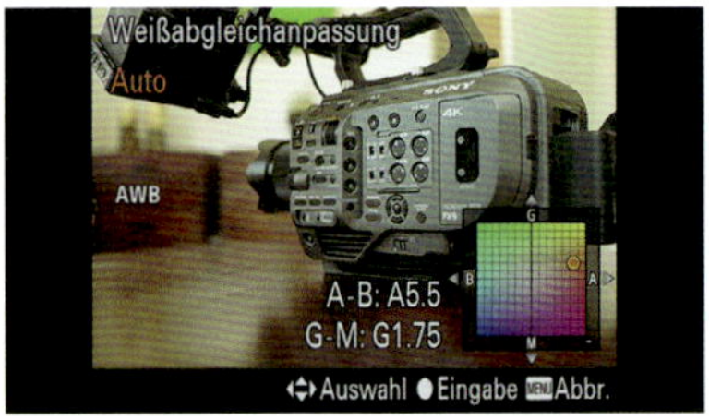


Fn-Menü Weißabgleich *Automatik*. Die leicht in Richtung Orange verschobene Feineinstellung verleiht dem Meer und den Klippen einen intensiveren Farbton.

②

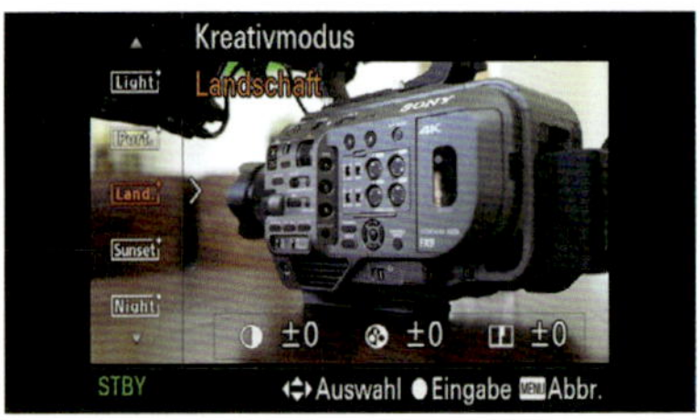


Fn-Menü Kreativmodus *Landschaft* oder *Klar*. Dieses Motiv verträgt gut hohe Kontraste. Bei *Klar* können dunkle Bildteile allerdings schnell zu schwarz werden. Dann ist *Landschaft* besser geeignet.

③

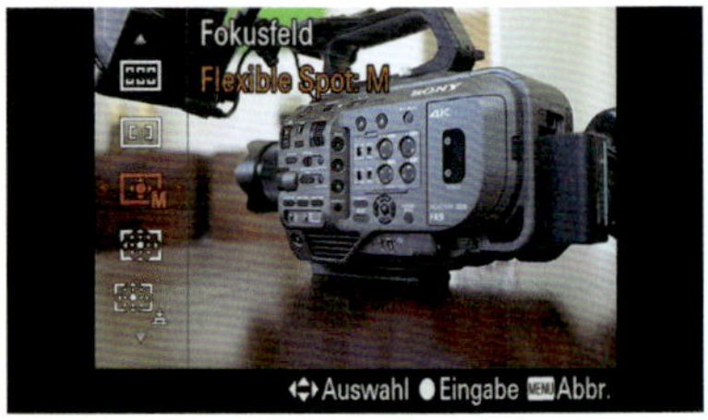


Fn-Menü Fokusfeld *Flexible Spot*. Damit die Schärfe wirklich über die ganze Tiefe des Bildes reicht, musst du die richtige Ebene im eher vorderen Bereich des Bildes finden. Probiere verschiedene Stellen aus und vergleiche die Bilder später.

④

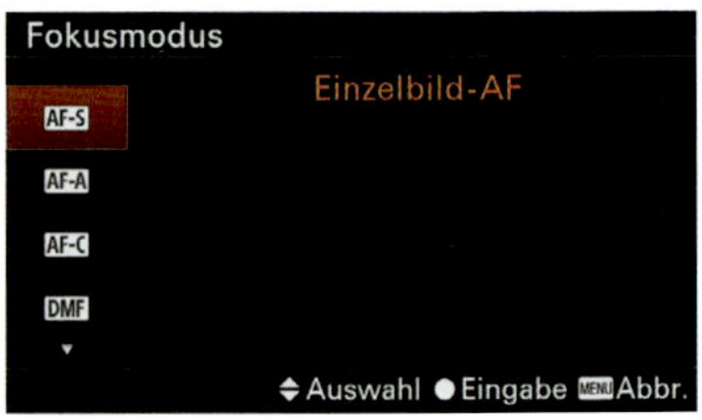


Fn-Menü Fokusmodus *AF-S, DMF* oder *MF*. Bei so einem Motiv kannst du ganz nach deiner Vorliebe fokussieren.

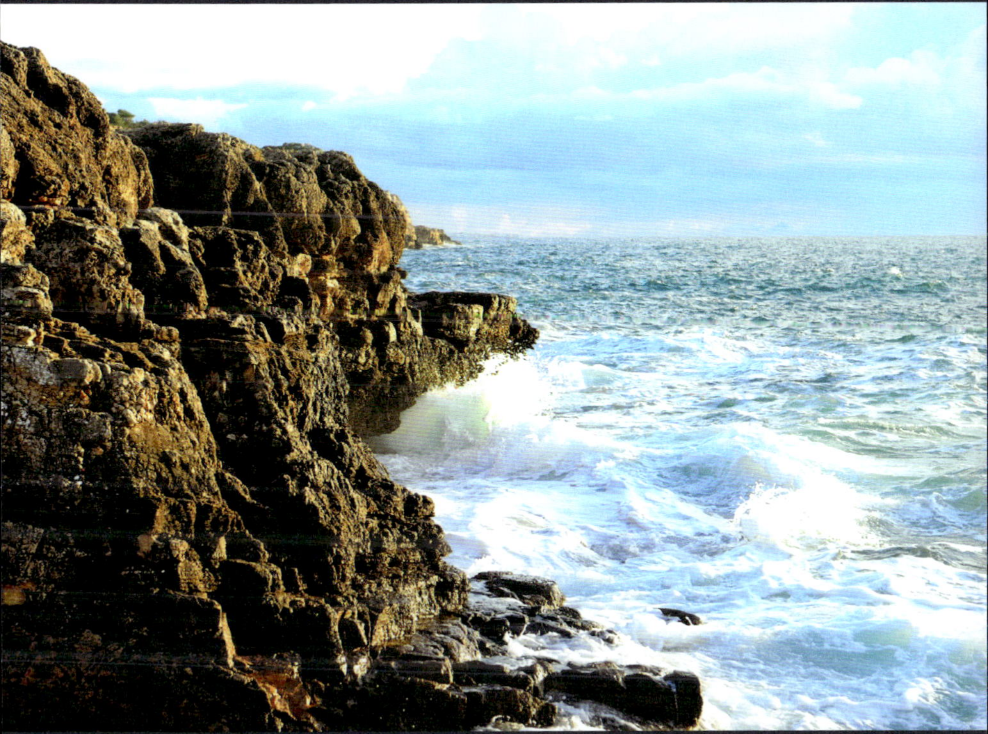

48 mm | f/11 | 1/400 sek | ISO 200 | Modus M

Für ein Foto dieser Klippen in Süditalien waren die Wetterstimmung und das Licht perfekt. Am wichtigsten war es, die richtige Helligkeit im aufgewühlten Wasser darzustellen und genau das richtige Maß an Schärfe und minimaler Bewegungsunschärfe in der Gischt zu finden. Damit die Blende für die durchgehende Tiefenschärfe bis zum Horizont weit genug geschlossen werden konnte, mussten es ausnahmsweise ISO 200 sein.

# Landschaft durchs Tele

①

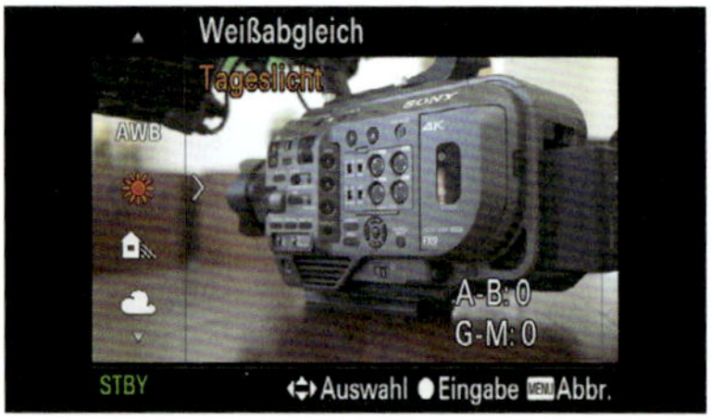


Fn-Menü Weißabgleich *Tageslicht*, um die natürliche Gewichtung der Graustufen zu erhalten. Farbe hat auch auf Schwarz-Weiß-Bilder einen Einfluss, da die aufgenommenen Farben in Graustufen umgewandelt werden müssen.

②

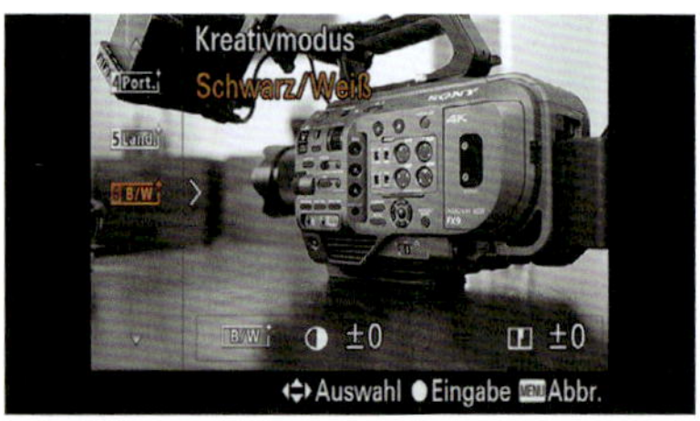


Fn-Menü Kreativmodus *Schwarz/Weiß*. Der Vorteil, alles in Schwarz-Weiß im Sucher zu sehen, macht es oft einfacher, sich an Linien und Strukturen zu orientieren, da es eine Menge Informationen, also alle Farben aus dem Bild nimmt und die Konzentration erleichtert.

③

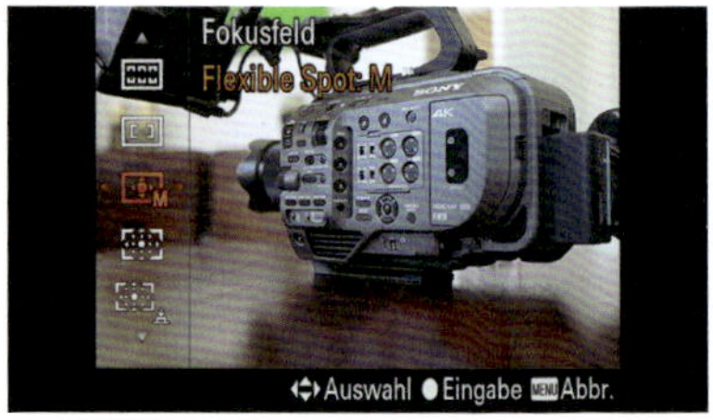


Fn-Menü Fokusfeld *Flexible Spot*. Bei 135 mm kann es mit Blende f/4 schon passieren, dass ein bildwichtiges Element in die Unschärfe rutscht. Achte deshalb auch bei Landschaften immer auf die richtige Schärfe.

④

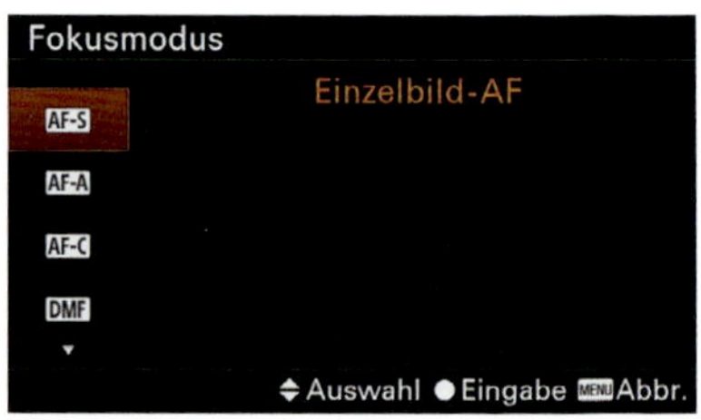


Fn-Menü Fokusmodus *AF-S*. Kein bewegtes Objekt, deshalb Einzelbild-AF, und kein manueller Fokus, da das Bild im Vorbeigehen aus der Hand gemacht wurde.

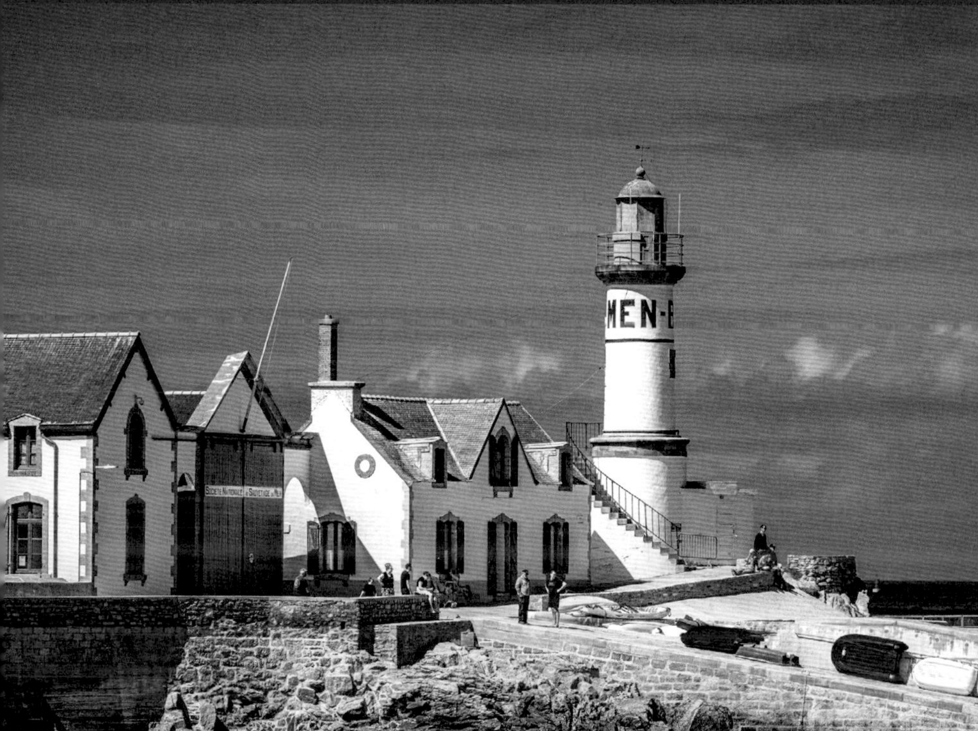


135 mm | f/4 | 1/1000 sek | ISO 100 | Modus A

Landschaftsfotografie muss nicht immer weitwinklig sein, wie diese Dorfansicht zeigt. Die starken Kontraste dieses malerischen Dorfes auf der Île De Sein (mit dem Hafenleuchtturm Men Brial) kommen durch die Schwarz-Weiß-Aufnahme besonders gut zur Geltung. Der Aufnahmezeitpunkt am späten Nachmittag lässt die Schatten nochmals länger und das Spiel zwischen Licht und Schatten dramatischer werden.

# 50 Jahre Apollo 11

①

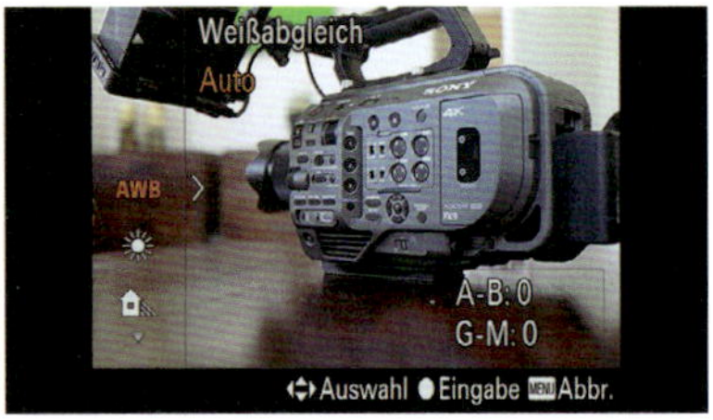


Fn-Menü Weißabgleich *Automatisch (AWB)*. Der *AWB* liegt nachts meist richtig. Der Farbtemperatur liegt bei Mondlicht meist bei 4100 Kelvin; falls er mal danebenliegen sollte, hast du hier den richtigen Wert.

②

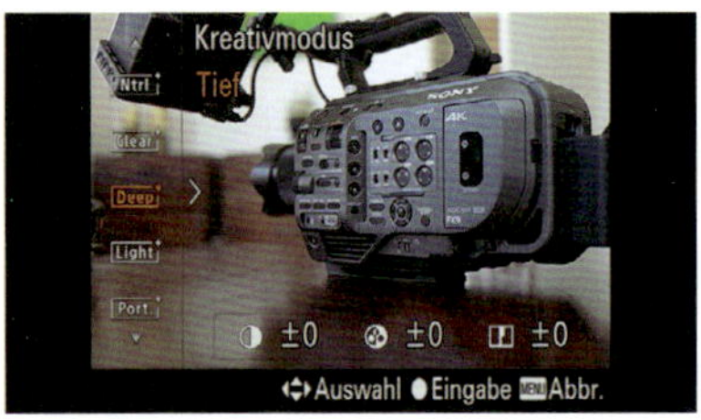


Fn-Menü Kreativmodus *Tief* passt gut zur Tiefe des Alls, weil man hier noch ein wenig mehr Dynamikumfang für das JPEG bekommt, und genau das erfordert dieses kontrastreiche Motiv.

③

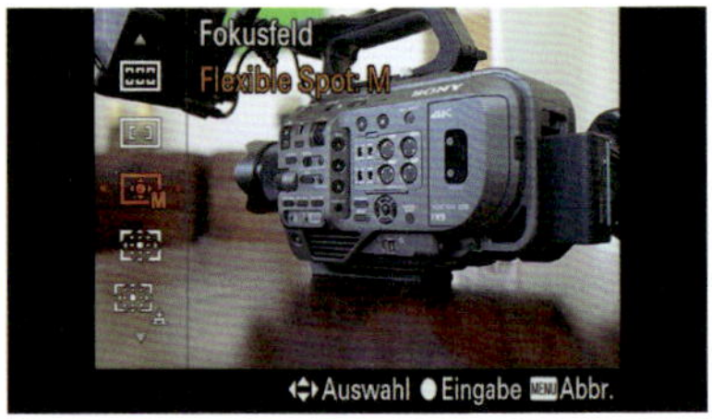


Fn-Menü Fokusfeld *Flexible Spot*. Beim manuellen Fokus ist der flexible Spot sinnvoll, da du so gegebenenfalls die Positionen der Fokusvergrößerung vorwählen kannst.

④

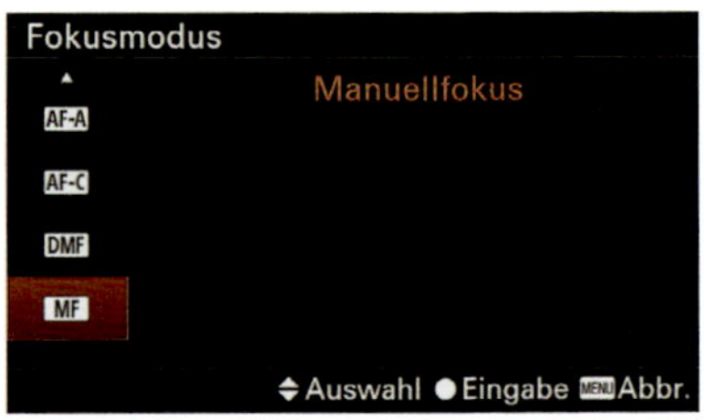


Fn-Menü Fokusmodus *MF*. Bei Nacht manuell zu fokussieren ist sehr schwierig, da des Sucherbild sehr verrauscht ist und permanent „krisselt". Belege deshalb eine Taste mit der Funktion „Helle Überwachung" (ab der α7R II). Das macht es sehr viel leichter, den am weitesten entfernten Punkt scharfzustellen.

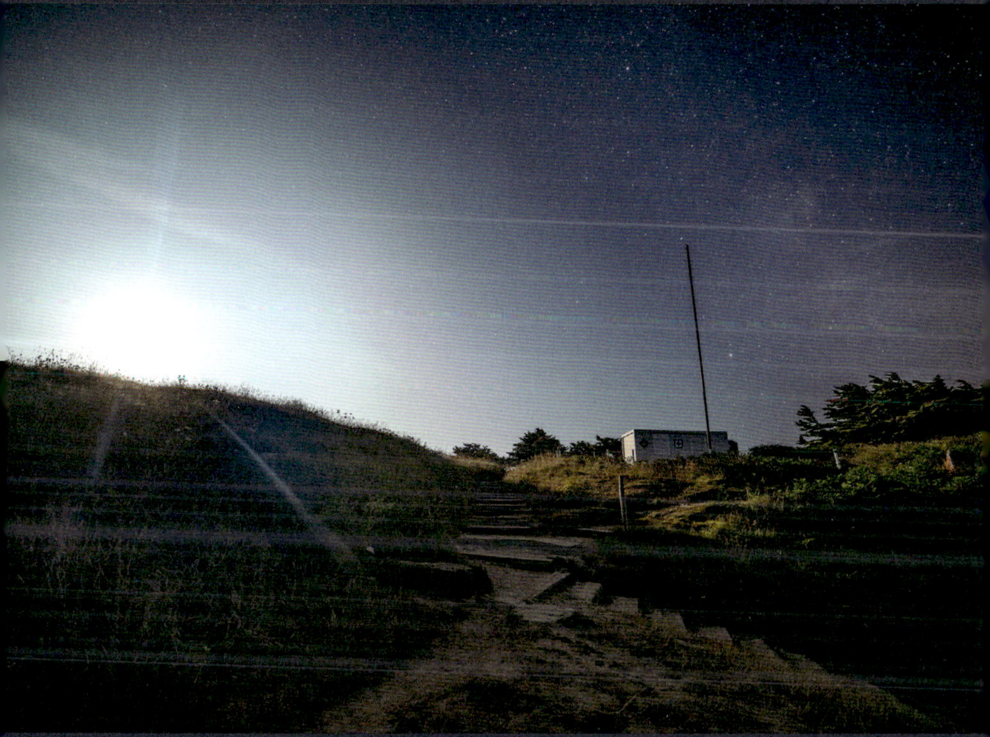

14 mm | f/2.4 | 20 sek | ISO 100 | Modus M

Manchmal sind es historische Daten, die einen losziehen lassen. In der Nacht des 50. Jubiläums der Apollo-11-Mondlandung war ein wunderbarer Mondaufgang zu bewundern. Nutze den Impuls solcher Momente und zieh einfach los auf eine nächtliche Fototour. Durch die 20 Sekunden Belichtungszeit bekommt die Szene fast den Look, als wäre sie am Tag zur Dämmerung aufgenommen worden. Die starken Kontraste des Motivs sorgen dafür, dass die Mondoberfläche in keinem Fall sichtbar wird und eher als Sonne zu identifizieren ist. Vergleiche hinsichtlich der Verschlusszeit das Mondfoto im Kapitel „Kreativ unterwegs“.

# Kölner Skyline

①

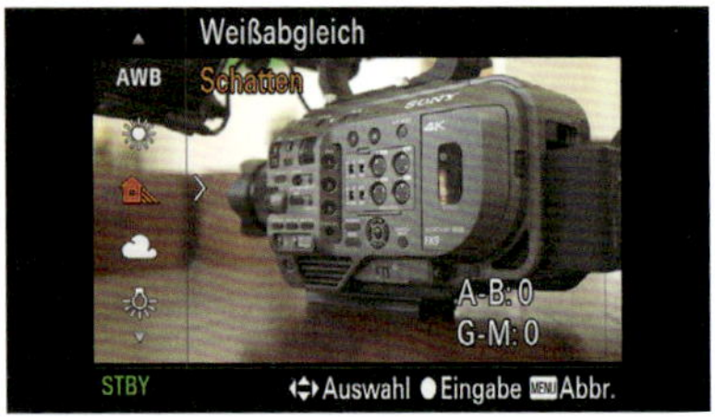


Fn-Menü Weißabgleich *Schatten*. Die warme Schatteneinstellung betont den Sonnenuntergang und hat für diesen Moment die perfekte Abstimmung zum blauen Himmel.

②

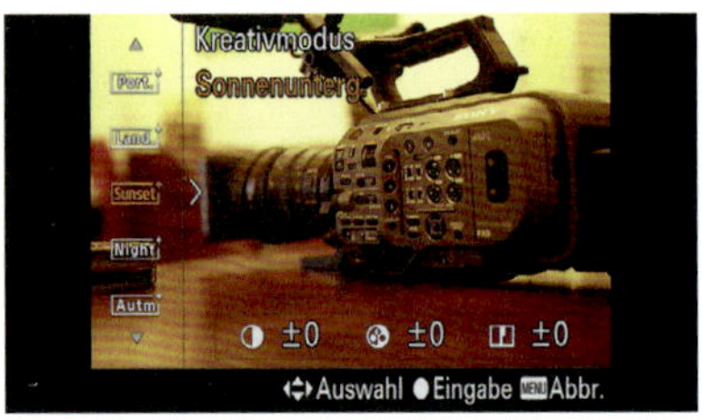


Fn-Menü Kreativmodus *Sonnenuntergang*. Durch diesen Modus werden nicht nur die Farben besser dargestellt, sondern auch durch die Nachschärfung die entfernten Objekte klarer gezeichnet.

③

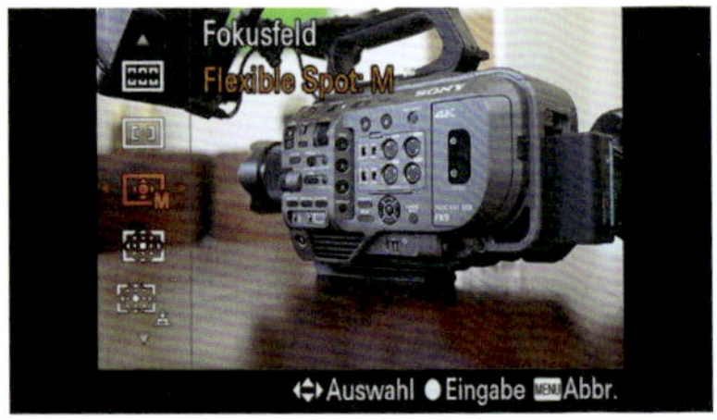


Fn-Menü Fokusfeld *Flexible Spot*. Der flexible Spot an der Kontrastkante an der Horizontlinie zeichnet alle Konturen deutlich.

④

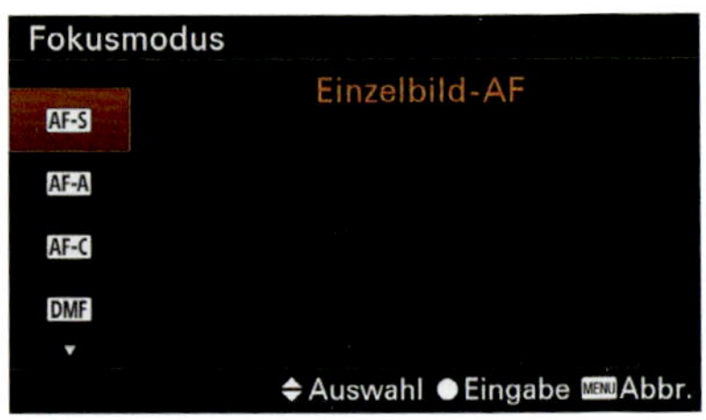


Fn-Menü Fokusmodus *AF-S*. Beim Fokus auf weit entfernte Objekte hast du kein Problem mit der Verschiebung der Schärfeebene. Eine Korrektur des Bildausschnitts ist also ohne Probleme nach dem Anfokussieren möglich.

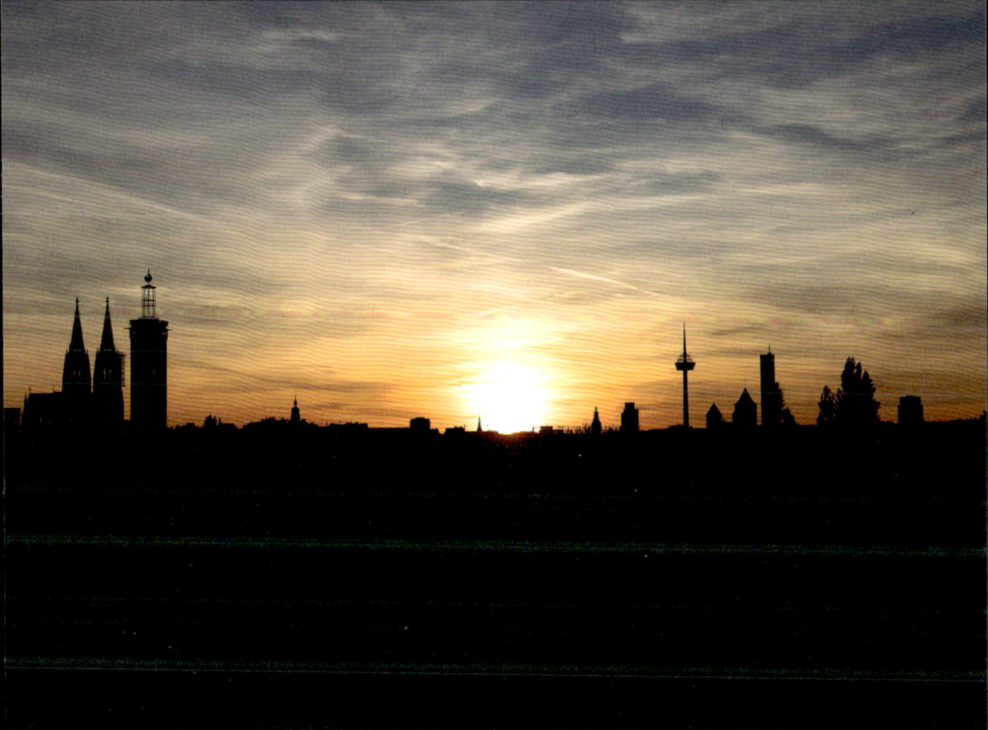

50 mm | f/5 | 1/640 sek | ISO 100 | Modus A | –0,3 EV

Das Ende der Photokina 2018: Das Licht am Abend ist perfekt, also: Blende zu, Bildausschnitt wählen, Belichtungskorrektur, Weißabgleich, Fokusfeld setzen, Horizont gerade, anfokussieren und der erlösende Klick. Bildkontrolle: Treffer.

# Just can't get enough

①

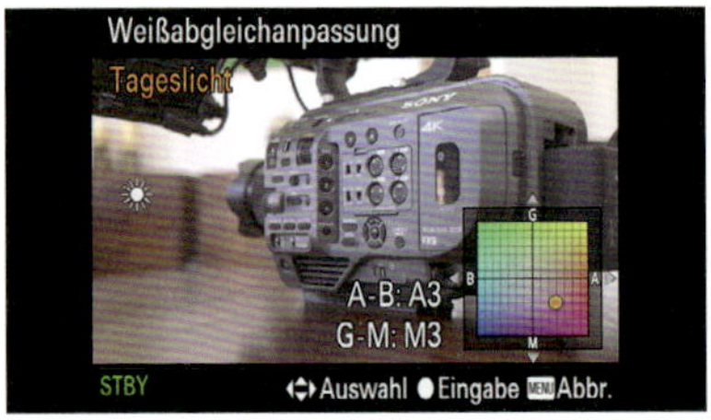


Fn-Menü Weißabgleich *Tageslicht*. Den leichten Violettton kann man ganz einfach mit der Feinjustierung in der Kamera erstellen. Die Farbe betont die klare kühle Nacht.

②

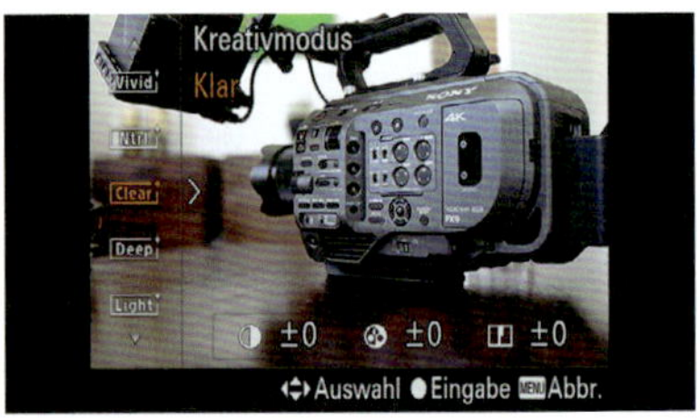


Fn-Menü Der Kreativmodus *Klar* erzeugt einen stärkeren Kontrast und lässt die Gebäude sich stärker vom Hintergrund abheben.

③

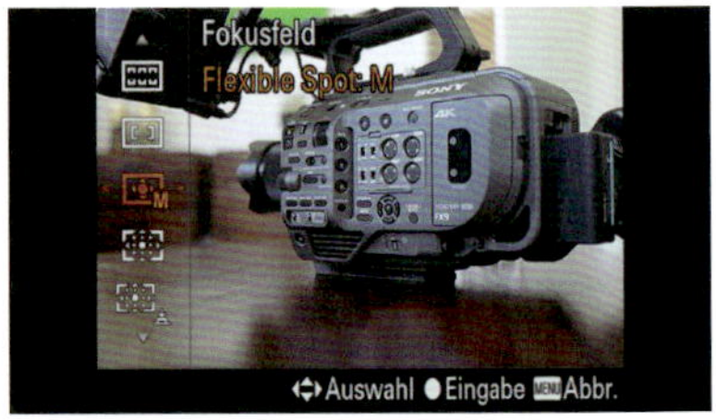


Fn-Menü Fokusfeld *Flexible Spot*. Das 55 mm stellt auch bei schlechten Lichtverhältnissen sehr zuverlässig scharf. Je aktueller deine α7 ist, desto besser fokussiert sie auch bei lichtschwächeren Objektiven in der Dunkelheit.

④

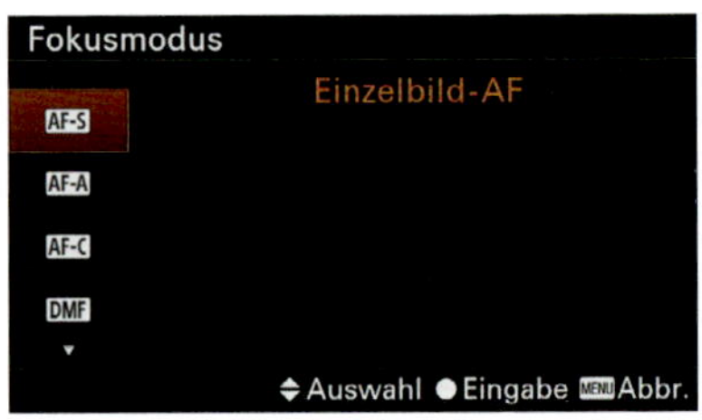


Fn-Menü Fokusmodus *AF-S*. Nachts kann man bei klaren Konturen wie der Skyline wunderbar mit dem Einzelbild-AF an einer Kontrastkante eines Gebäudes scharfstellen.

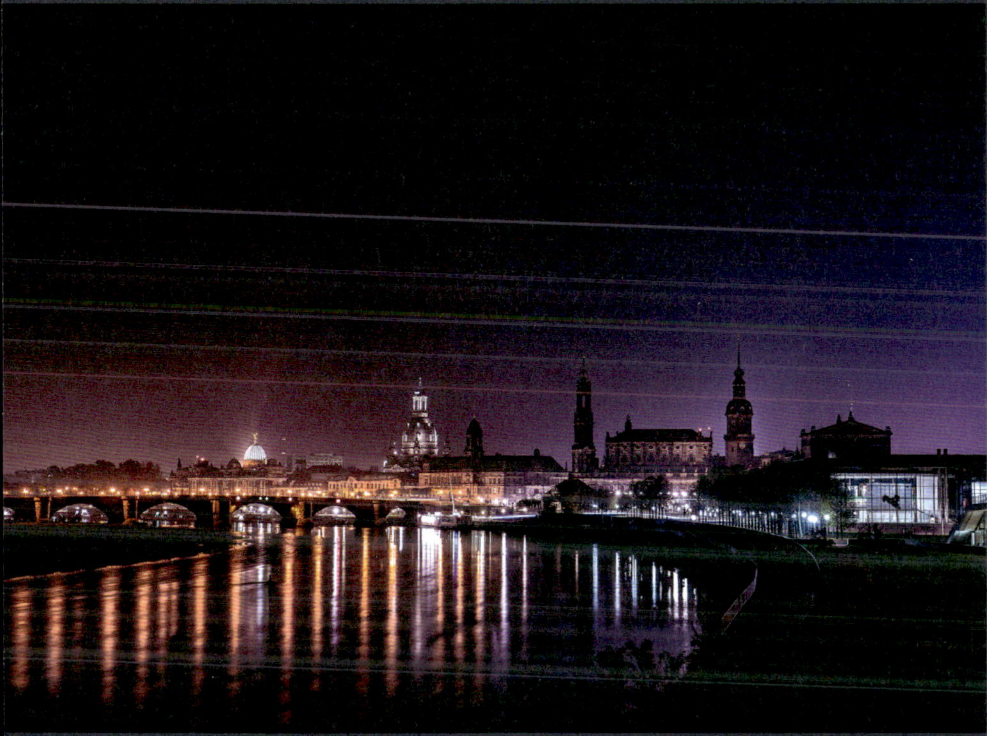

55 mm | f/4.5 | 20 sek | ISO 100 | Modus M

Das Foto vom wunderschönen Elbflorenz entstand am letzten Abend einer 14-tägigen Fotoschulungstour durch Deutschland in Dresden. Mit zielsicheren Einstellungen bei einer förderlichen Blende (beste Abbildungsleistung des Objektivs) war dieses Foto in einer kalten Oktobernacht die Belohnung für den nächtlichen Ausflug.

# PORTRÄT

In diesem Kapitel geht es um verschiedene Arten von Porträts. Da sind einmal die geplanten, perfekt beleuchteten Studioporträts, die man mit etwas kreativem Geschick auch ganz einfach zu Hause fotografieren kann, zum anderen spontan entstandene Urlaubsporträts. So oder so, ein Porträt ist dann besonders gut gelungen, wenn es den Charakter der Person zeigt. Sie sind deshalb so spannend, weil sie eben bei aller Planung doch nicht ganz vorhersagbar sind: Manchmal müht man sich stundenlang ab und ist am Ende doch nicht zufrieden mit dem Ergebnis, ein anderes Mal hat man das perfekte Porträt sofort im Kasten.

Bei der Porträtfotografie sollte dir die Technik deiner Kamera möglichst nicht im Weg stehen, sondern dich unterstützen. Reduziere dich daher anfangs aufs Wesentliche und übe neue Tricks nicht mit einem Model, sondern lieber alleine oder mit jemandem, der ebenfalls die Fotografie als Hobby hat. Dann inspiriert ihr euch gegenseitig, und bei einem geplanten Shooting sitzt dann alles schon routinierter.

Modus A ist meist die richtige Wahl. Bei gleichbleibenden Lichtverhältnissen, z. B. im Studio oder in Innenräumen, kann auch Modus M angenehm sein, da die einmal eingestellte Belichtung nun die ganze Zeit konstant bleibt. Grundsätzlich ist es immer entscheidend, die Tiefenschärfe im Blick zu haben, damit ein unruhiger Hintergrund nicht ablenkt oder umgekehrt ein besonders passender Hintergrund auch mit der richtigen Schärfe dargestellt wird.

Der Augen-AF ist natürlich eine riesige Hilfe bei Porträts. Da er ab Generation III auch im AF-C und zudem auch für Tiere funktioniert, kannst du ihn auch bei dynamischeren Porträts und bei Tieraufnahmen nutzen. Du solltest aber auch den flexiblen Spot beherrschen, denn es kann immer mal Situationen geben, wo der Augen-AF nicht ganz exakt funktioniert.

Du kannst den Augen-AF auch auf eine Taste legen. Dann ist er nur aktiv, wenn du diese Taste drückst. Wie das geht, findest du im Kapitel „Das Menü der α7“.

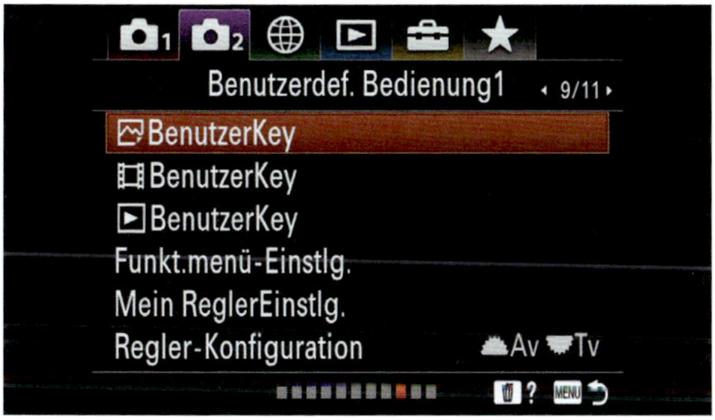


Viele Profis aktivieren den Augen-AF nur bei Bedarf über eine programmierte Taste

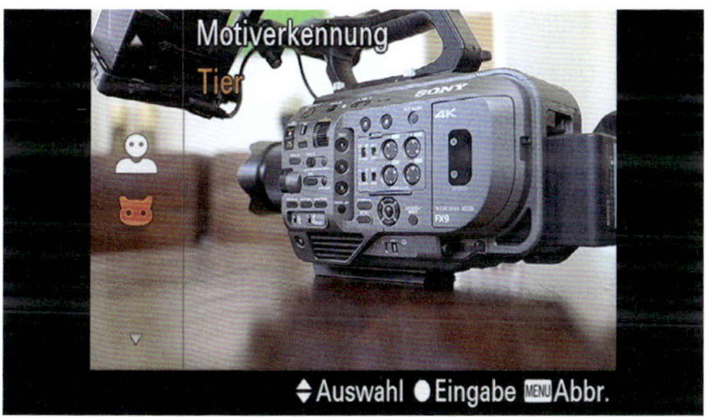


Damit die Kamera auch das Auge von vielen Tierarten direkt scharfstellen kann, wählst du das Tiersymbol an

**Die Grundeinstellungen:**

- Stelle **Modus A** oder **M** auf dem Moduswahlrad ein.
- Bei Tageslicht reichen meistens **ISO 100** oder **200**. Wenn deine Verschlusszeit zu lang wird, stelle am besten manuell einen höheren Wert ein oder nutze die ISO-Automatik, wenn es schnell gehen soll.
- Als **Fokusfeld** sind meistens der **Flexible Spot** oder der **Augen-AF** am besten geeignet.

# Gelungener Zufall

①

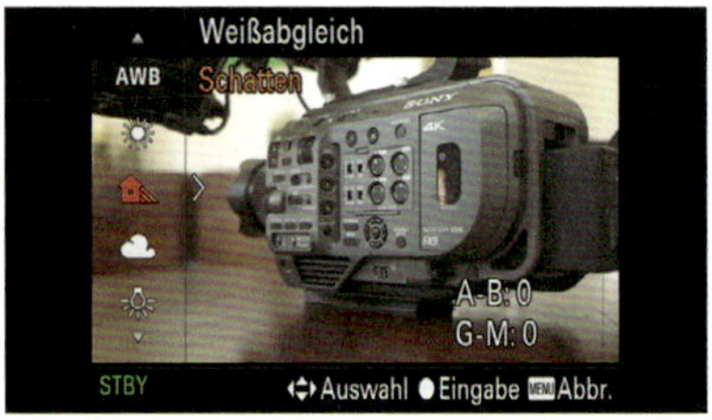


Fn-Menü Weißabgleich *Schatten*. Obwohl eigentlich mit Blitz fotografiert werden sollte, gilt hier ein anderer Weißabgleich, damit der Rotton des Kleides betont wird.

②

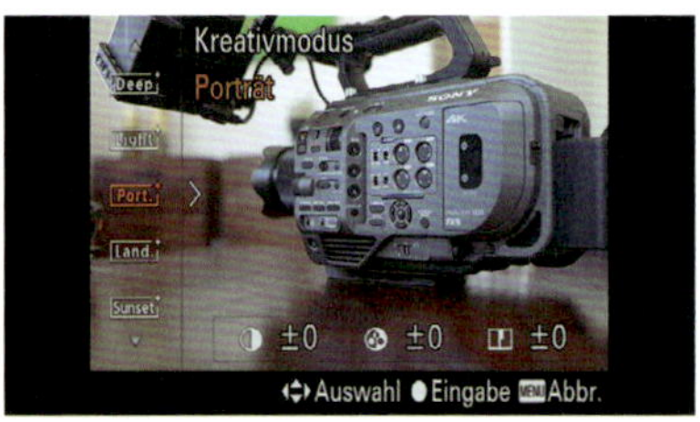


Fn-Menü Kreativmodus *Porträt*. Da viele moderne Objektive sehr scharf und kontrastreich abbilden, sind die Aufnahmen für Porträts manchmal zu scharf. Dieser Kreativmodus schafft Abhilfe. Die Parameter für Schärfe, Kontrast und Sättigung kannst du noch individuell beeinflussen.

③

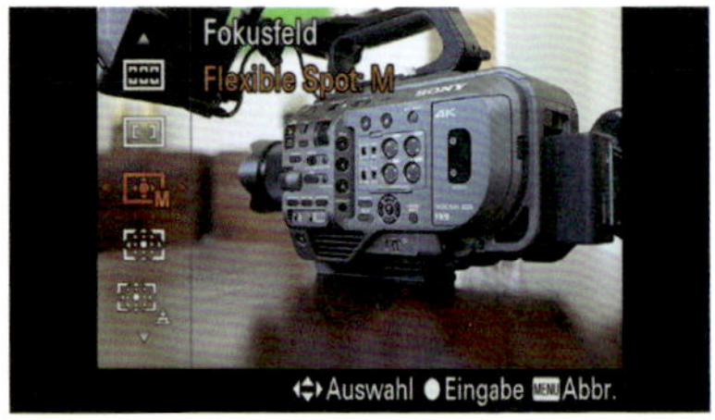


Fn-Menü Fokusfeld *Flexible Spot*. Bei kreativen Porträts kann der Augen-AF manchmal zu Fehlern führen, da bewusst Posen mit geschlossenen oder gesenkten Augen vorkommen. Die aktuellsten Kameras arbeiten da zwar nahezu fehlerfrei, aber mit dem flexiblen Spot bist du auf der sicheren Seite.

④

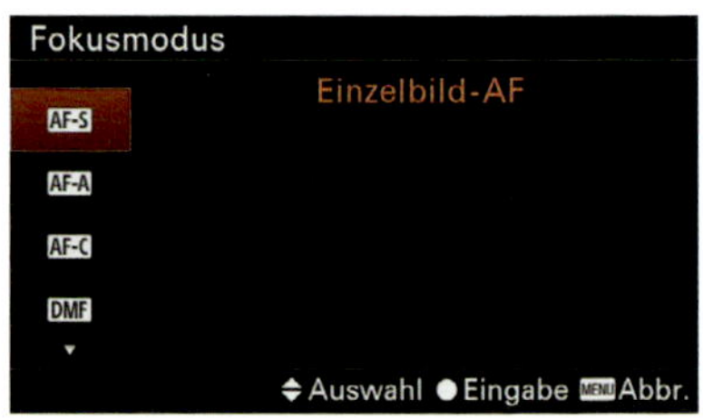


Fn-Menü Ob Fokusmodus *AF-S* oder *AF-C*, ist Geschmacksache. Bei ruhigen Posen kann *AF-S* dir manchmal ein besseres Feedback geben. Du musst nur aufpassen, dass du und das Model sich nach dem Fokussieren nicht mehr bewegen.

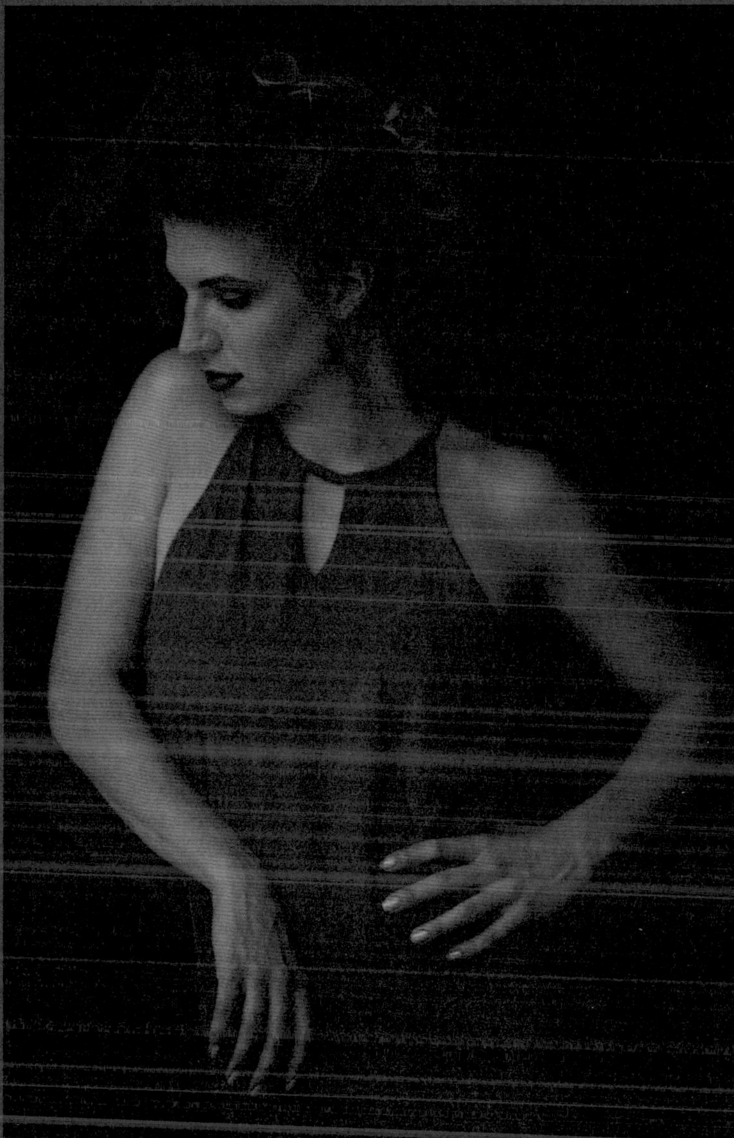

135 mm | f/2 | 1/60 sek | ISO 1250 | Modus M

Wie der Zufall oder besser gesagt ein Fehler auch zu einem guten Porträt führen kann, sieht man hier. Eigentlich sollte hier ein Porträt mit einer Blitzanlage entstehen. Bei einer schnellen Bildfolge löste der Blitz mal nicht aus, und das so entstandene sehr dunkle Porträt war so ansprechend, dass einfach die Belichtungseinstellung soweit verändert wurde, dass das Model gut zu sehen ist, die dunkle Bildwirkung aber erhalten blieb.

# Harter Kerl in weichem Licht

①

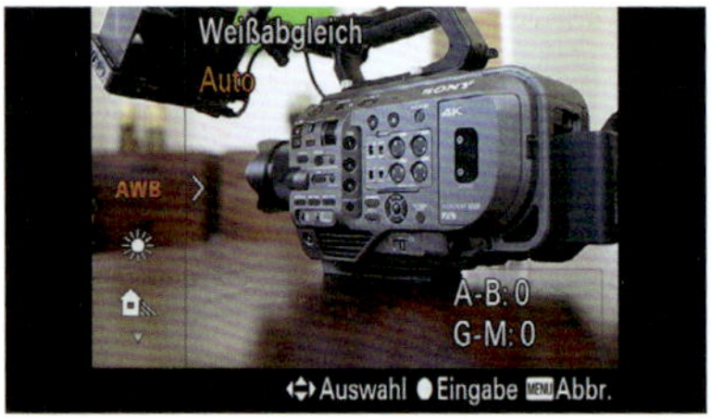


Fn-Menü Der Weißabgleich steht auf *AWB*, um eine neutrale Hautfarbe zu erzeugen. Der Rest des Bildes wird von farbigem Licht beleuchtet.

②

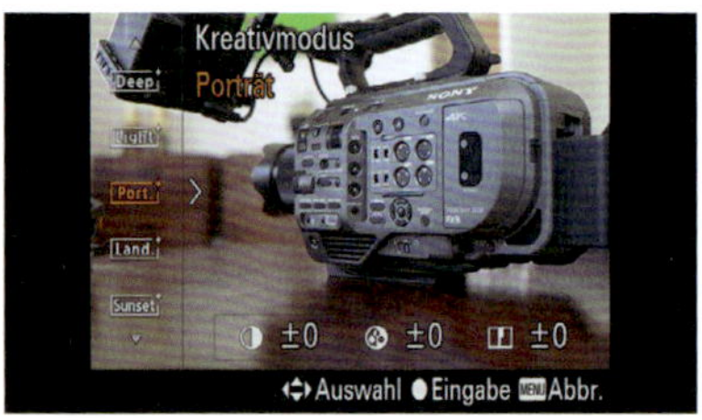


Fn-Menü Der Kreativmodus *Porträt* sorgt für die weichen Übergänge der Farbverläufe und Licht- und Schattenpartien.

③

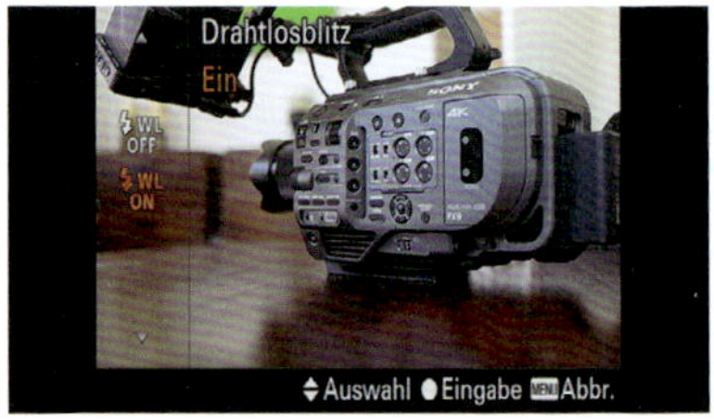


Fn-Menü Im Menü *Drahtlosblitz* kannst du z. B. die WL-Funktion für mehrere Blitzgeräte oder Funkauslöser für Studioblitzgeräte auswählen.

④

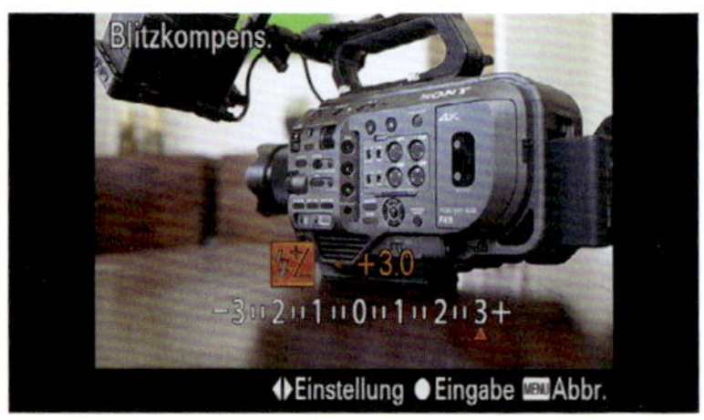


Fn-Menü Die Intensität, also Helligkeit der Blitzgeräte steuerst du über die *Blitzkompensation*. Die Abstufungen in Lichtwerten sind die gleichen wie bei der Belichtungskorrektur.

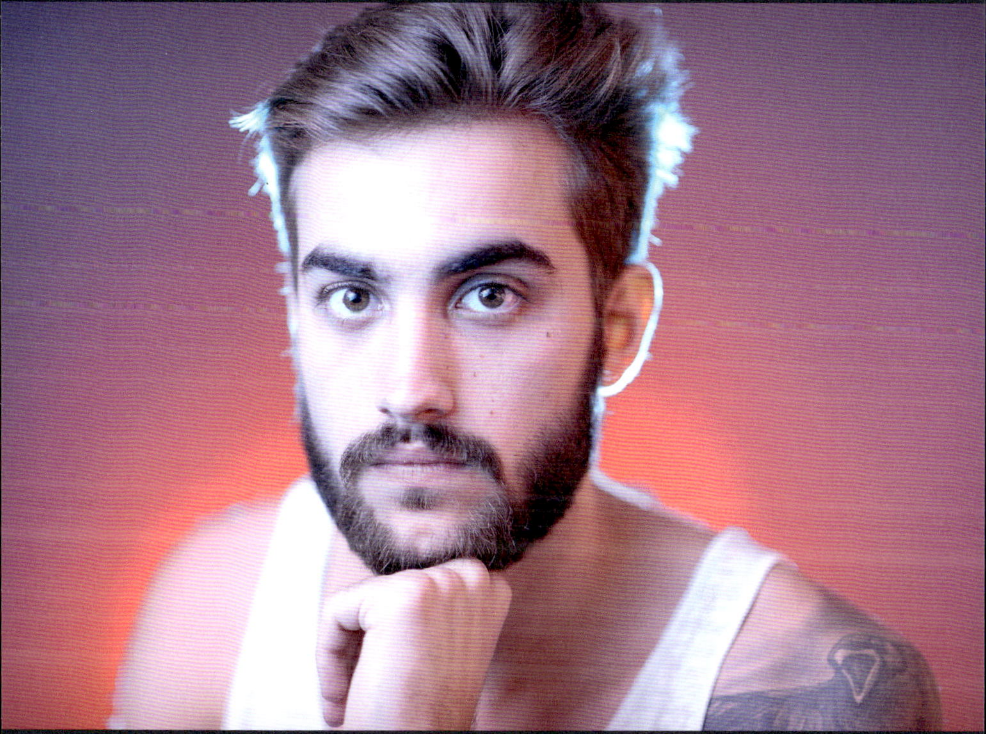

85 mm | f/1.4 | 1/250 sek | ISO 100 | Modus M

Ein Beispiel für eine High-Key-Aufnahme. High Key bedeutet, dass es in dem Foto keine wirklich dunklen Bereiche gibt und das gesamte Motiv sehr hell ausgeleuchtet ist. Die Schwierigkeit besteht darin, keine überbelichteten Bereiche im Bild zu haben. Die Blende ist bei dieser Aufnahme sehr weit geöffnet, um die Haut so zart zu zeigen. Es wurde mit drei Blitzgeräten fotografiert, wovon zwei mit Farbfolien bestückt waren.

# Viel Schatten, wenig Licht

①

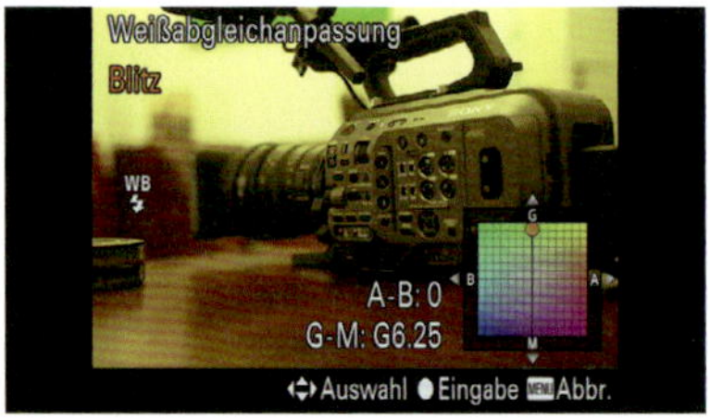


Fn-Menü Der Weißabgleich steht auf *Blitzlicht*, um eine neutrale Hautfarbe zu erzeugen. Für den cineastischen Look wurde er etwas in Richtung Grün verschoben.

②

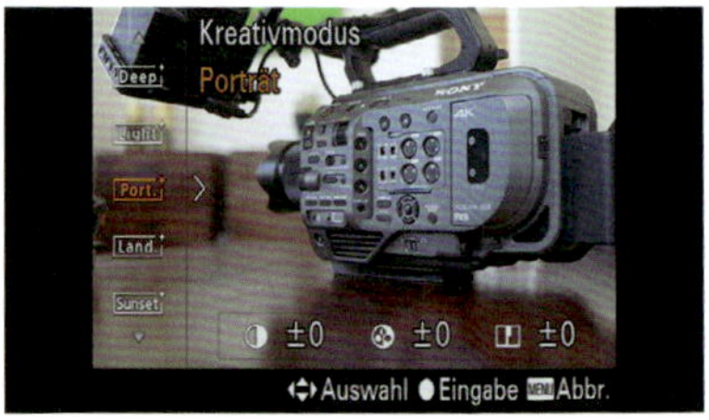


Fn-Menü Der Kreativmodus ist auch hier *Porträt*, allerdings mit starker Kontrast- und Schärfeeinstellung. Das passt besser zu dem dunklen Look des Porträts.

## STUDIOFOTOS OHNE BILDBEARBEITUNG

Da die beiden Männerporträts (hier und „Harter Kerl in weichem Licht") während einer Messe direkt auf großen Monitoren gezeigt wurden, mussten die Fotos direkt den richtigen Look haben. Der Weißabgleich und die Kreativmodi sind dafür ein sehr starkes Werkzeug. Unser Motto: Ein Foto sollte so gut wie möglich aus der Kamera kommen. Nachträgliche Bildbearbeitung kann natürlich noch viele tolle Effekte erzeugen, du solltest aber dadurch nicht deine Kameraeinstellungen vernachlässigen.

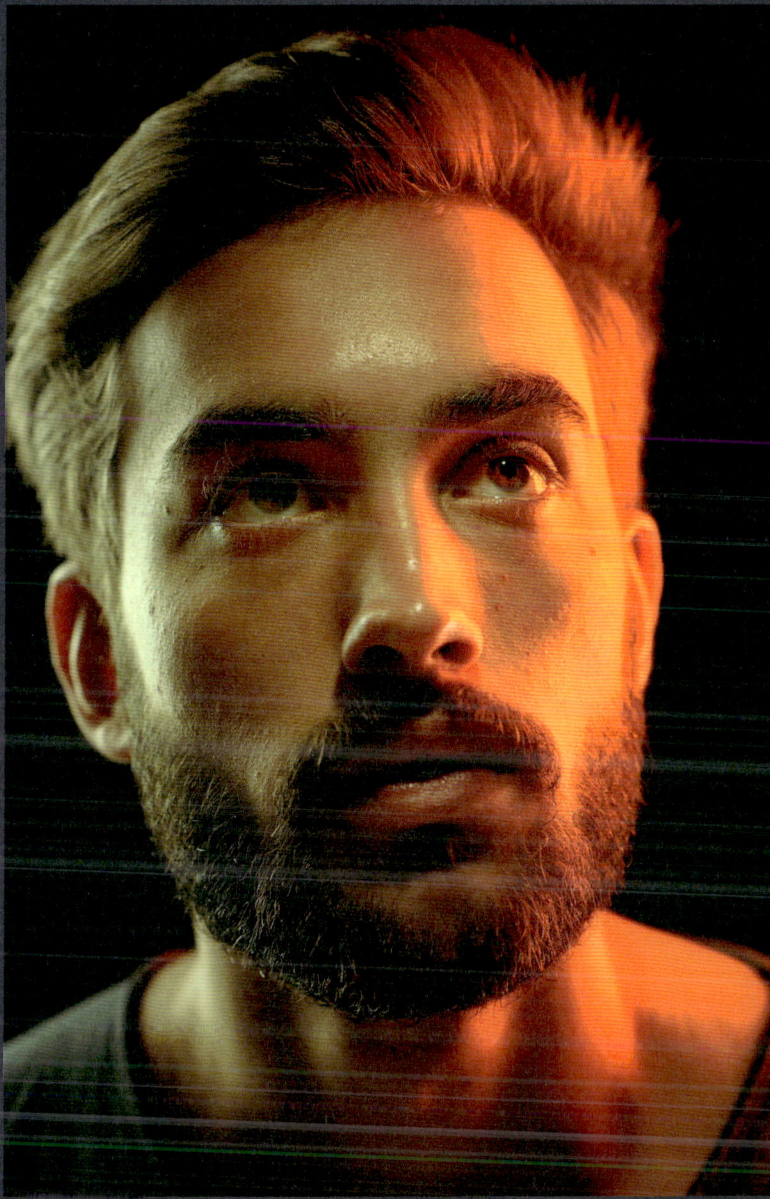

85 mm | f/4 | 1/250 sek | ISO 100 | Modus M

Hier sieht man, wie eine andere Lichtstimmung einen ganz anderen Charakter erzeugt. Das Model ist die gleiche Person wie im vorigen Workshop, aber Manuel wollte diesmal die maskuline Seite herausarbeiten. Die starken Schattenpartien im Gesicht mit den sehr sparsamen hellen Akzenten modellieren die markanten Formen des Gesichts.

# Fest des Lichts

①

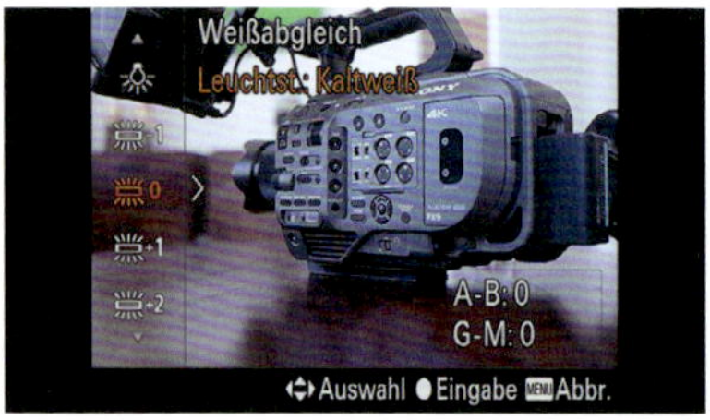


Fn-Menü Weißabgleich *Leuchtstoffröhre Kaltweiß*. Die Herausforderung war hier, den richtigen Weißabgleich einzustellen. Heutzutage wird eine Vielzahl an Lampen bei Veranstaltungen eingesetzt. Diese waren hierbei noch in verschiedenen Farben.

②

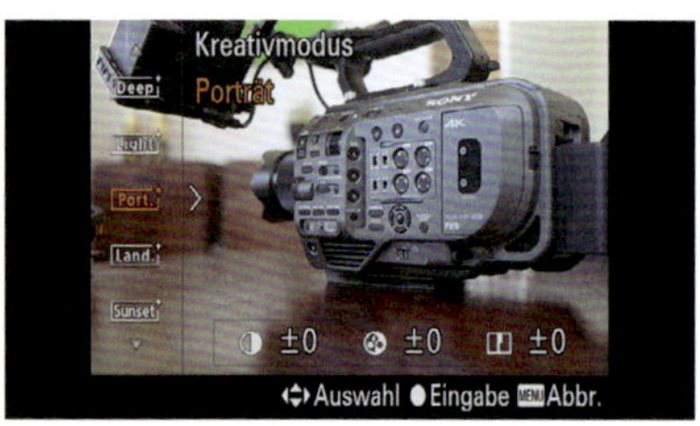


Fn-Menü Der Kreativmodus stand hier auf *Porträt*. Dadurch sind die Farben bei dem zwar gleichmäßigen, dennoch sehr kontrastreichen Licht etwas entsättigter und die dunklen Bildpartien behalten noch genug Zeichnung.

③

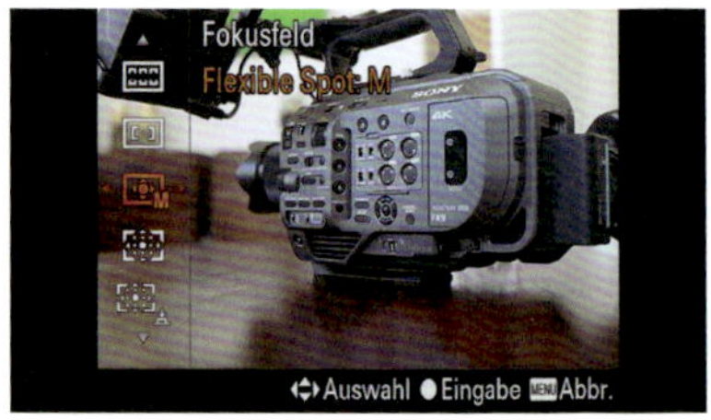


Fn-Menü Fokusfeld *Flexible Spot* oder *Augen-AF*. Am besten belegst du eine Taste für den Augen-AF, dann hast du den flexiblen Spot oder eine andere Fokusfeldoption immer in der Hinterhand, falls der Augen-AF das Auge einer anderen Person fokussieren möchte. Der Augen-AF funktioniert erst ab Generation III im AF-C.

④

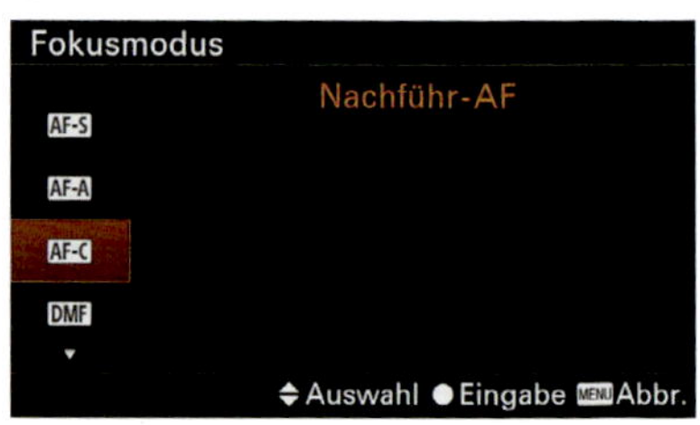


Fn-Menü Fokusmodus *AF-C*. Da sich Fotograf und Model beide in der Menschenmenge befanden, ist AF-C am besten geeignet. Aber auch AF-S kann funktionieren, wenn er gerade eingestellt sein sollte.

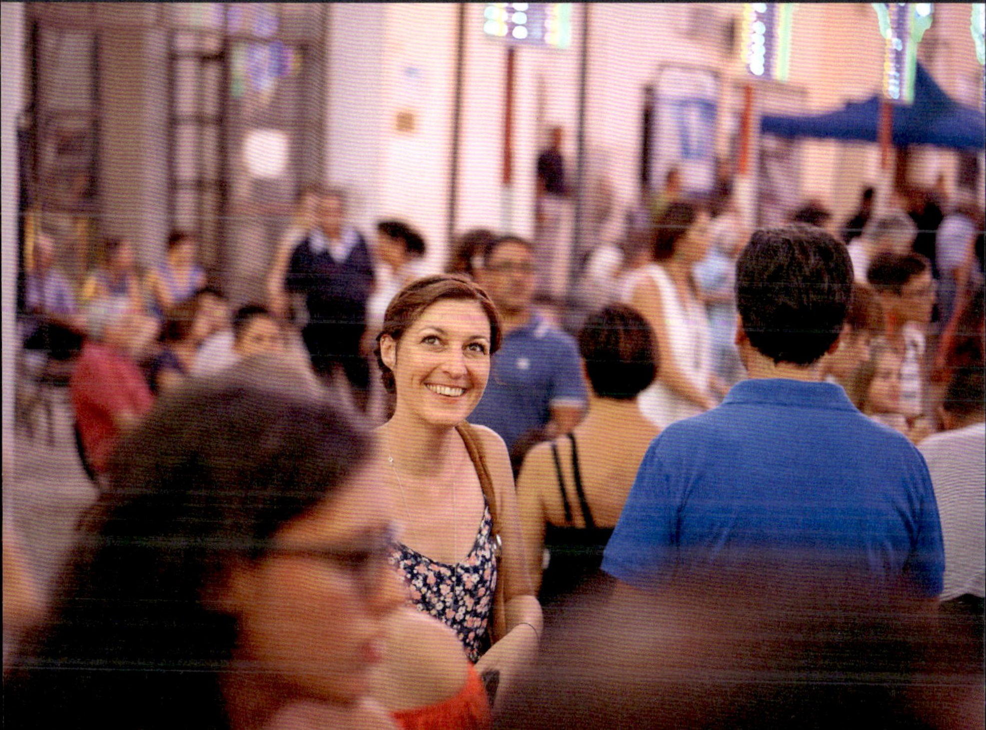

55 mm | f/2 | 1/60 sek | ISO 320 | Modus A | +0,3 EV

# Herbstlook

①

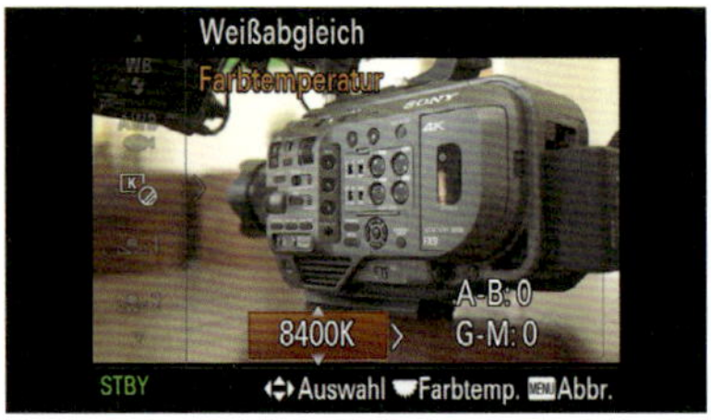


Fn-Menü Im Weißabgleich wurde der Kelvinwert, also die Farbtemperatur, manuell auf 8400 eingestellt. Manchmal bekommt man nur so den gewünschten Farbton, der hier die richtige Mischung aus warm und kalt haben soll.

②

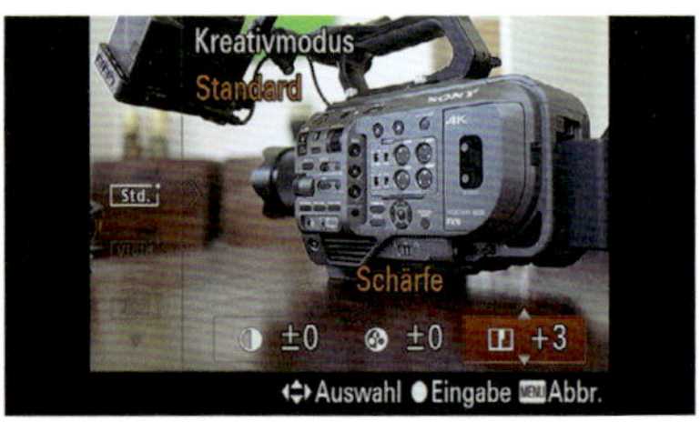


Fn-Menü Der Kreativmodus ist hier *Standard* mit erhöhter Scharfzeichnung, da vor allem die Haarsträhnen und die Lippen im Fokus liegen sollten. Standard hat eine kräftigere Kontrast- und Farbabstimmung als *Porträt*, was hier das gewünschte Ergebnis erzeugt hat.

③

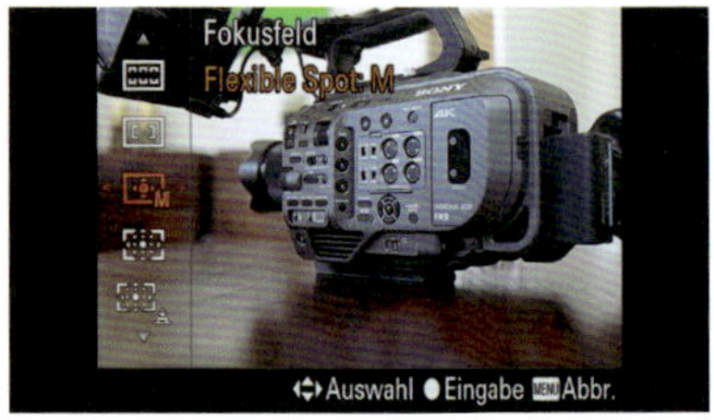


Fn-Menü Fokusfeld *Flexible Spot*. Bei diesem Porträt sollten das Gesicht oder die Augen gar nicht der schärfste Punkt im Bild sein, daher musste mit dem flexiblen Spot gearbeitet werden.

④

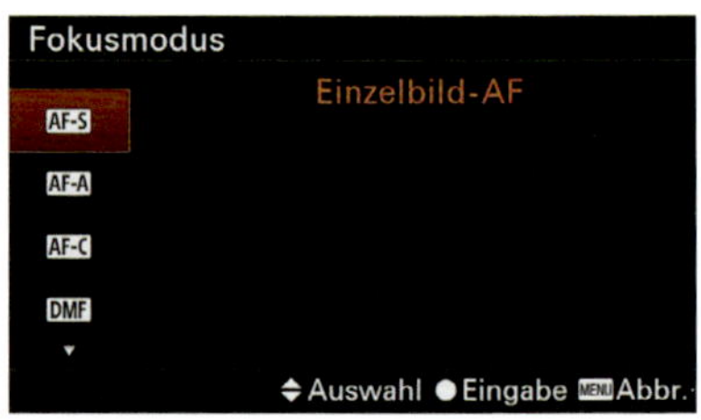


Fn-Menü Fokusmodus *AF-S* oder *AF-C* – beides funktioniert. Finde heraus, was dir besser gefällt!

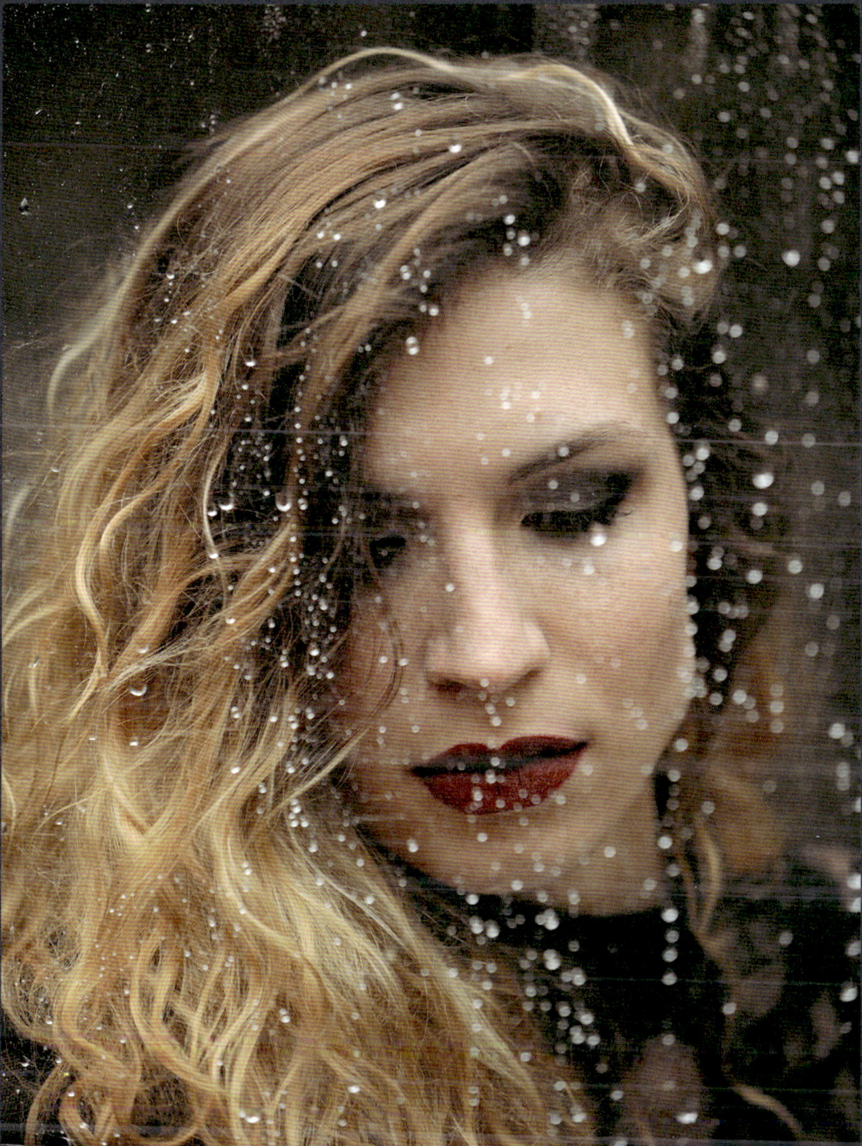

110 mm | f/2.8 | 1/125 sek | ISO 500 | Modus M

Die verträumte Wirkung des Porträts wird durch die Wassertropfen auf der Glasscheibe vor dem Gesicht des Models verstärkt. Alle Kameraeinstellungen sollten für diese Aufnahme sitzen. Dadurch dass sich die Wassertropfen schnell bewegten, war nicht viel Zeit für den richtigen Moment. Wichtig war außerdem, dass die Pose vom Model so eingehalten wurde, damit Lippen und Haare beide in der Schärfeebene lagen.

# Das Auge des Löwen

①

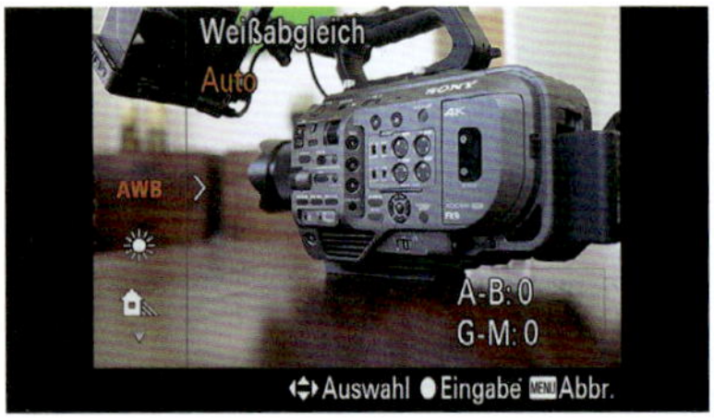


Fn-Menü Weißabgleich *Automatisch (AWB)*. Das Bild entstand am späten Nachmittag, wohl die beste Tageszeit für solch ein Foto: Auf den AWB ist zu dieser Tageszeit immer Verlass.

②

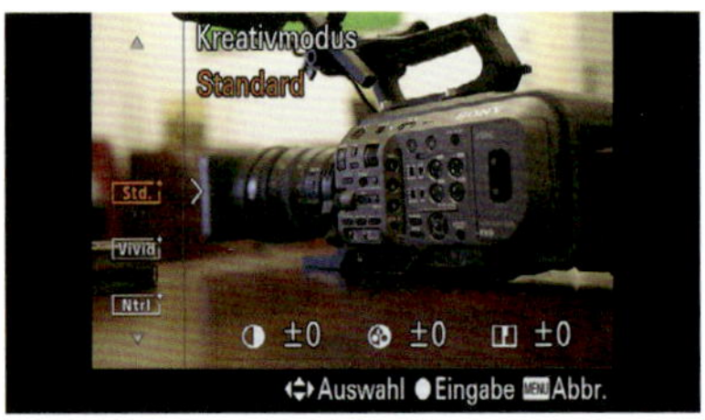


Fn-Menü Der Kreativmodus *Standard* bedeutet bei den α7-Kameras ein sehr ausgewogenes Verhältnis von Kontrast, Farbe und Schärfe.

③

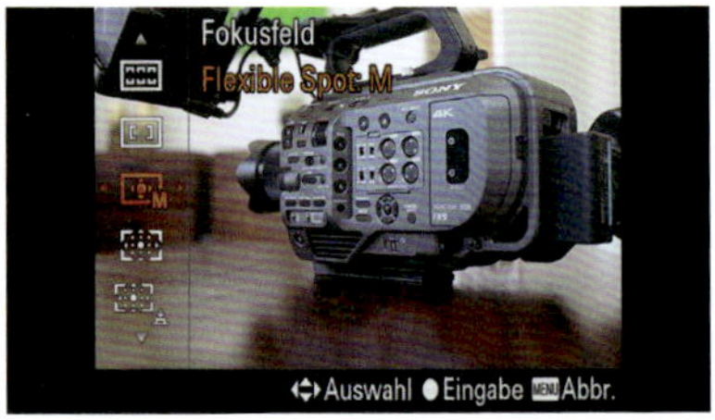


Fn-Menü Fokusfeld *Flexible Spot*. Auch bei einem Tierporträt ist das Auge der wichtigste Anhaltspunkt für den Betrachter (das Bild ist mit der α7R II ohne Tieraugen-AF entstanden).

④

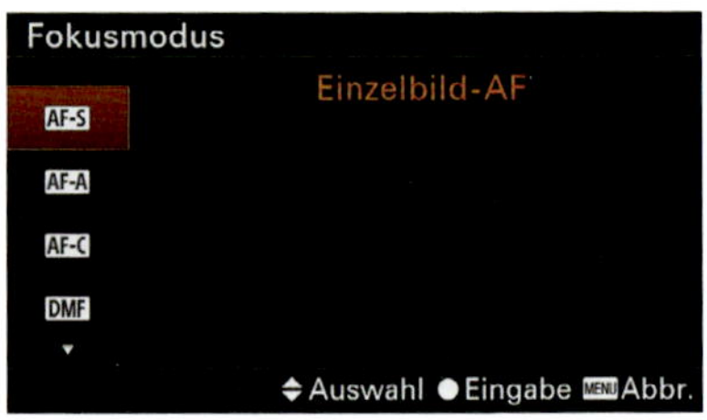


Fn-Menü Fokusmodus *AF-S*. Da keine starken Bewegungen in der Tiefe zu erwarten waren, ist dieser AF-Modus hier völlig ausreichend.

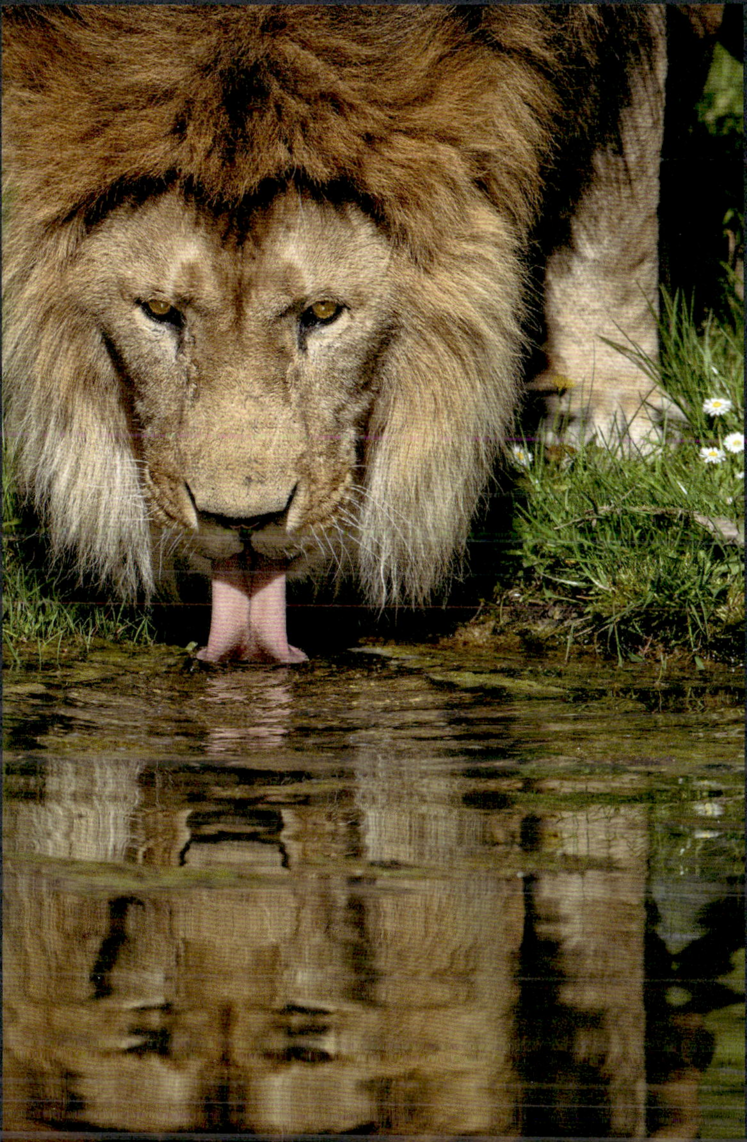

600 mm | f/6.3 | 1/1000 sek | ISO 200 | Modus S

Im Münchner Zoo hatte Stefan das Glück, diesem durstigen König ins Auge blicken zu können. Lange Brennweiten helfen, unerwünschte Bildelemente verschwinden zu lassen, und wären nicht die verräterischen Gänseblümchen, könnte man meinen, die Szene sei in freier Wildbahn entstanden. Ein wichtiger Grundsatz für die Bildaufteilung: „Raus aus der Mitte": Bildwichtige Elemente, hier die Augen, sollten in den Goldenen Schnitt gelegt werden.

# Klassisch schwarz-weiß

①

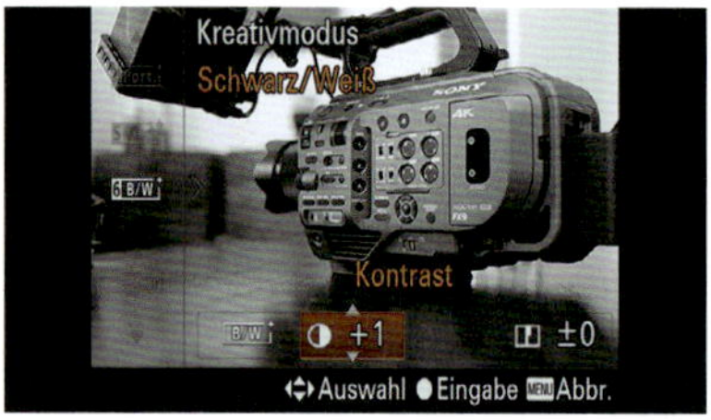


Fn-Menü Kreativmodus *Schwarz/Weiß* und *Kontrast* +1: Die Verschiebung des Kontrasts unterstützt die Ausdruckstärke. Der Kreativmodus hält sechs Slots für benutzerdefinierte Einstellungen bereit, so dass du hier einen S/W-Modus mit starken Kontrasten abspeichern kannst.

②

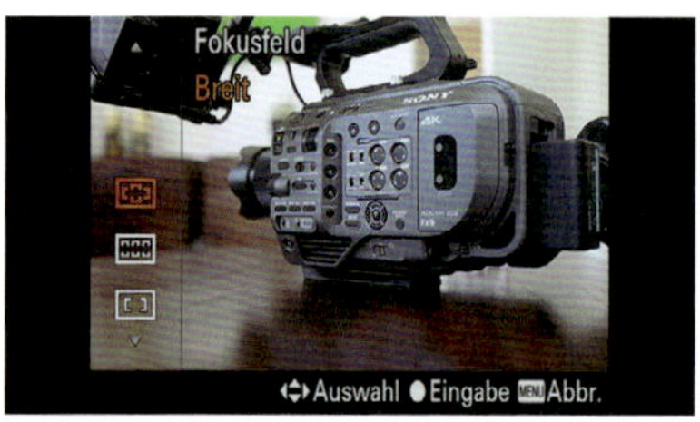


Fn-Menü Fokusfeld *Breit*. Die Tastenbelegung *Augen-AF* überschreibt alle Fokusfeldeinstellungen. Die Kamera sucht immer auf dem gesamten Bildauschnitt nach Augen.

③

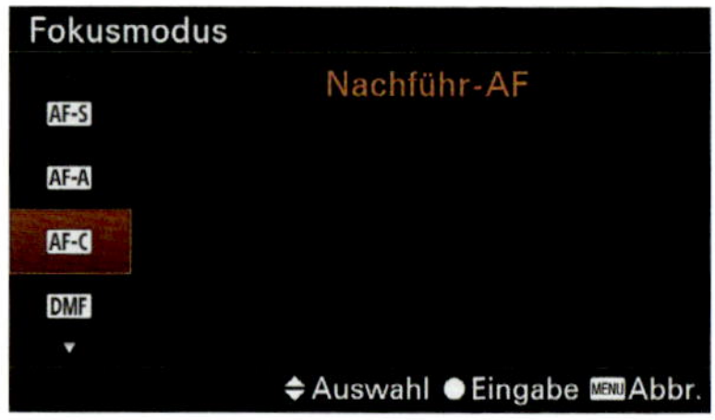


Fn-Menü Fokusmodus *AF-C*. Bei den Modellen ab der α7R II kannst du für Porträts oft den AF-C nutzen, da auch kleine Bewegungen gerade bei Offenblende die Schärfeebene des Auges verschieben können. Die Kamera korrigiert diese im AF-C permanent.

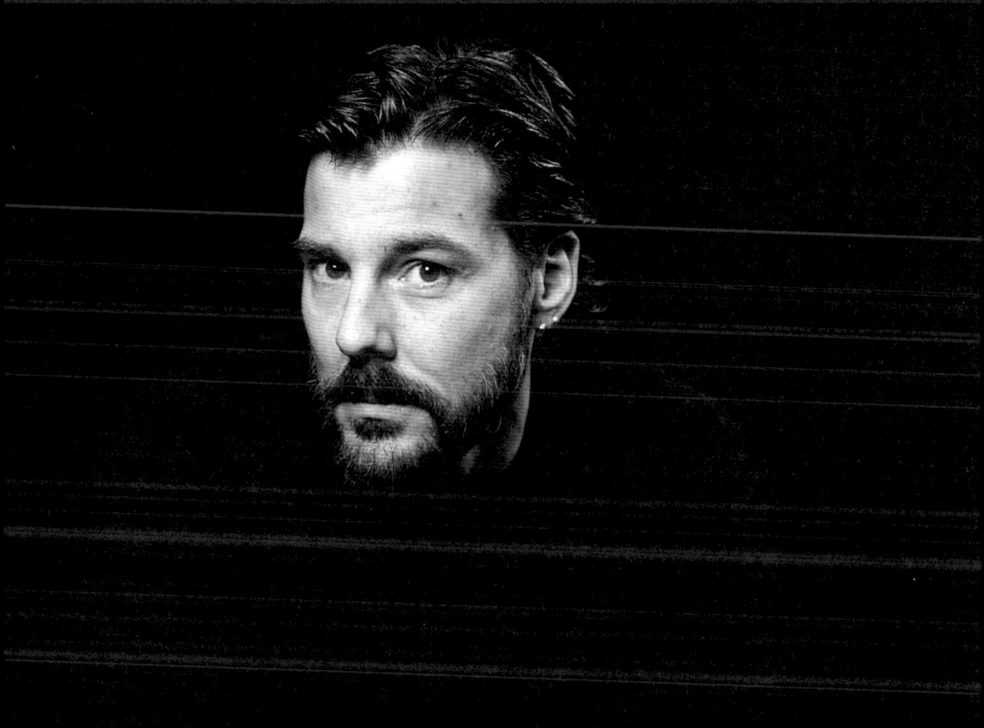

85 mm | f/4.5 | 1/160 sek | ISO 100 | Modus A | –2,7 EV

Markante Charakterporträts sind immer wieder schön anzusehen. Wer Gesichtszüge und Gestik richtig in Szene setzen will, nutzt Schwarz-Weiß. Das Model wurde hier von nur einem Dauerlicht mit einem großen Diffusor beleuchtet. Schwierig war die richtige Belichtung. Damit sich das schwarze Shirt trotzdem vom Hintergrund abhebt, musste mit Belichtungskorrektur gearbeitet werden.

# Porträt unter Fotografen

①

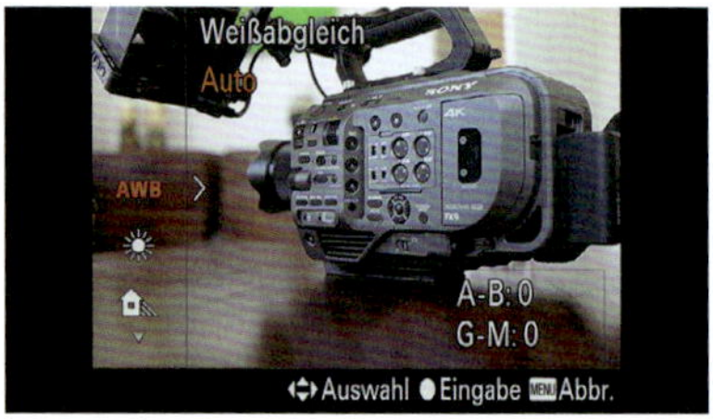


Fn-Menü Weißabgleich *Automatisch (AWB)*. Auch in dieser Mischlichtsituation mit LED und Neonlicht arbeitet der AWB sehr gut. Richtige Hauttöne sind bei Porträts entscheidend.

②

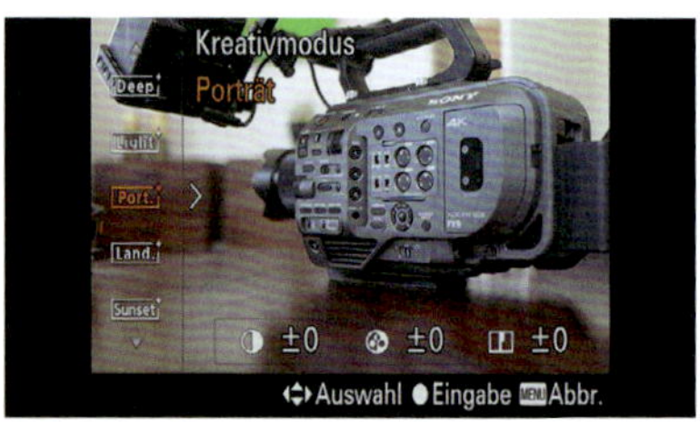


Fn-Menü Die gute Differenzierung der Gesichter ist mit dem Kreativmodus *Porträt* gewährleistet.

③

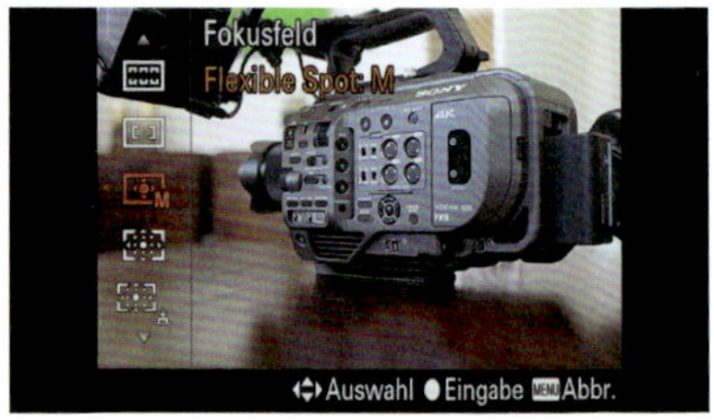


Fn-Menü Fokusfeld *Flexible Spot*. Fotos durch Glas hindurch sind nicht immer einfach, da schon kleinste Staubteilchen vom Autofokus erkannt werden können. Hier gehen wir den sichersten Weg über den flexiblen Spot.

④

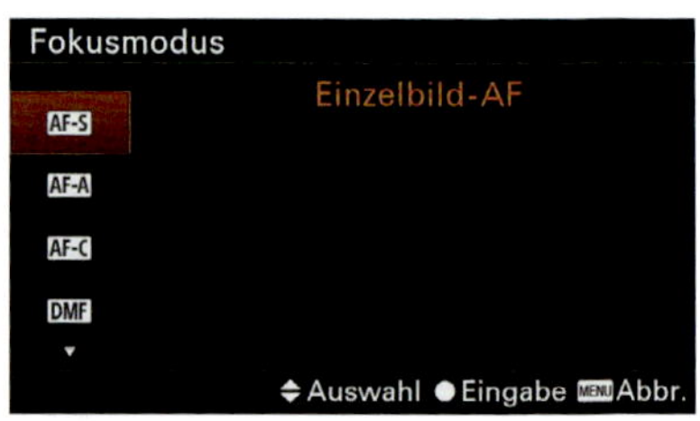


Fn-Menü Fokusmodus *AF-S*. Damit der Fokus nicht plötzlich auf die Glasscheibe fokussiert, wurde er ganz bewusst ausgewählt.

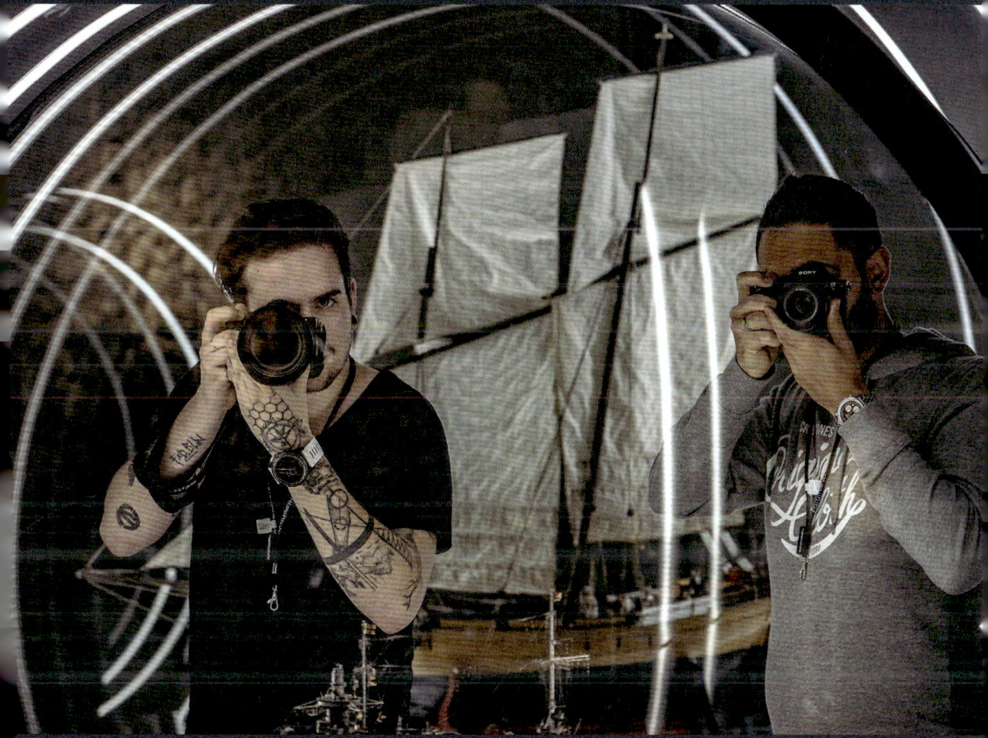

87 mm | f/4.5 | 1/60 sek | ISO 2500 | Modus A

Fotografen porträtieren sich natürlich immer mit ihrem liebsten Stück. Ein Kollege (links) gab hier im Technikmuseum in Berlin ein sehr schönes Motiv ab. Stefan nutzte die vielen Spiegelungen als Rahmung und war mit dem 70–200-mm-Objektiv sehr flexibel, was den Bildausschnitt anging: Auch mit einem Tele kann man sehr gut bei höheren Brennweiten freistellen.

# Sommer macht glücklich

①

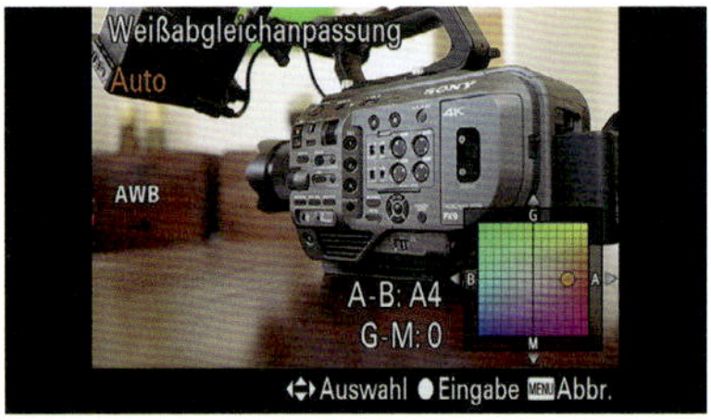


Fn-Menü Weißabgleich *Automatisch (AWB)*. Porträts zur Mittagszeit sind schwierig, da viel kurzwelliges blaues Licht die Atmosphäre passieren kann. Eine Verschiebung der Feinjustierung in Richtung Rot schafft Abhilfe.

②

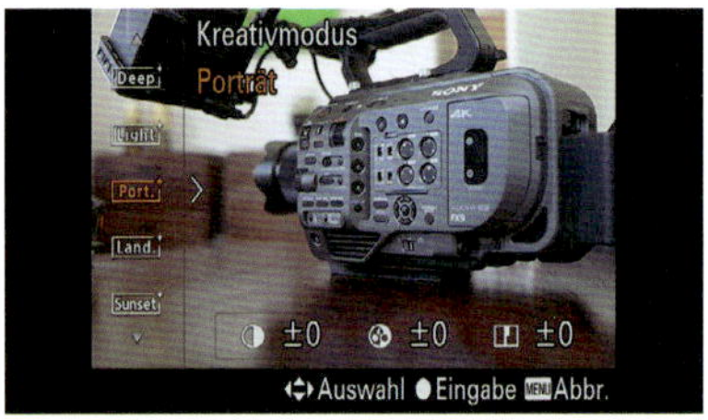


Fn-Menü Kreativmodus *Tief*. Zusätzlich zum blauen Licht steht die Sonne sehr hoch und sorgt für dunkle Augenhöhlen ohne Catchlights in den Augen. Die leichte Reflexion der Wasseroberfläche wird diesem Kreativmodus sichtbar gemacht.

③

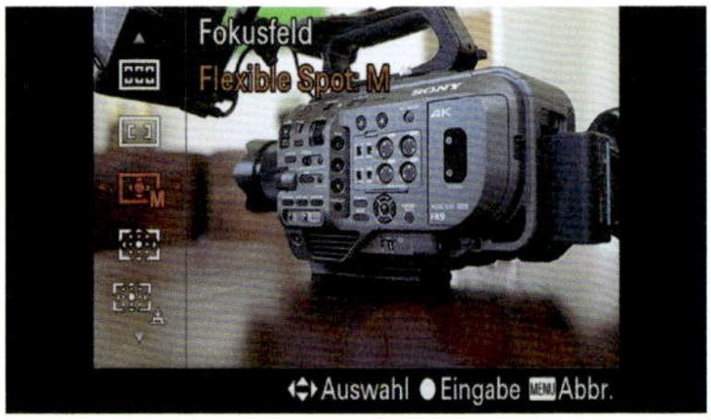


Fn-Menü Fokusfeld *Flexible Spot* mit Gesichts-/Augenpriorität: Ab der α7 III werden Augen innerhalb eines Fokusfelds schon beim halben Drücken des Auslösers erkannt – und das auch bei Haarsträhnen vor dem Auge.

④

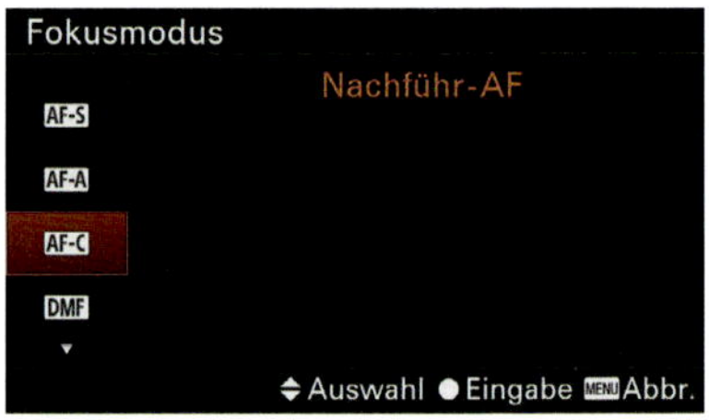


Fn-Menü Fokusmodus *AF-C*. Bei Kindern sind AF-C und Augenerkennung fast immer ein unschlagbares Team. Falls bei deiner Kamera der AF-C noch nicht mit dem Augen-AF funktioniert, schalte auf *AF-S*.

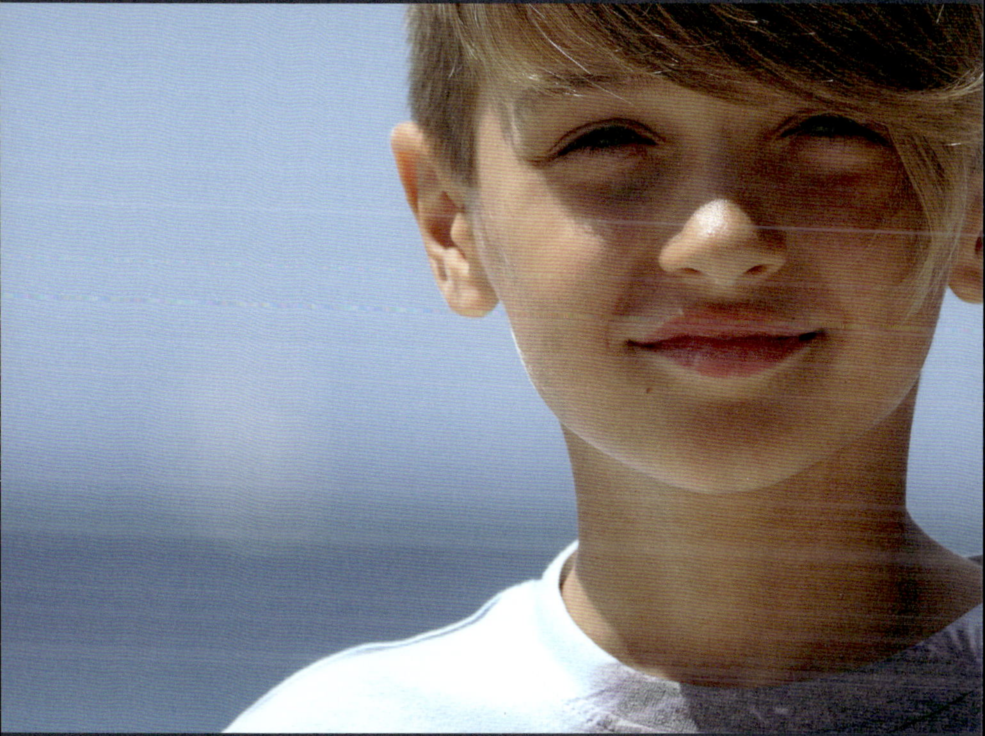

440 mm | f/8 | 1/500 sek | ISO 160 | Modus S

Ein Porträt mit sehr starkem Anschnitt. Das ist erlaubt: Moderne Porträts zeichnen sich oft durch einen mutigen Schnitt aus. Bei diesem Close-up war es Stefan allerdings wichtig, dass der Haaransatz noch sichtbar ist. Close-ups können am besten mit längeren Brennweiten erzielt werden, hier etwa mit einem 100–400 mm-Tele mit Telekonverter.

# ARCHITEKTUR

Bei der Architekturfotografie kommt es sehr auf Linien und Formen an. Deswegen solltest du immer auf sie achten. Meistens sollten waagerechte Linien im Bild auch absolut gerade sein, manchmal dürfen sie aber auch gewollt ganz schräg sein. Verschiedene Beispiele findest du in den folgenden Workshops.

Im Idealfall benutzt du für diese Art der Fotografie ein Stativ. Nicht nur, um lange Verschlusszeiten scharf fotografieren zu können, es profitiert auch die Bildkomposition, also die schon erwähnten Linien und Formen. Aber auch hier gilt: keine Regel ohne Ausnahme. Du findest in diesem Kapitel auch Freihandaufnahmen. Und dank der immer lichtempfindlicheren Sensoren kannst du die ISO-Werte auch mal etwas höher schrauben.

Bei Architekturfotografie denkt man sofort an Weitwinkel, damit man alles aufs Bild bekommt, aber auch Ausschnitte eines Gebäudes können sehr interessant sein, weil sie nicht gleich alles offenbaren. Du kannst also auch ohne Weitwinkelobjektiv schon mal in dieses Genre hineinschnuppern.

**Die Grundeinstellungen:**

- Auch bei der Fotografie von Architektur und Gebäuden kommt es wieder einmal auf die Schärfentiefe an. Deswegen ist auch hier der **Modus A** eine gute Wahl. Aber wie bei der Landschaftsfotografie hast du meistens Zeit und kannst auch **Modus M** benutzen.
- In der Regel willst du das gesamte Gebäude scharf abbilden: von ganz vorne bis ganz hinten. Da sind **Blendenwerte von f/8 und aufwärts** meist die richtige Wahl. Achte aber darauf, die Blende nicht ganz (auf z. B. f/22) zu schließen: In der Fotografie gibt es optische Besonderheiten, in diesem Fall die sogenannte Beugungs-

unschärfe. Das bedeutet, wenn du die Blende ganz schließt, wird dein Foto etwas unschärfer. Daher bleibst du am besten unter dem höchstmöglichen Blendenwert.

- Damit deine **Tiefenschärfe** aber bei diesen Blendenwerten ausreicht, musst du sehr genau scharfstellen. Bei dieser Art der Fotografie kannst du die Fokusmodi **MF** und **DMF** üben. Das geht entweder über die Fokusvergrößerung oder du stellst dir im Menü die Kantenanhebung ein. Es gibt also auch hier wieder mehrere Wege, zu einem guten Ergebnis zu kommen.
- Mit „falschen" **Weißabgleicheinstellungen** kannst du die Farben, gerade bei abstrakten Architekturfotos, stark beeinflussen.

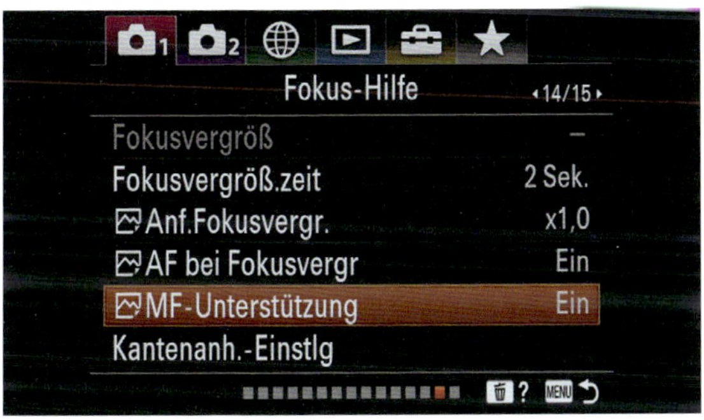


Für die Fokusvergrößerung muss dieser Menüpunkt aktiviert sein

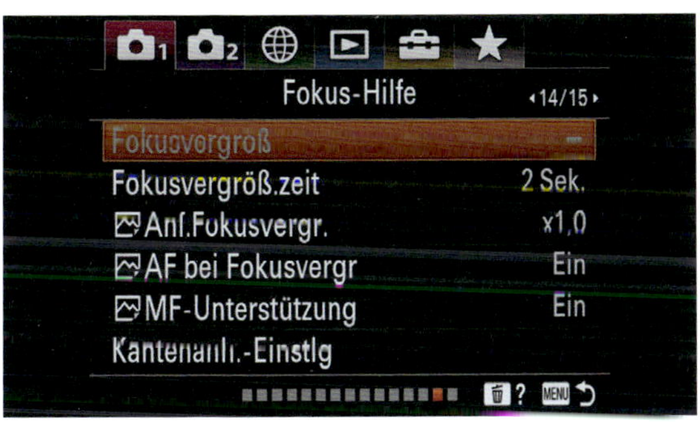


Hier kannst du die Fokusvergrößerungsdauer einstellen

# Bonbonbunte Wolkenkratzer

①

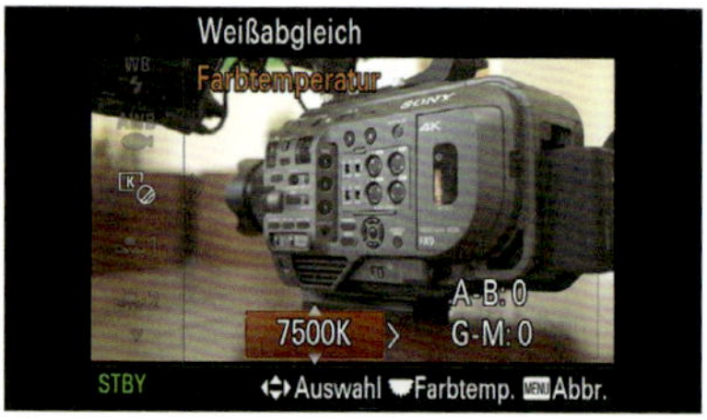


Fn-Menü Über den Weißabgleich kannst du genau die Einstellung finden, die dir vorschwebt. Im Alltag ist das meist zu zeitaufwendig, aber für ruhige Motive eine tolle Option. Der gewählte Kelvinwert von etwa 7500 ist für den Schattenbereich neutral, aber die in der Sonne liegenden Bildteile werden sehr warm wiedergegeben.

②

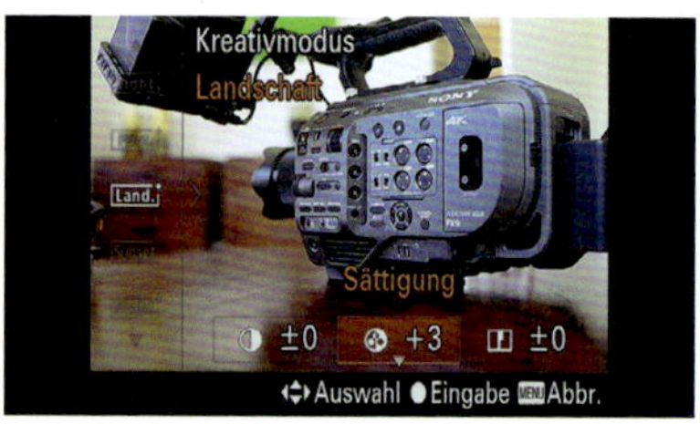


Fn-Menü Kreativmodus *Landschaft* könnte auch „Architektur" heißen. Beide Genres brauchen knackige Schärfe und können starke Kontraste vertragen. Die Sättigung ist hier sehr hoch, kann für andere Looks aber auch mal niedriger eingestellt werden.

③

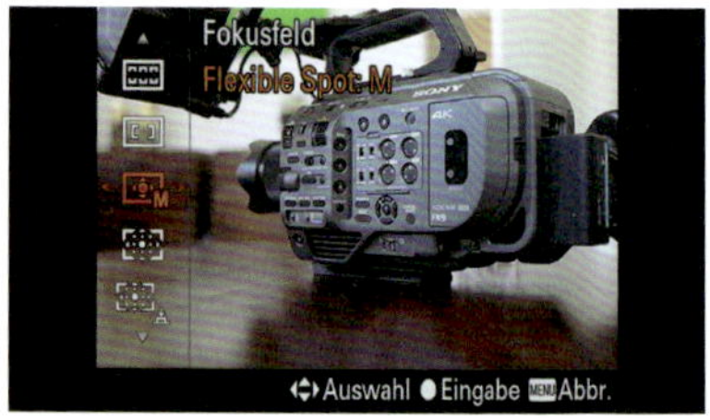


Fn-Menü Fokusfeld *Flexible Spot*. Die Tiefenschärfe sollte hier gleichmäßig über die beiden vorderen Gebäude verlaufen. Dafür musst du die richtige Ebene im unteren Drittel des Bildes finden.

④

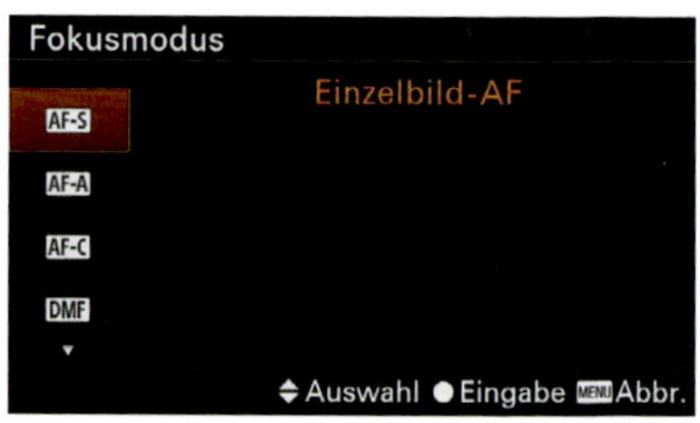


Fn-Menü Da dieses Foto aus der freien Hand geschossen ist, ist Fokusmodus *AF-S* am einfachsten. *MF* oder *DMF* funktionieren auch gut.

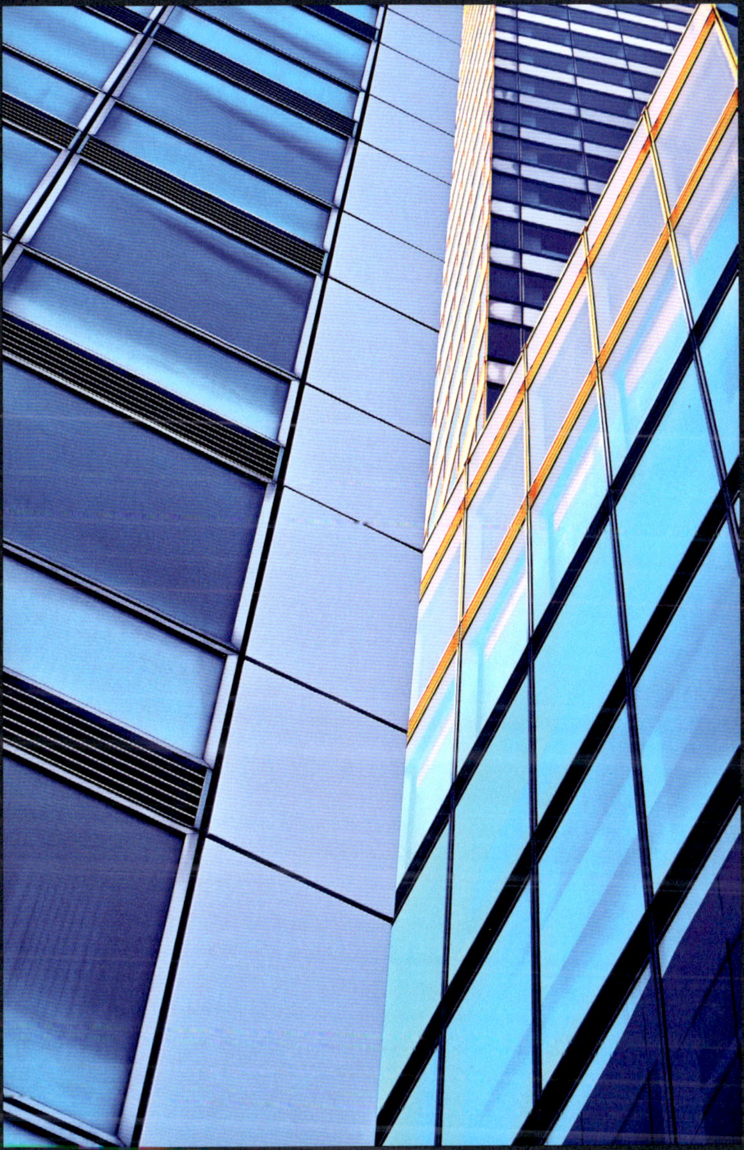

110 mm | f/11 | 1/100 sek | ISO 400 | Modus M

Ein abstraktes Foto einer Hochhausansammlung. Dieses Bild besteht nur aus Linien und farbigen Flächen. Da du Hochhäuser sowieso niemals gerade fotografieren kannst, solltest du die Fluchtlinien als Gestaltungsmittel nutzen und sie bewusst im Bild anordnen. Die Abendstimmung sorgte für den knallbunten Kontrast aus Blau- und Orangetönen.

# Goldene Stunde

①

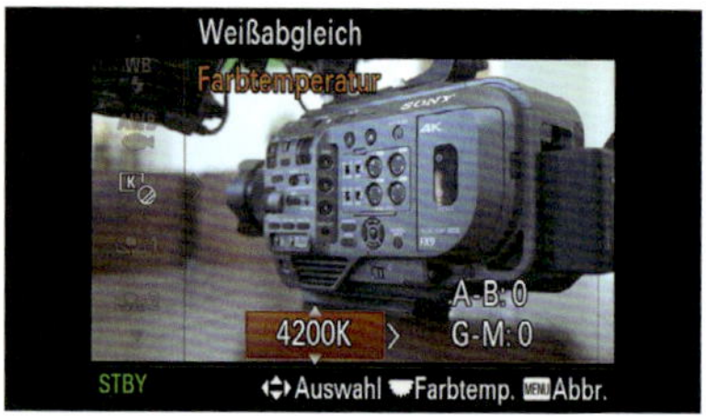


Fn-Menü Weißabgleich: Der niedrigere Kelvinwert sorgt für golden-warme Farbtöne der Fassaden in der Abendsonne.

②

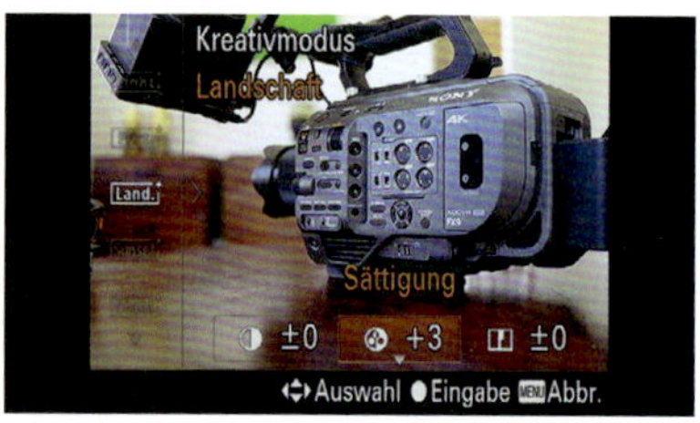


Fn-Menü Kreativmodus *Landschaft*. Die Einstellung des Kreativmodus für knackige Schärfe und starke Kontraste.

③

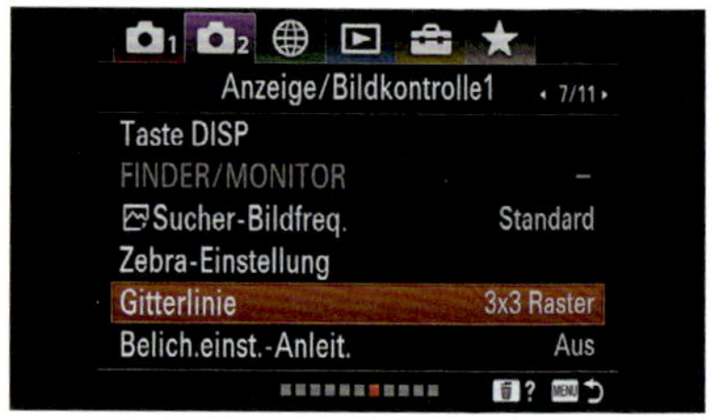


Menü Die *Gitterlinien* helfen, um die Formen der Gebäude und die Schnittpunkte der Linien im Bild anzuordnen.

④

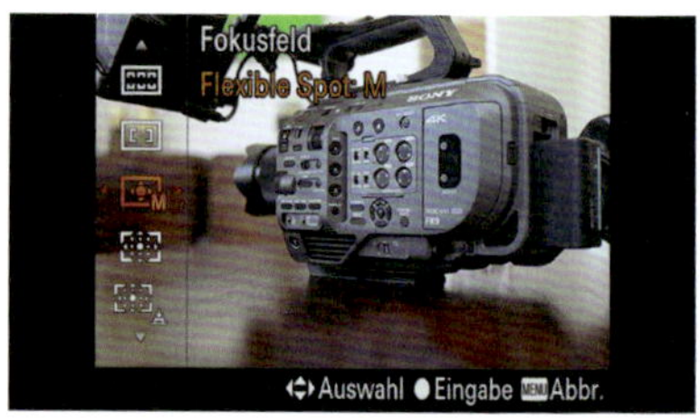


Fn-Menü Fokusfeld *Flexible Spot*. Der für die Schärfe wichtigste Bildbereich ist in diesem Fall die Glasfassade rechts im Bild, wo auch fokussiert wurde.

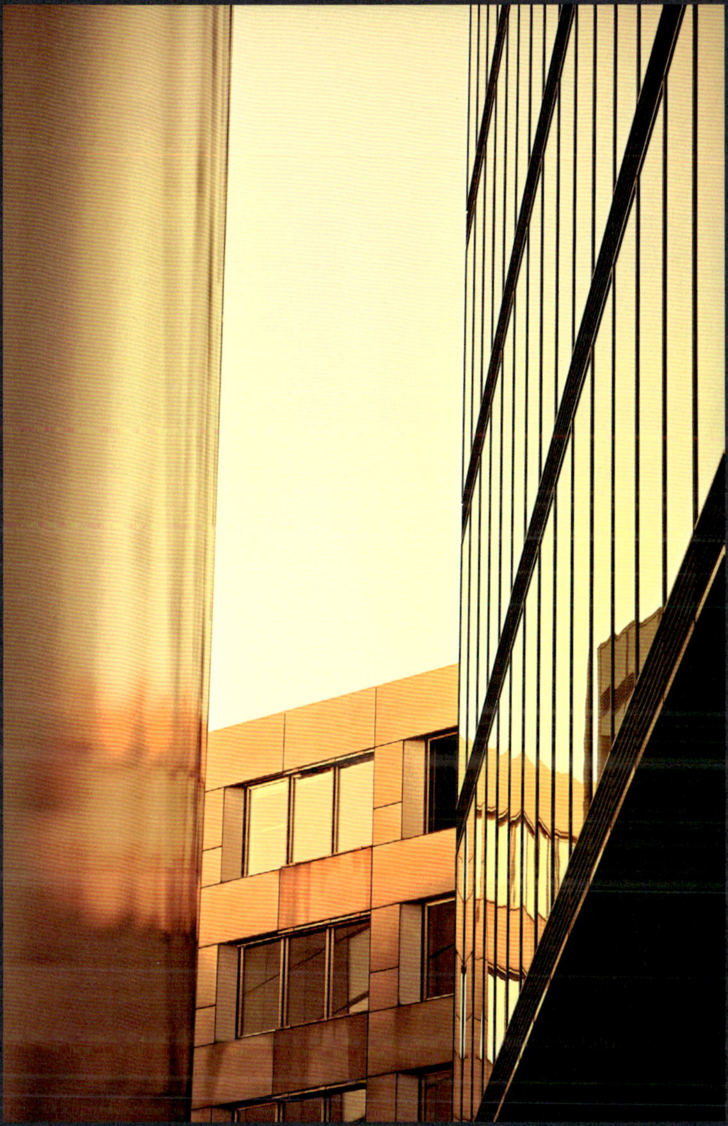

90 mm | f/8 | 1/80 sek | ISO 100 | Modus M

Dieses Foto entstand am gleichen Abend wie „Bonbonbunte Wolkenkratzer". Nur der Weißabgleich wurde etwas verändert und zeigt im Bildausschnitt andere Teile des gleichen Gebäudekomplexes. Auch dieses Foto ist dank der Sensorstabilisierung ohne Stativ fotografiert. Die Tiefenschärfe ist nur scheinbar gering, da die Fassade links im Bild durch die matte Struktur unscharf wirkt. Die Belichtung wurde manuell sehr dunkel gehalten, um die hohe Sättigung in den Fensterscheiben zu erreichen und die rechte untere Bildecke nicht zu stark zu betonen.

# Wellen

①

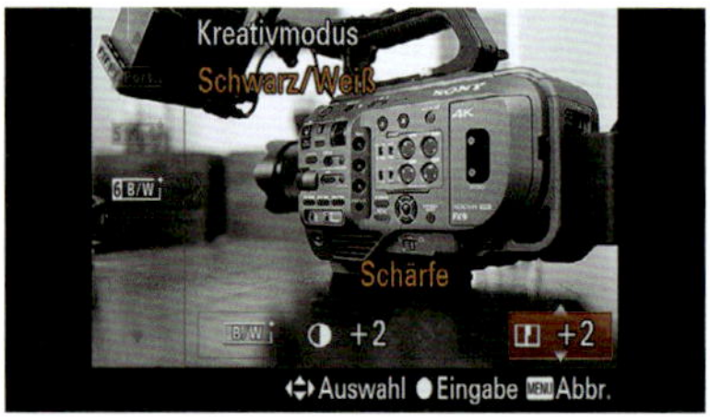


Fn-Menü Der Kreativmodus *Schwarz-Weiß* mit erhöhten Werten für die Schärfe und den Kontrast sorgt für die grafische Bildwirkung.

②

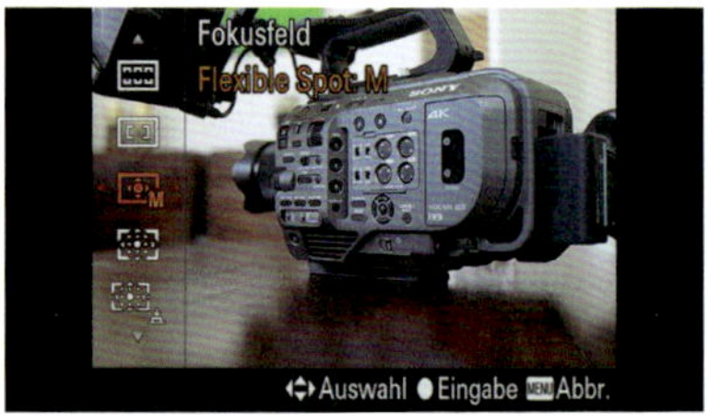


Fn-Menü Fokusfeld *Flexible Spot*. Das hintere hohe Gebäude wurde scharfgestellt, somit sind auch die Spiegelungen in den Fensterscheiben rechts scharf, die Fassade allerdings nicht.

## GENAUE BELICHTUNG TROTZ RAW-FORMAT

Um deine Fotos auch nachträglich noch in gute S/W-Aufnahmen umwandeln zu können, solltest du immer gut belichten. Entweder machst du mehrere Aufnahmen mit der Belichtungskorrektur, wenn du in A, S oder P fotografierst, nimmst verschiedene Verschlusszeiten oder Blendenwerte im Modus M oder nutzt das Histogramm zur besseren Beurteilung.

Das ist besonders wichtig, wenn du im JPEG arbeitest, aber auch im RAW sind die Möglichkeiten der nachträglichen Korrektur nicht grenzenlos: Ein gutes Ausgangsfoto ermöglicht dir mehr kreativen Spielraum bei der Nachbearbeitung.

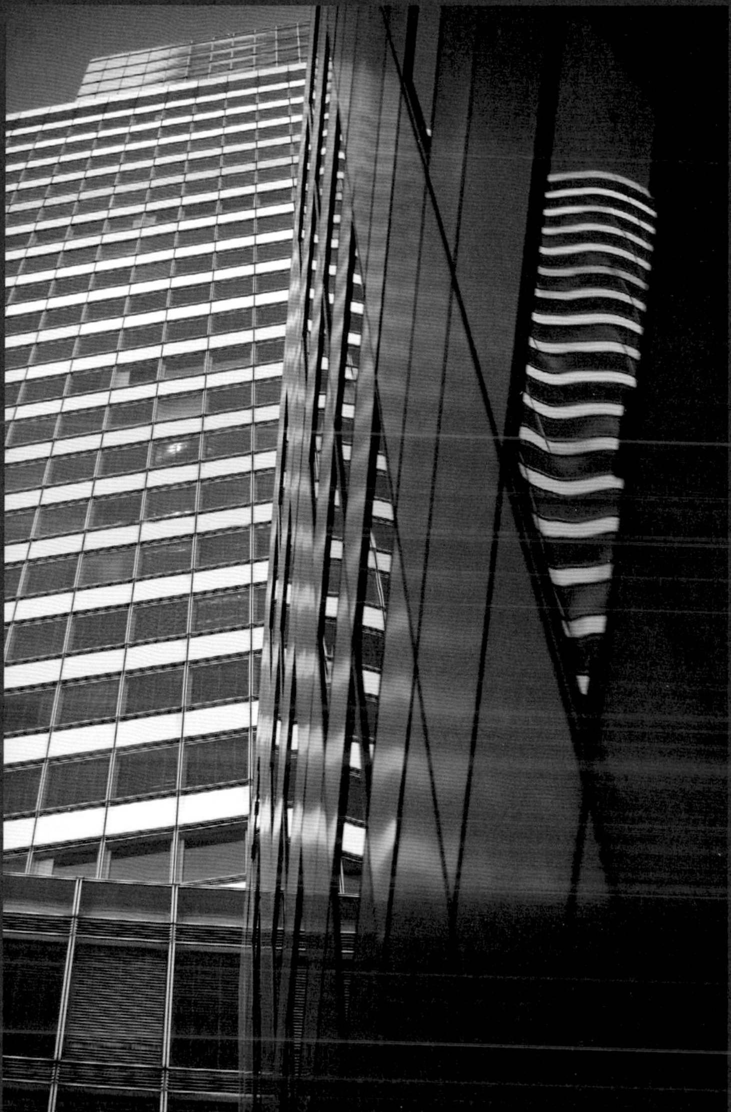

75 mm | f/6.3 | 1/125 sek | ISO 320 | Modus M

Diese Aufnahme der Gebäuderückseite zeigt, wie viele Variationen man von ähnlichen Motiven fotografieren kann. Die Belichtung ist auch hier wieder eher dunkel gehalten, um keinesfalls die weißen Flächen auf dem höchsten Gebäude überstrahlen zu lassen. Das ist besonders wichtig bei Schwarz-Weiß-Aufnahmen, da sie besonders von der Zeichnung und Struktur leben. Im Schwarz-Weiß-Kreativmodus kann man die Kontraste gleich beim Fotografieren beurteilen. Wenn du dabei das RAW-Bildformat benutzt, kannst du die Fotos später auch verlustfrei in Farbfotos umwandeln.

# Das Zeitportal

①

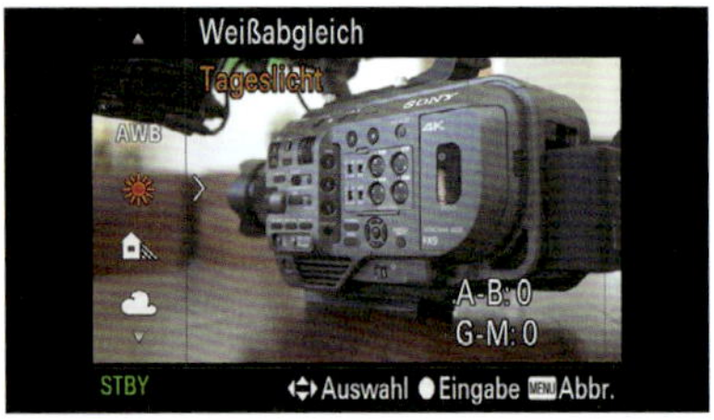


Fn-Menü Weißabgleich *Tageslicht*, um die Reflexionen und die Lichter schön warm darzustellen.

②

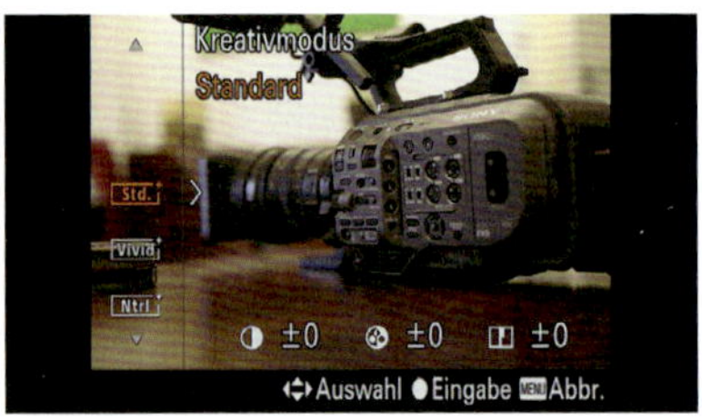


Fn-Menü Kreativmodus *Standard* – ein ausgewogenes JPEG gefällt uns hier am besten.

③

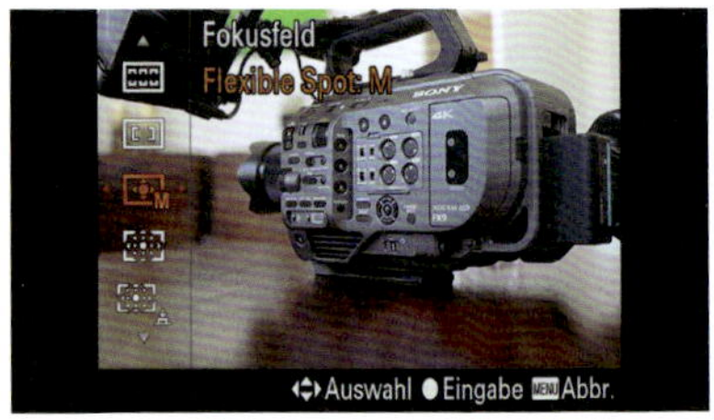


Fn-Menü Fokusfeld *Flexible Spot*, auf das Fenstergitter der Tür gelegt, denn hier soll das Auge des Betrachters zuerst hingelenkt werden.

④

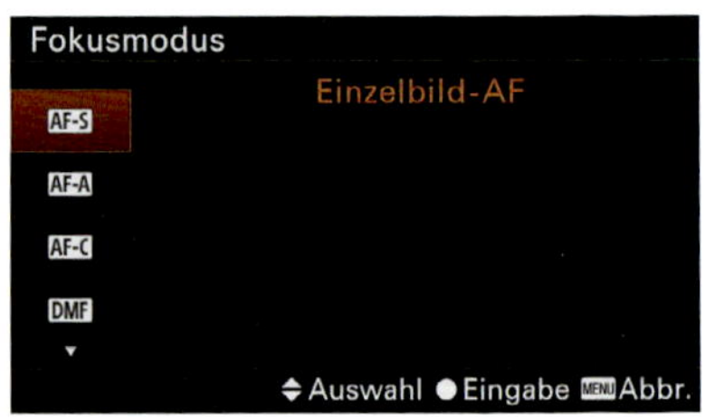


Fn-Menü Fokusmodus *AF-S*. Ein solches „Stillleben" lässt sich sehr präzise mit dem Einzelbild-Autofokus scharfstellen, da nicht die Gefahr besteht, dass der Fokus kurz vor der Aufnahme nochmals korrigiert, wie es im AF-C der Fall sein könnte.

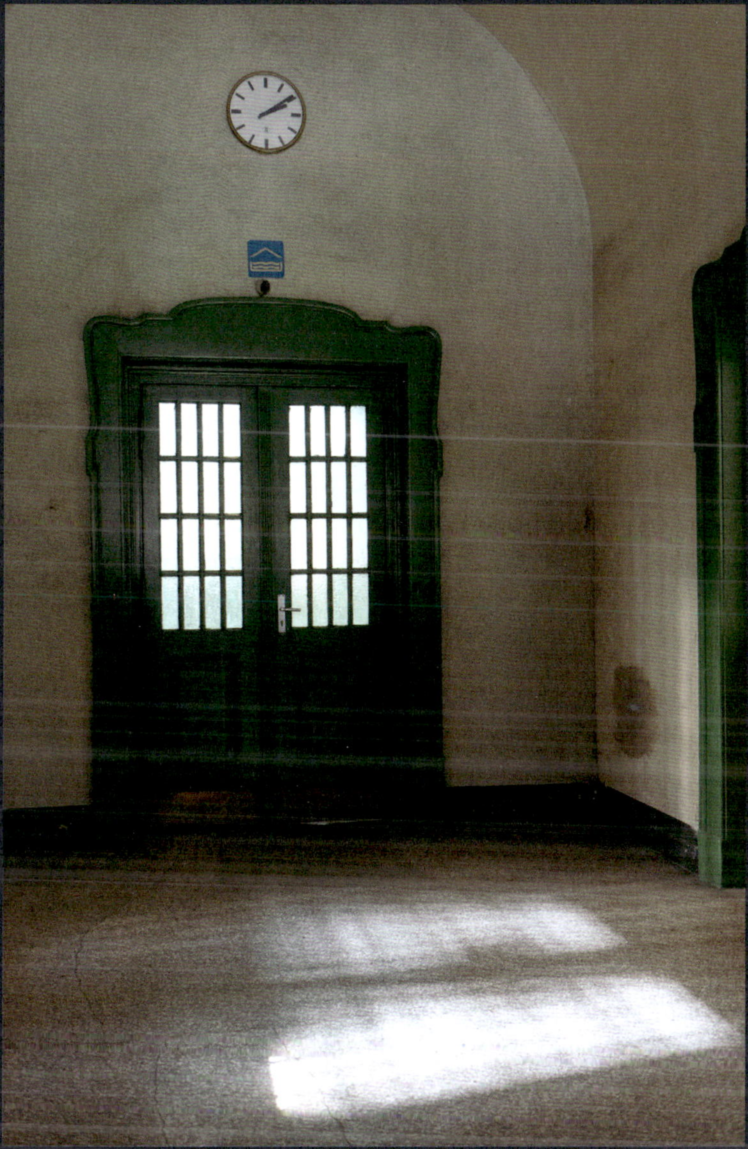

35 mm | f/2.8 | 1/60 sek | ISO 3200 | Modus A

Das ehemalige Stadtbad Kreuzberg in Berlin war 2016 nur für einen Sportverein und einige Fotografen zugänglich, mittlerweile ist es vollständig geschlossen. Der Jugendstil-Charme der vorletzten Jahrhundertwende zieht einen sofort in den Bann, und man fühlt sich in eine frühere Zeit versetzt.

# Grand Phare

①

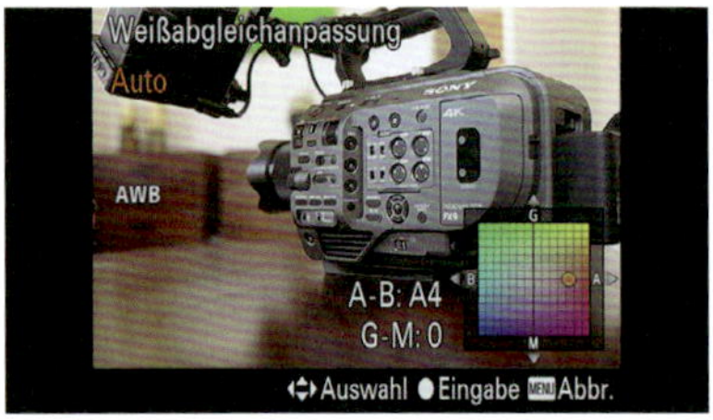


Fn-Menü Weißabgleich *AWB* mit Feinjustierung Richtung Rot. Wieder ein Bild, das gegen Mittag entstanden ist, deshalb die leichte Verschiebung in den roten Bereich.

②

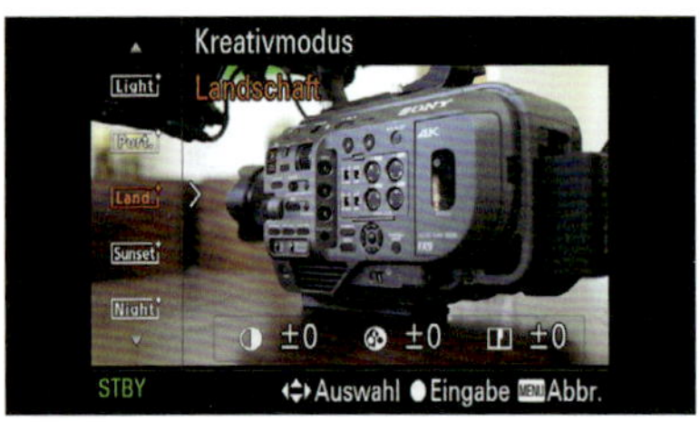


Fn-Menü Kreativmodus *Landschaft*. Schärfe, Sättigung und Kontrast werden erhöht und Himmel und Stein erscheinen klarer. *Landschaft* ist übrigens für alle Naturaufnahmen mit Himmel empfehlenswert.

③

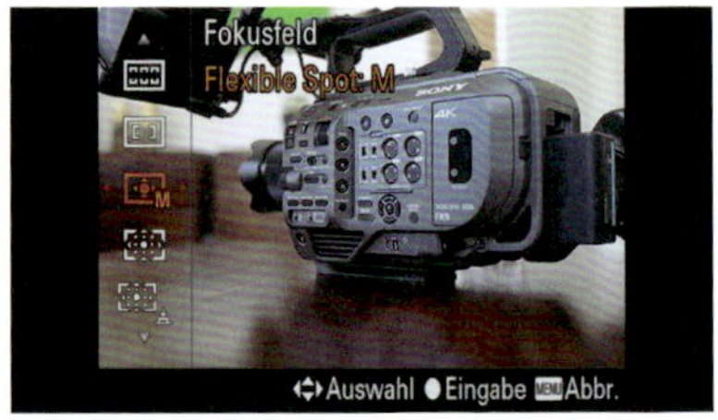


Fn-Menü Fokusfeld *Flexible Spot*. Die Scharfstellung erfolgte auf den Naturstein des Leuchtturms, um eine leichte Unschärfe an der Boje zu bekommen und Tiefe zu erzeugen.

④

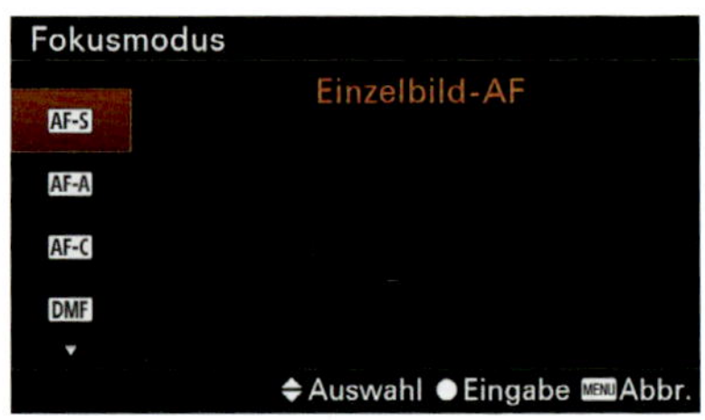


Fn-Menü Fokusmodus *AF-S*. Auch hier ist der Einzelbild-Autofokus zu empfehlen. Stillleben sind schon nach kurzer Übung schnell und einfach zu fokussieren.

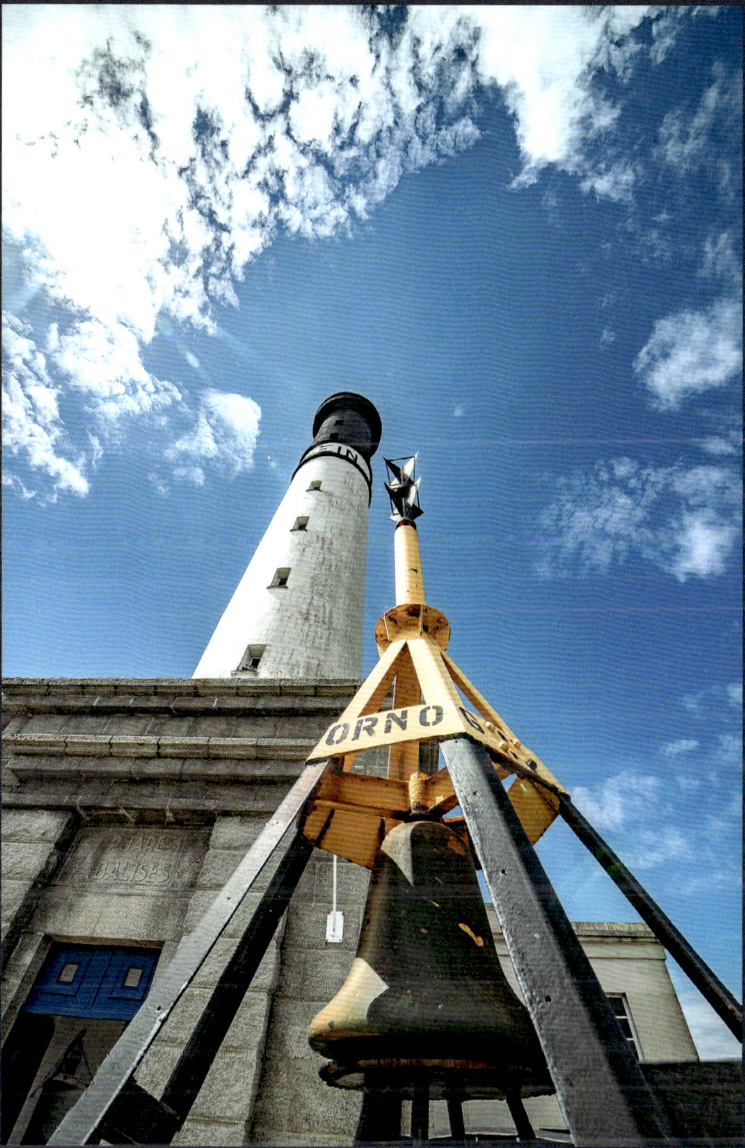

14 mm | f/8 | 1/3200 sek | ISO 100 | Modus A

Die Île de Sein mit dem Leuchtturm Grand Phare de l'Île de Sein am westlichsten Zipfel der Finistère in der Bretagne. Um die Größe zu betonen, wurde hier mit einem 14-mm-Weitwinkel untersichtig eine extreme Perspektive gewählt. Der Leuchtturm wirkt dadurch, als sei er kilometerhoch.

# Unter Tage

①

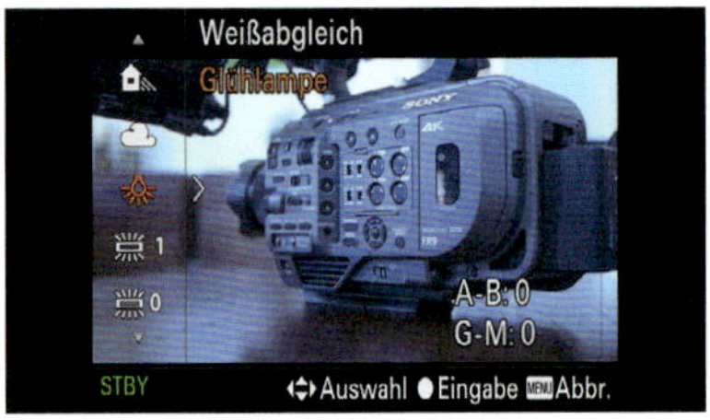


Fn-Menü Weißabgleich *Glühlampe*. Hier haben wir nichts dem Zufall überlassen. Die Lichtquelle war offensichtlich und die Maßgabe war, keine Automatik zu nutzen.

②

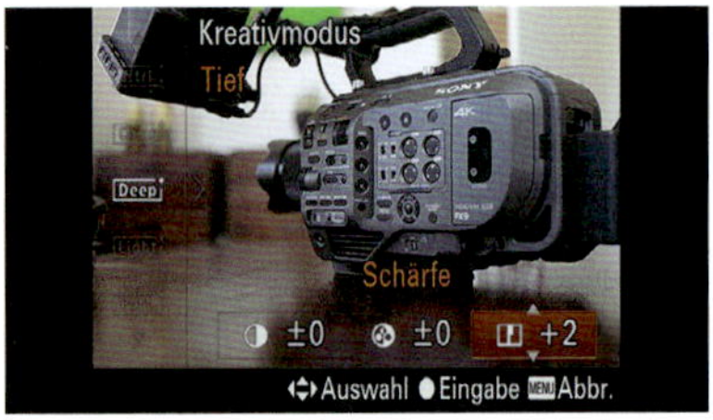


Fn-Menü Der Kreativmodus *Tief* fördert die Dynamik – zum Aufnehmen von Bildern mit einer soliden Präsenz sowohl in dunklen als auch hellen Bereichen genau das Richtige.

③

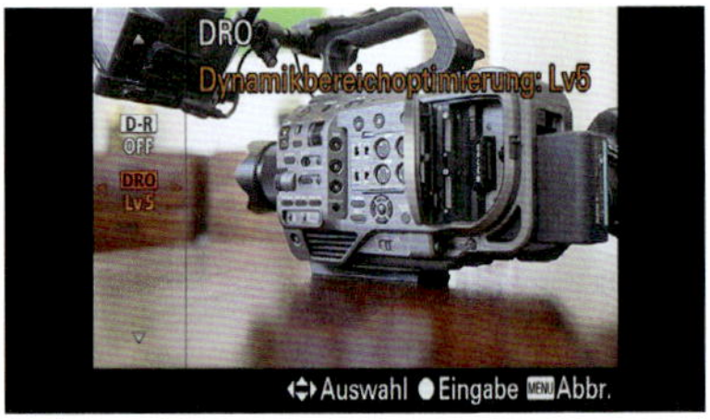


Fn-Menü *DRO*. Die Zeichnung im hellen Lampenkäfig und an den dunklen Stollenwänden erreicht man nur durch die hohe DRO-Stufe oder im RAW-Format mit ein wenig Nachbearbeitung.

④

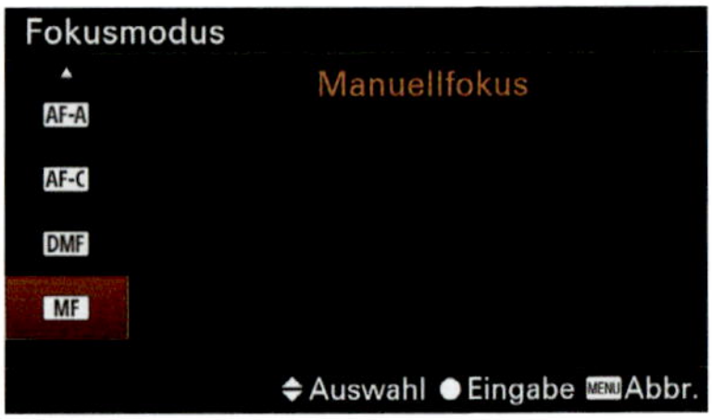


Fn-Menü Fokusmodus *MF*. Mit dem manuellen Fokus kann man ganz genau abschätzen, wo die Schärfe beginnen soll, die dabei bis in die Ferne reicht.

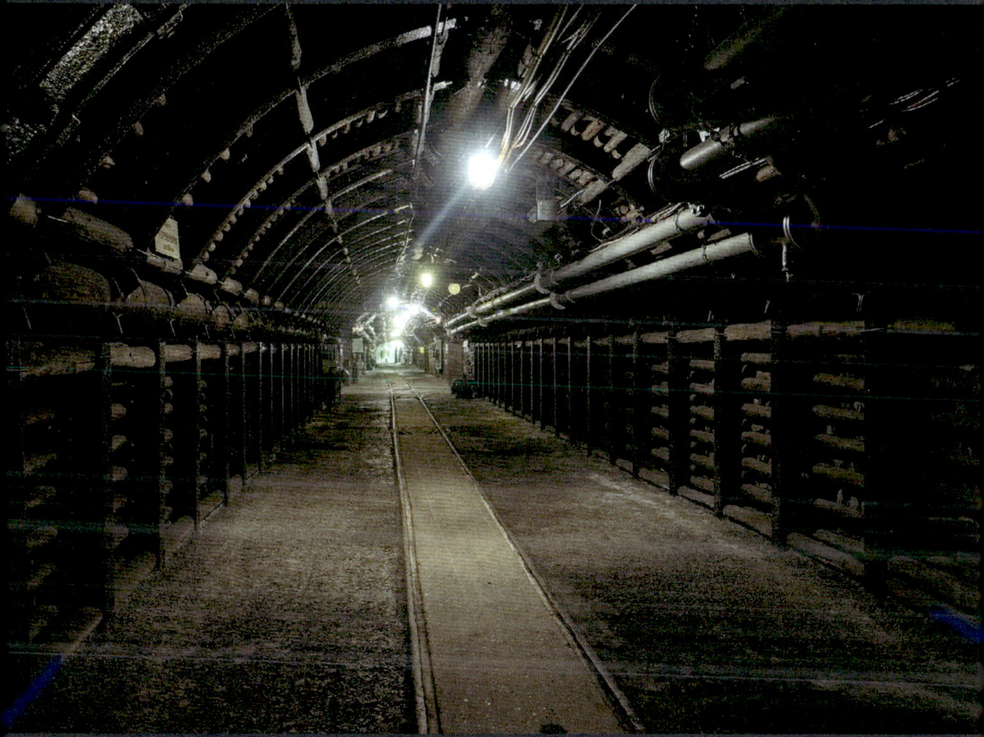

24 mm | f/7.1 | 1 sek | ISO 200 | Modus M

Dieses Bild entstand im Deutschen Bergbau-Museum Bochum komplett mit manuellen Einstellungen. „Finde die Mitte", heißt es hier, ohne dabei die Zentralperspektive zu nutzen. Starke Kontraste und sehr viel Tiefe machen dieses Bild aus und erfordern eine hohe Blende und ein Stativ: Für gute Bilder bei schlechten Lichtverhältnissen lohnt es immer, ein Stativ dabeizuhaben.

# Dark Ben

①

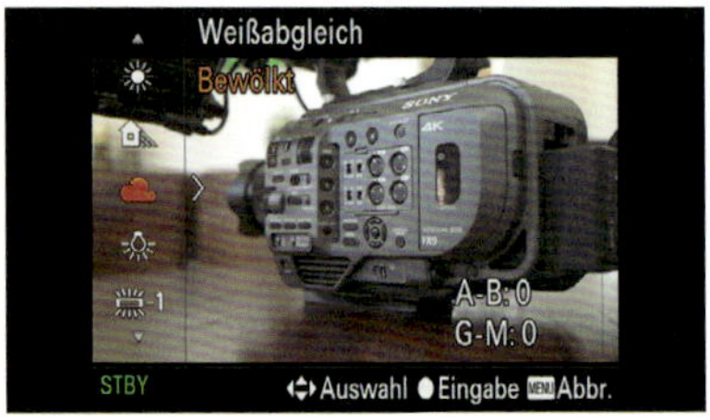


Fn-Menü Weißabgleich *Bewölkt*. Die Aufnahme ist gegen Mittag entstanden. Um die fast nächtliche Stimmung zu erzeugen, helfen die Rottöne dieses Weißabgleichs.

②

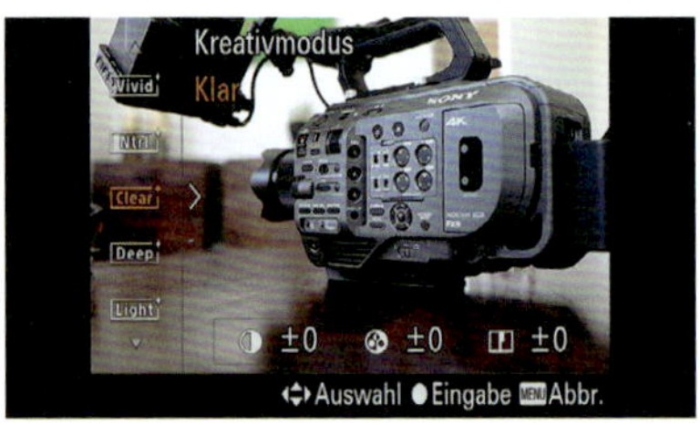


Fn-Menü Kreativmodus *Klar*. Gerade in Spitzlichtern stellt dieser Modus die Farben etwas genauer dar, außerdem werden die Kontraste etwas erhöht, was der Zeichnung der Konturen zugutekommt.

③

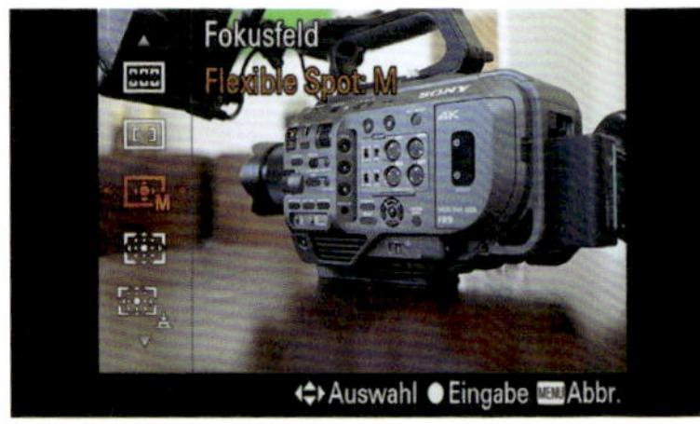


Fn-Menü Fokusfeld *Flexible Spot*. Die entscheidenden Details in diesem Bild sind die Konturen und die Wolken, deshalb die Fokussierung auf die Türme sowie die weit geschlossene Blende.

④

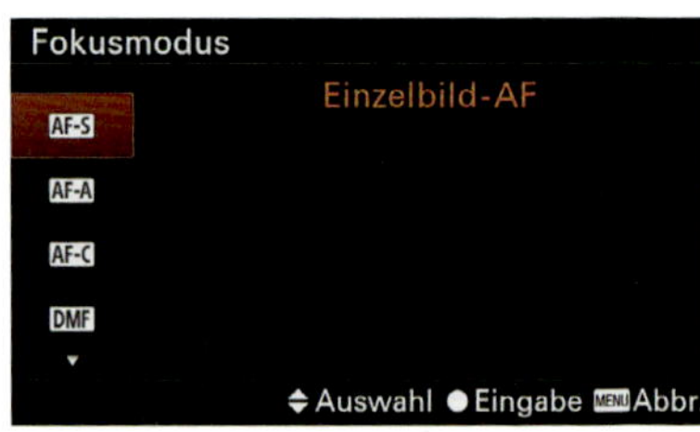


Fn-Menü Fokusmodus *AF-S*. Wie gewohnt Einzelbild-AF. Bei geschlossener Blende könnte es im AF-C zum „Pumpen" kommen, also zum permanenten Scharfstellen und Unscharfstellen, und im Moment des Auslösens liegt die Schärfe womöglich nicht da, wo sie sein soll.

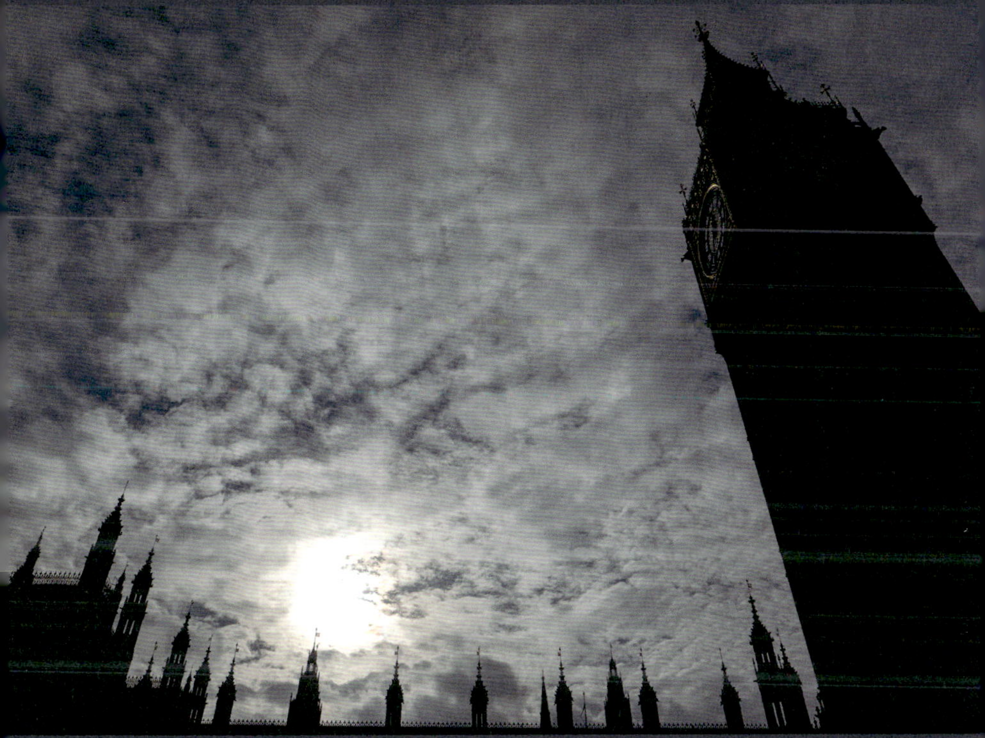

25 mm | f/10 | 1/3200 sek | ISO 100 | Modus M

Der Big Ben ist wohl auf jeder Sightseeingtour in London Pflicht. Umso schwerer ist es, ihn mal anders und interessant abzubilden. Nach etlichen Versuchen aus allen Himmelsrichtungen war eine gezielt unterbelichtete Aufnahme, an der gerade noch das Zifferblatt erkennbar ist, das zufriedenstellende Ergebnis. Das Zeiss Batis 25 mm zeichnet hier bis in die Randbereiche scharf und macht das Bild auch in der Vergrößerung zu einem echten Schmankerl.

# KREATIV UNTERWEGS

In diesem Kapitel haben wir eine bunte Mischung von allem Möglichen zusammengestellt. Ob du nun einen geplanten Fotoausflug unternimmst, dein komplettes Equipment in den Urlaub mitgenommen hast oder einfach spontan eine tolle Gelegenheit festhalten möchtest, die Welt ist voll von interessanten Motiven, und es lohnt sich, mehr als nur Schnappschüsse davon einzufangen. Als eine Grundregel solltest du im Hinterkopf haben, deinen Bildausschnitt auf das Wesentliche zu konzentrieren.

Deine Sony α7 verleiht dir unglaublich viele Möglichkeiten. Objektive waren noch nie so scharf, Kameras noch nie so vollgepackt mit toller Technik und hoher Lichtempfindlichkeit. Nicht zuletzt eröffnet dir der interne Bildstabilisator und eine Menge zusätzlich stabilisierter Objektive das Fotografieren bei wenig Licht. Das schon im Kapitel „Zubehör" angesprochene kleine Stativ erweitert deine Möglichkeiten nochmals.

Und bevor du dich mit zu viel Equipment abschleppst, versuche mal ein paar Stunden oder sogar einen ganzen ganzen Tag lang mit nur einem Objektiv oder nur einer Brennweite deines Zoomobjektivs zu fotografieren. Auch das Festlegen auf einen Belichtungsmodus (A oder S), das Ändern der Belichtungskorrektur oder das Ausprobieren von Kreativmodi, das Zwingen zur manuellen Fokussierung oder der gezielte Einsatz der verschiedenen Fokusfelder in der gleichen Situation ist ein Weg, die Fotografie und deine Kamera noch besser zu beherrschen.

Diese Einschränkungen erweitern nicht nur deinen kreativen Horizont, sondern du lernst quasi im Vorbeigehen an alltäglichen Motiven, welche Einstellung beim nächsten Mal die richtige ist. Der berühmte Fotograf Helmut Newton behauptete einmal, die ersten 10 000 Aufnahmen seien die schlechtesten, und das war zu Analogzeiten. Wer weiß, vielleicht hast du an einem Tag, an dem du Hunderte von Bildern geschossen und dich durch alle Kreativmodi mit Über- und Unterbelichtung gearbeitet hast, eine ganz besondere Bildserie gemacht, die perfekt gelungen ist.

Kreativ in der Fotografie zu sein macht am meisten Spaß, wenn du ohne Zeitdruck und wann immer du Lust hast zur Kamera greifst. Wenn du dich zu Beginn etwas überfordert mit den vielen technischen Möglichkeiten fühlst, dann widme dich doch mal fest für einen Tag lang einem einzigen Thema: Wie ist es, die Welt aus der Perspektive eines Hundes zu sehen, also untersichtig zu fotografieren? Türen, Briefkästen, Schuhe ... – es gibt so vieles, was ein bemerkenswertes Motiv abgibt.

Wir öffnen dir hier die Tür und zeigen dir Beispiele, die du nachmachen, abwandeln oder auch völlig anders gestalten kannst.

**Die Grundeinstellungen:**
Hier gibt es nur die Vorgabe, einfach alles Mögliche auszuprobieren. Denke an den **Weißabgleich**, die **Kreativmodi**, die **Belichtungsprogramme**, den **Fokusmodus** und die **Fokusfelder** und ja, auch die **ISO** kannst du experimentell einfach mal sehr hoch einstellen, vielleicht in der Kombination mit Schwarz-Weiß.

# Vollmond aus der Hand

①

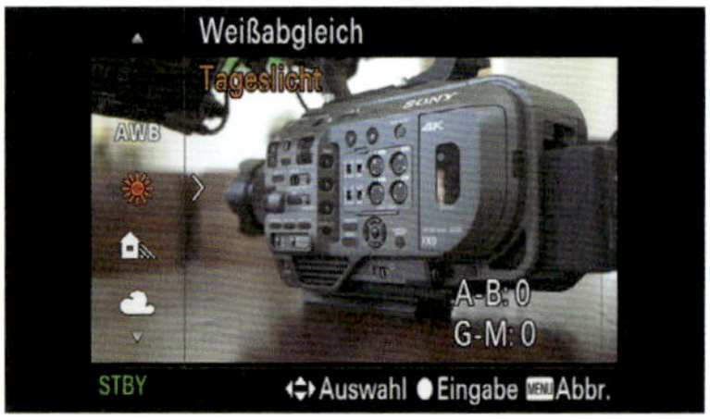


Fn-Menü Der Weißabgleich *Tageslicht* ist ein guter Ausgangspunkt für Mondfotos. Du darfst aber natürlich auch hier experimentieren.

②

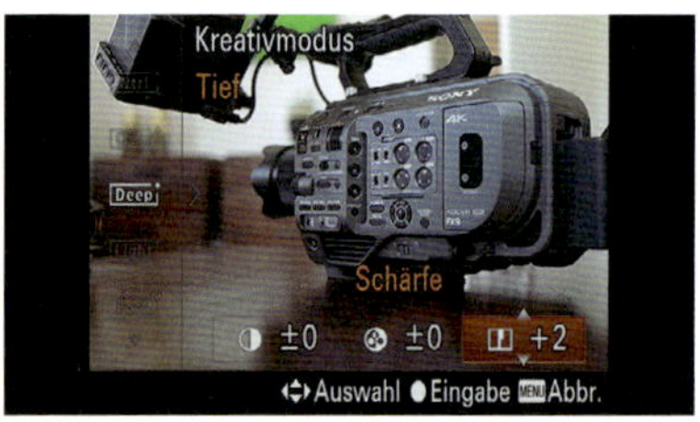


Fn-Menü Der Kreativmodus *Tief* bildet die Mondlandschaft schön knackig und scharf ab. Der Schärferegler darf hier auch ruhig höher gesetzt werden.

③

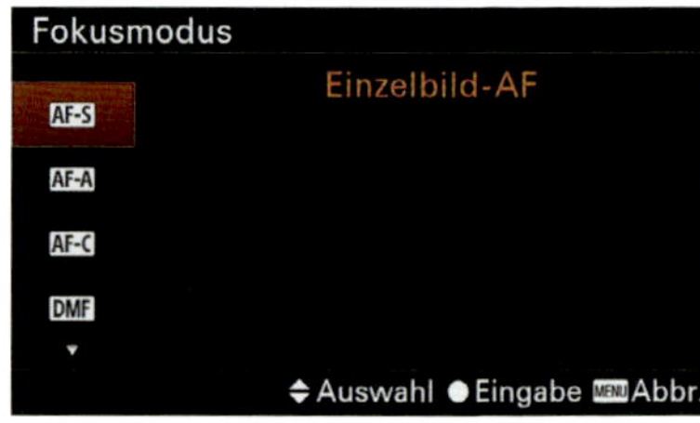


Fn-Menü Dieses Foto entstand im Fokusmodus *AF-S*. Es funktioniert aber auch *DMF*: Das ist der Modus, bei dem du erst mit dem Autofokus scharfstellst und dann manuell korrigieren kannst.

**DEN MOND FOTOGRAFIEREN**

Bei Fotos vom Mond denkt man wegen des Nachthimmels oft an hohe ISO-Werte, Stative und lange Verschlusszeiten. Da der Mond selbst aber sehr hell ist, kannst du auch ohne Stativ scharfe Aufnahmen erzeugen. Die Belichtung stellst du am besten über den Modus M ein oder benutzt die Spotmessung, um sie nur auf den Mond zu konzentrieren.

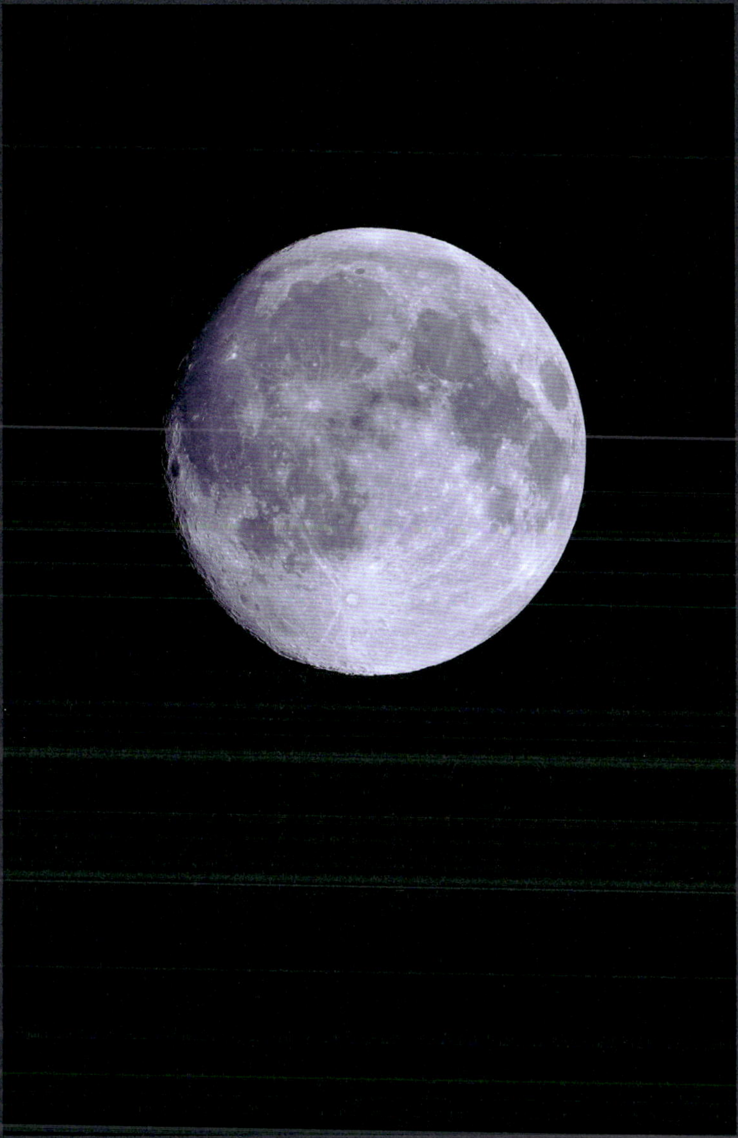

600 mm | f/6.3 | 1/400 sek | ISO 100 | Belichtung M

Dieses beeindruckende Foto des Vollmonds entstand ganz spontan mit einem 200–600 mm Supertelezoom an einer α7R IV. Bei dem hier gezeigten Bildausschnitt handelt es sich um eine Ausschnittvergrößerung. Ein so starkes Teleobjektiv besitzen natürlich die wenigsten, aber auch mit 300 mm Brennweite bekommt man schon beeindruckende Mondfotos. Wichtig ist, das Foto dunkel zu belichten und eine sehr kurze Verschlusszeit einzustellen.

# Möwe im Flug

①

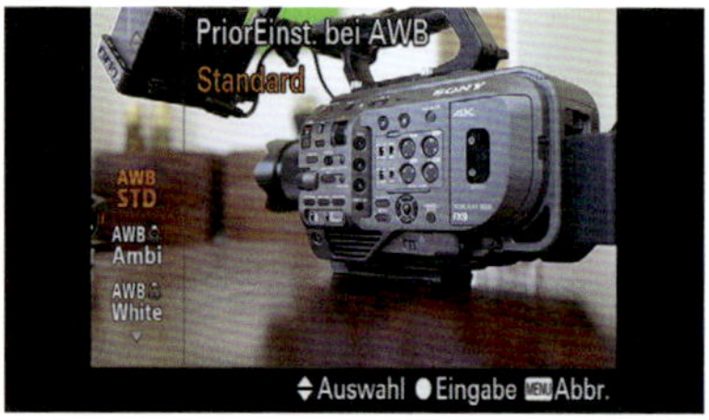


Fn-Menü Der Weißabgleich stand hier auf *Automatik*. Ab Generation III kannst du *AWB Ambiente* einstellen. Dadurch werden die Farbtöne wärmer, ohne dass du auf die Automatik verzichten musst.

②

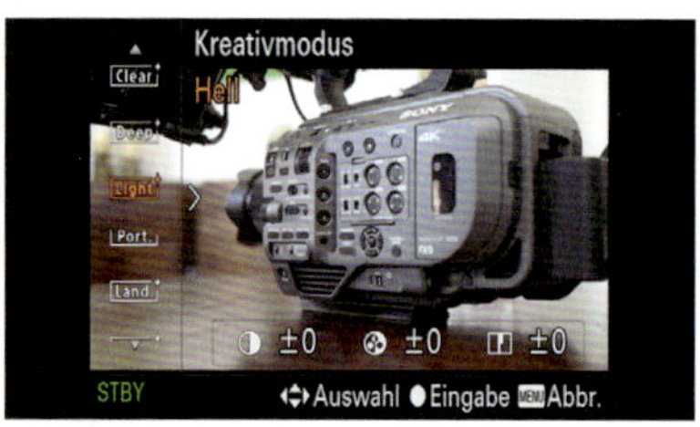


Fn-Menü Für die dramatischere Bildwirkung ist im Kreativmodus *Hell* Schärfe, Sättigung und Kontrast hochgesetzt. Dadurch behalten die Möwe und der Himmel ihre helle Wirkung, aber das Foto hat genug „Knackigkeit".

③

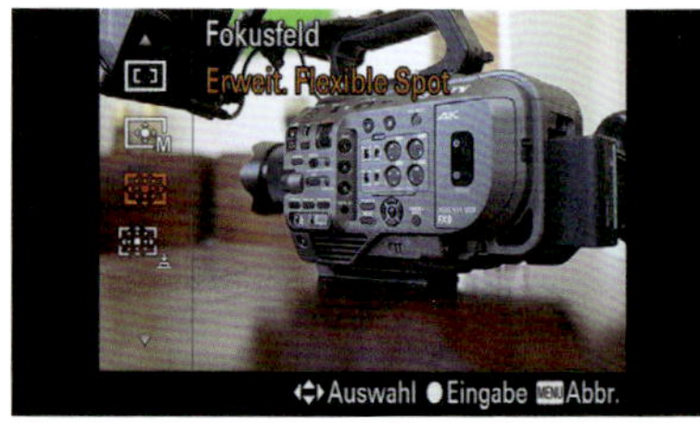


Fn-Menü Fokusfeld *Erweiterter Flexible Spot*. Ab Generation III der α7-Kameras gibt es diese Einstellung, bei den Vorgängemodellen ist Fokusfeld *Breit* eine gute Alternative. Bei den aktuellen Kameras kann außerdem in dieser Situation das Echtzeit-Tracking gut funktionieren.

④

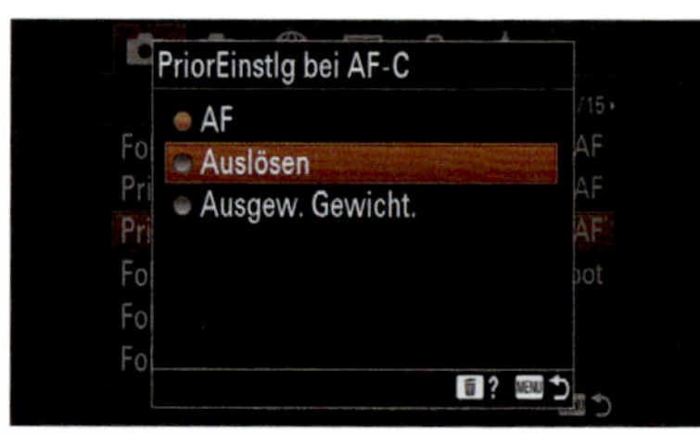


Fn-Menü Hier muss der Fokusmodus natürlich *AF-C* sein. Im Abschnitt „AF1" im Kapitel „Das Menü der α7" liest du, wie du die Priorität für die Fokusmodi einstellen kannst. Hier sollte sie auf „Auslösen" stehen.

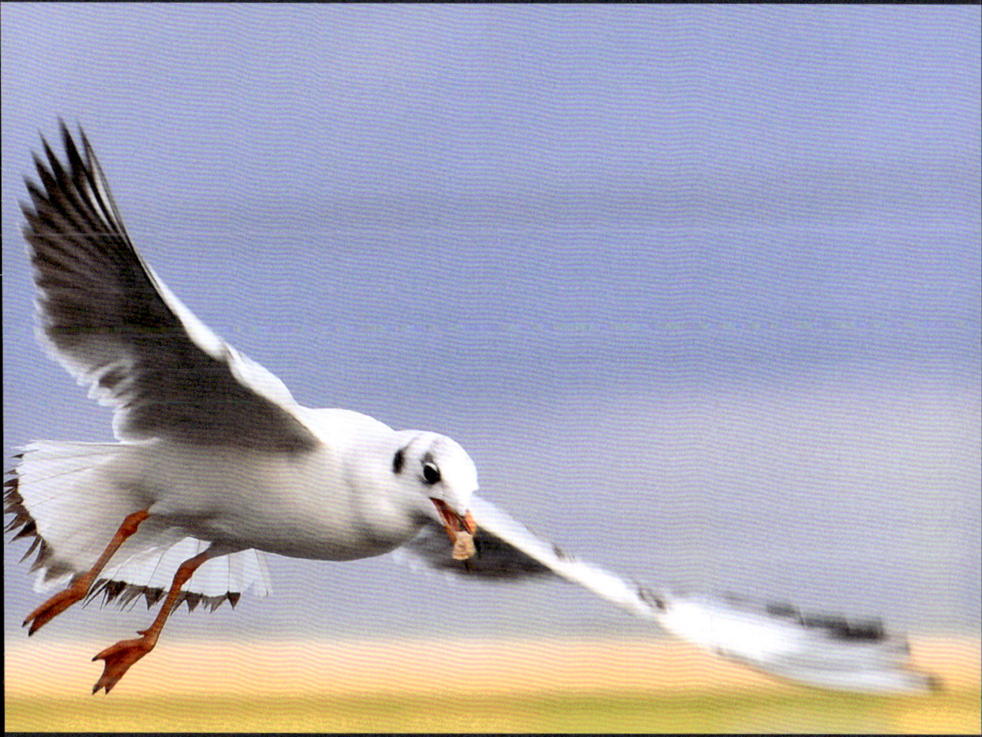

300 mm | f/5.6 | 1/800 sek | ISO 6400 | Modus S

Eine Möwe ist natürlich nicht der exotischste Vogel, aber ihre Flugakrobatik macht sie zu einem beeindruckenden Motiv. Experimentiere mit den Verschlusszeiten. Durch die leicht unscharfen Flügelspitzen und den grünen Farbstreifen im Hintergrund bekommt das Bild mehr Dreidimensionalität.

# Orientalische Muster

①

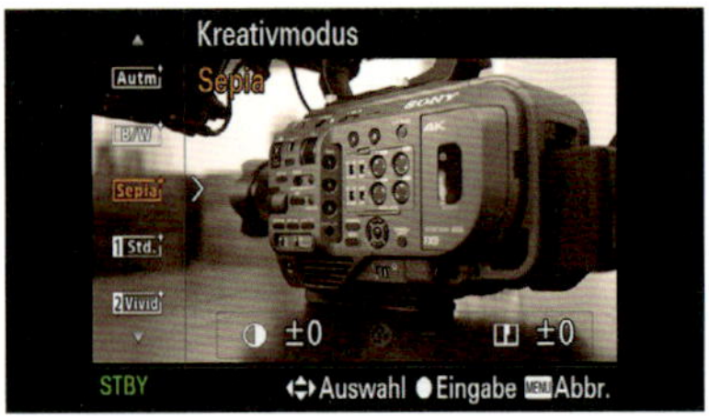


Fn-Menü Der Kreativmodus *Sepia* verstärkt die historische Anmutung des Fotos. Wenn du in Schwarz-Weiß oder Sepia fotografierst, kannst du auch zusätzlich im RAW-Format fotografieren, um das Bild am Computer notfalls farbig einzustellen.

②

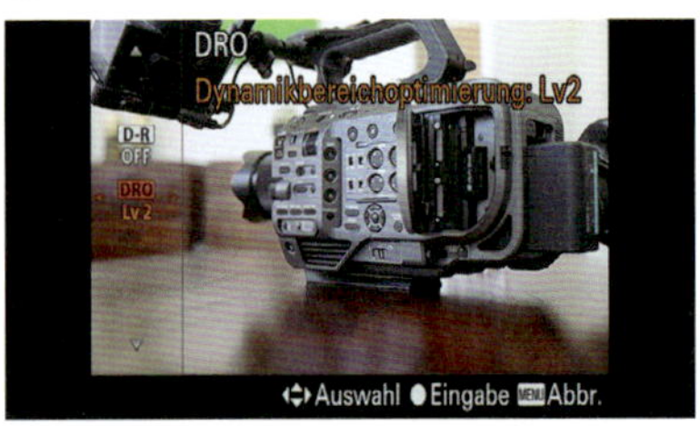


Fn-Menü Wenn du lieber im JPEG-Format fotografieren möchtest, solltest du die *DRO*-Einstellung benutzen, um die sehr hellen und dunklen Bildbereiche besser darzustellen.

③

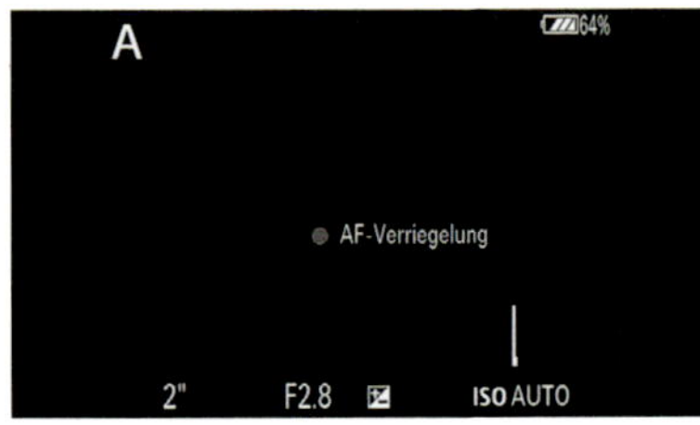


Monitoransicht Das *Histogramm* hilft dir vor allem tagsüber, die Helligkeit deiner Aufnahme besser einzustellen. Bei diesem Foto lief der Berg links für die Schattenpartien aus dem Kasten heraus, aber rechts blieb er, für die hellsten Stellen, noch kurz vorm Anschlag. Du kannst das Histogramm schon bei der Aufnahme nutzen oder erst ein Foto machen und dann in der Wiedergabe die Histogrammansicht nutzen.

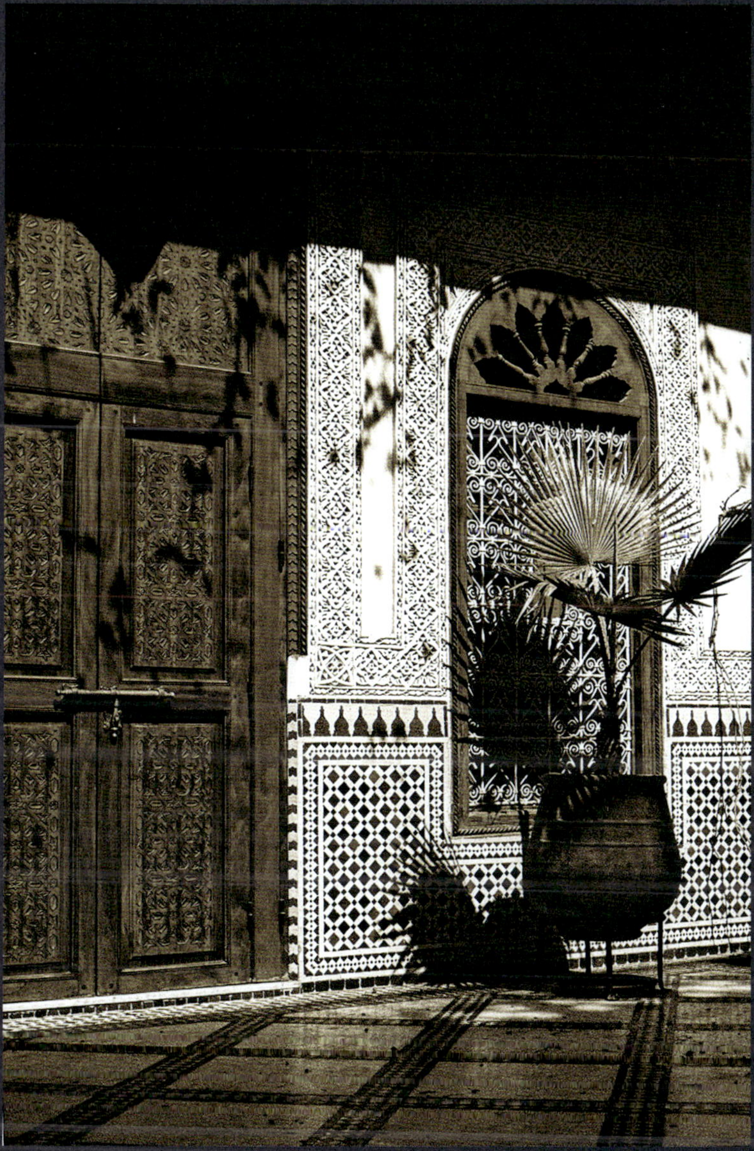

50 mm | f/6.3 | 1/125 sek | ISO 100 | Modus A | –1,0 EV

Die Schwierigkeit waren hier die hohen Kontraste. Manuel entschied sich, die Schatten bis ins Schwarz zulaufen zu lassen und lieber die hellsten Flächen der Wand noch mit ein bisschen Zeichnung zu erhalten. Dabei halfen die Wiedergabeansichten mit der Lichter- und Schattenwarnung und dem Histogramm.

# Dreimal Blau

①

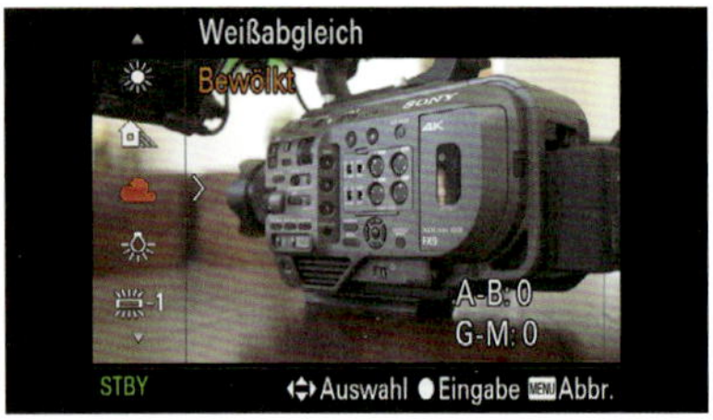


Fn-Menü Der „falsch" eingestellte Weißabgleich *Bewölkt* führt bei sonnigem Wetter zu warmen Farben. Das kann je nach Motiv schöner wirken als eine neutrale Einstellung.

②

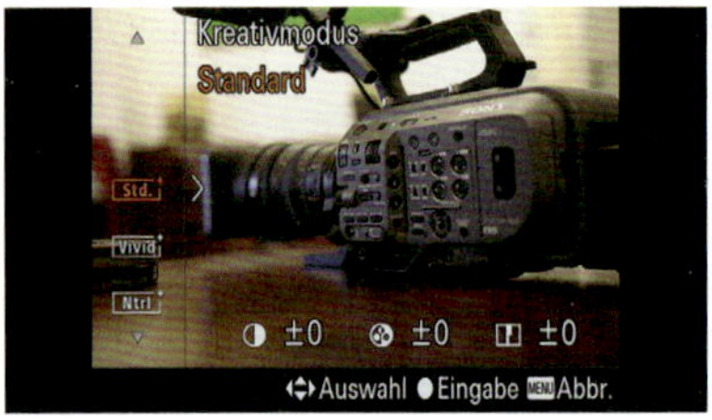


Fn-Menü Kreativmodus *Standard*. Da der Polfilter die Sättigung und den Kontrast schon stark erhöht, könnte bei kontrastreichen Einstellungen wie *Landschaft* oder *Klar* der Kontrast zu hoch werden. Ohne Polfilter funktionieren diese Einstellungen natürlich gut.

③

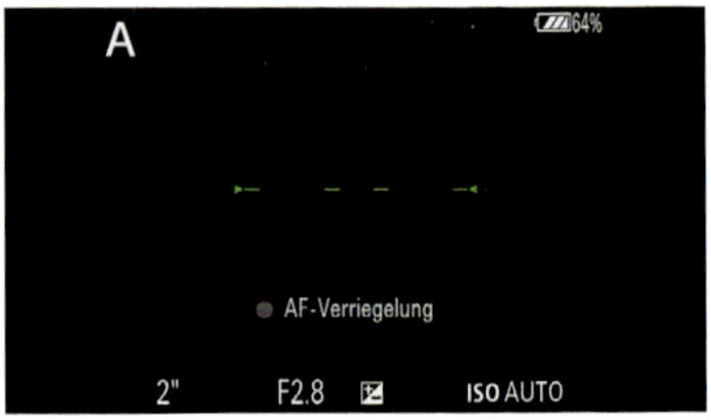


Monitoransicht Die *Wasserwaage* hilft, die Kamera gerade auszurichten. Bei weitwinkligen Aufnahmen solltest du besonders darauf achten, denn bei einem nachträglichen Geraderücken des Bildes verlierst du schnell bildwichtige Bereiche.

**KRÄFTIGERE FARBEN DURCH DEN POLFILTER**

Die höhere Sättigung mit den klar getrennten Farben und den kontrastreichen Wolkenstrukturen kannst du durch einen Polfilter erreichen. Alternativ geht das auch in der Bildbearbeitung, der Polfilter kann aber zusätzlich noch Spiegelungen auf Wasser oder Glasflächen reduzieren.

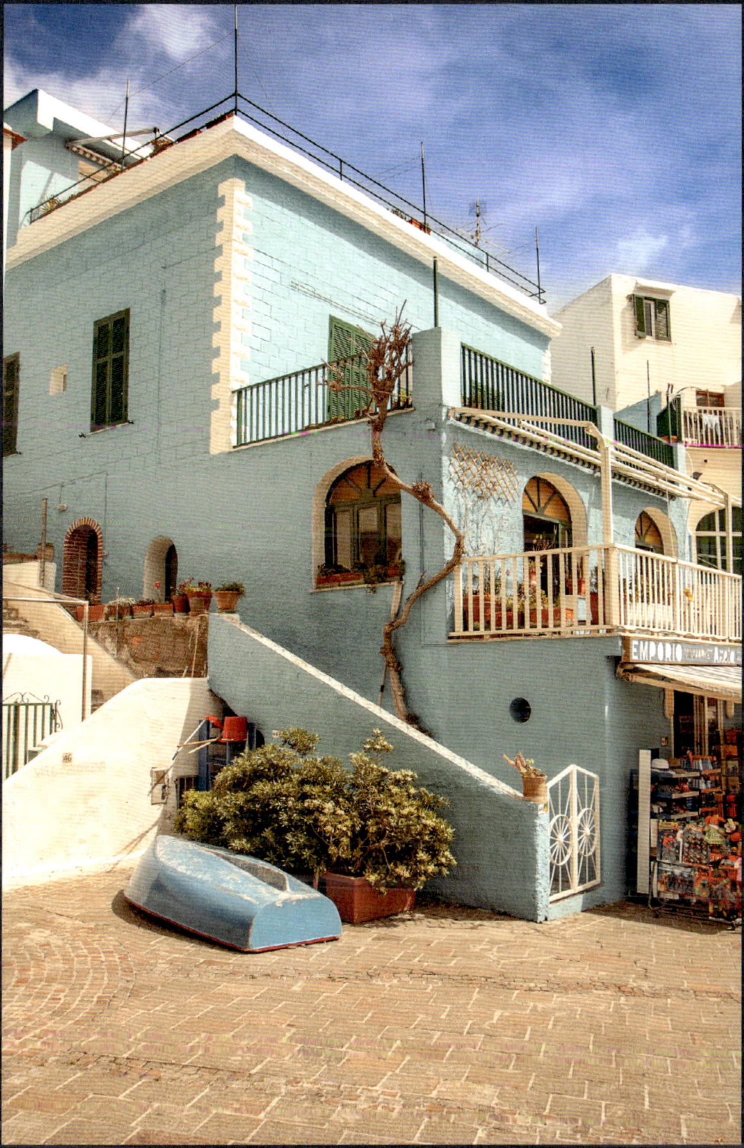


19 mm | f/11 | 1/80 sek | ISO 100 | Modus A | –0,3 EV

Der Besitzer dieses Hauses hat wohl ein besonders gutes Gespür für Farben. Der frühsommerliche Himmel, die Hausfassade und das Boot dominieren mit ihren Blautönen das gesamte Bild. Die warme Farbstimmung, die die wenigen rötlichen und erdfarbenen Details hervorhebt, reduziert gleichzeitig den sonst zu auffälligen grünen Busch in der Bildmitte. Diese Wirkung kannst du mit einem gezielten Weißabgleich erreichen.

# Eis im Sommer

①

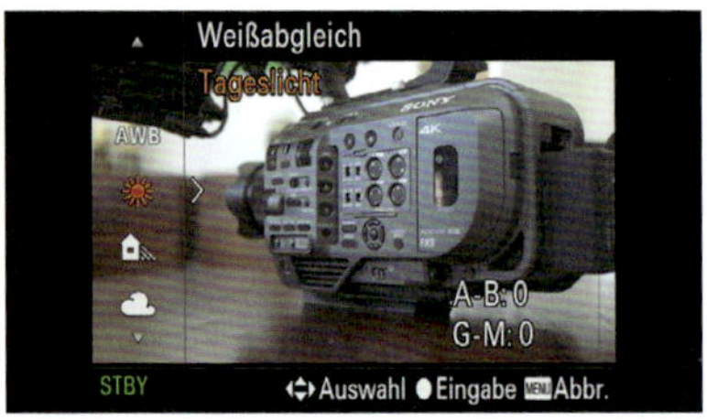


Fn-Menü Weißabgleich *Tageslicht*. Damit die gräuliche Farbstimmung erhalten bleibt, kann man an bewölkten Tagen den Weißabgleich auf Tageslicht setzen. Wenn du eher wärmere Farben bevorzugst, stelle lieber *Bewölkt* oder *Schatten* ein.

②

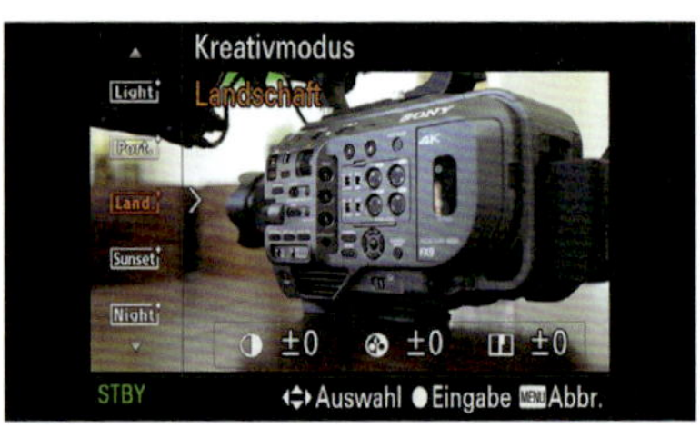


Fn-Menü Kreativmodus *Landschaft* oder *Klar*. Damit der Kontrast zwischen der glatten Wasserfläche und den Details am Steg hoch ist, brauchst du viel Kontrast und Scharfzeichnung im Bild.

③

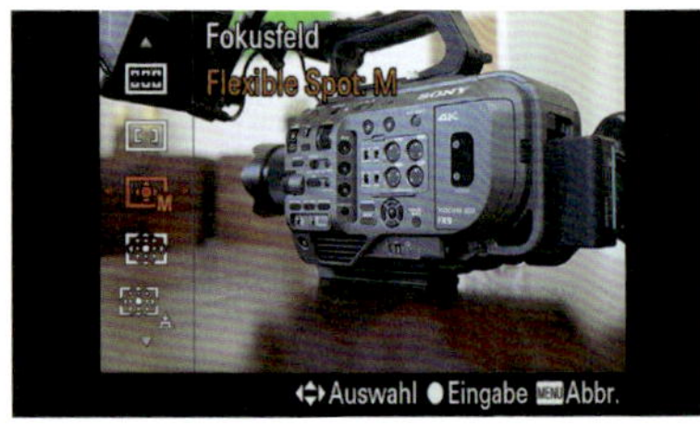


Fn-Menü Fokusfeld *Flexible Spot*. Mit ihm solltest du auf einen Bereich des Bildes mit gutem Kontrast fokussieren. Auf der Wasserfläche kann es sein, dass du keinen Fokus findest.

④

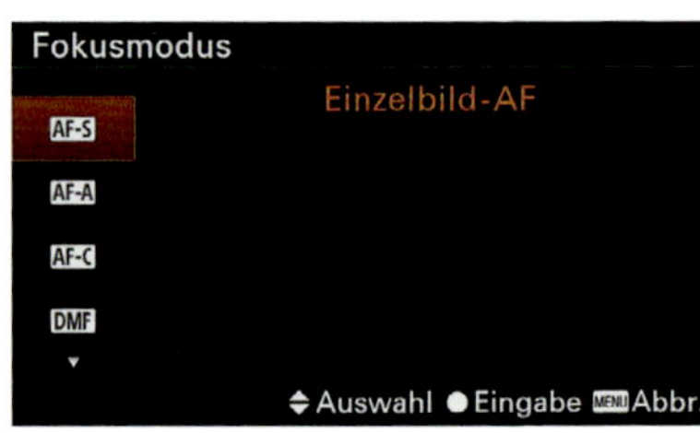


Fn-Menü Fokusmodus *AF-S*, *DMF* oder *MF*. Mit sehr starkem Graufilter kann der manuelle Fokus allerdings schwierig werden, da es für die Kamera und ihr Livebild stockdunkel ist und du die Schärfe nicht richtig erkennst. Da ist manchmal AF-S besser als MF. Wenn das Fokussieren mit dem Graufilter gar nicht funktioniert, kannst du auch erst fokussieren und dann den Filter aufschrauben.

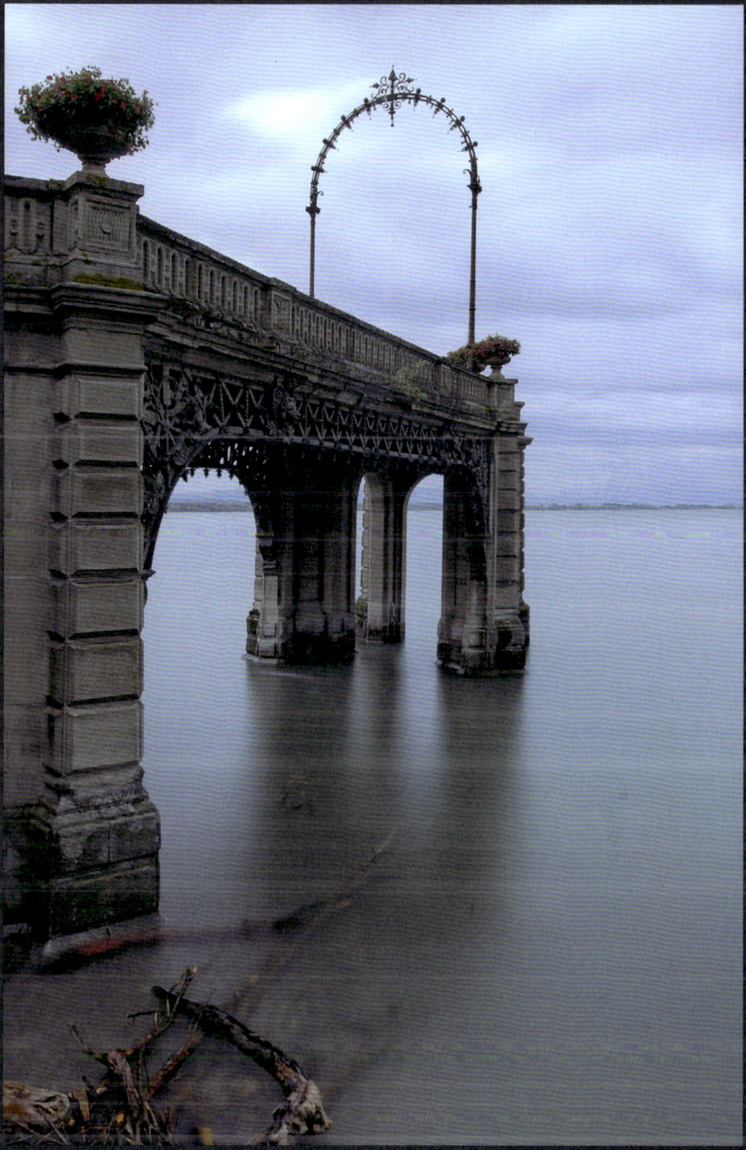

24 mm | f/11 | 30 sek | ISO 100 | Modus M

Die besondere Stimmung dieses Fotos entsteht durch den starken Kontrast zwischen den sehr scharfen Details des Stegs und der völlig glatten, strukturlosen Wasseroberfläche. Um diese Wirkung auch tagsüber erzeugen zu können, brauchst du starke Neutral-Graufilter, auch ND-Filter genannt. Hier war es ein ND1000 bzw. ND3.0. Lass dich zu Graufiltern am besten in einem guten Fotofachgeschäft beraten.

# Der Blick des Seemanns

①

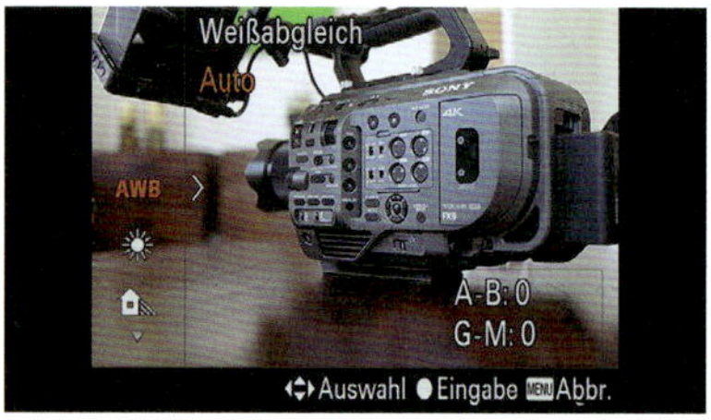


Fn-Menü Weißabgleich *AWB*. Sehr viele verschieden Lichtquellen bei Nacht können zu sehr starken Farbabweichungen führen. Da die Zeit drängte, wurde zum Testen mit dem AWB gearbeitet. Dieser hat ein weiteres Mal sehr gut getroffen.

②

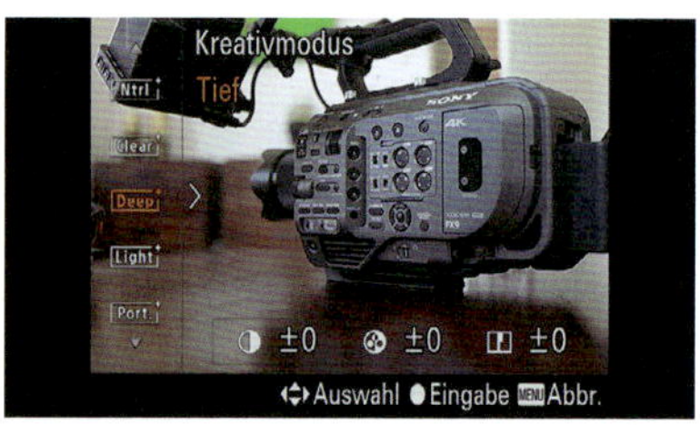


Fn-Menü Kreativmodus *Tief*. Dieser Modus fördert die Dynamik: Die Details des Taus werden besser gezeichnet.

③

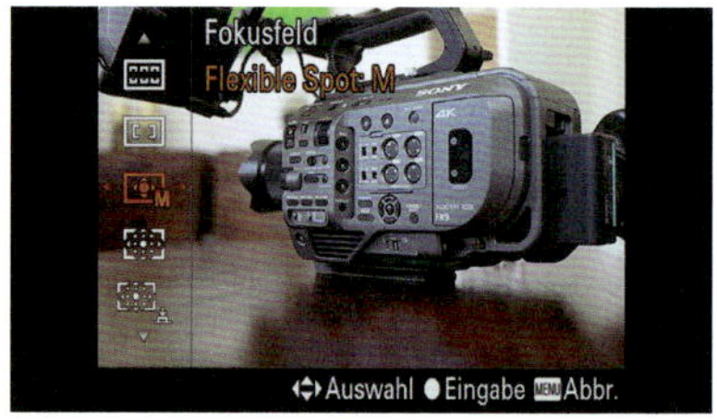


Fn-Menü Fokusfeld *Flexible Spot*. Viele Details führen dazu, dass der Fokus nicht da liegt, wo er soll. Der flexible Spot ist für diese Situation präzise.

④

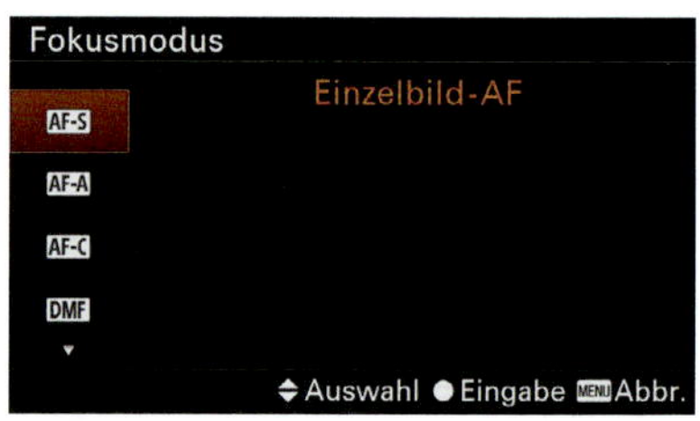


Fn-Menü Fokusmodus *AF-S*. Statische Motive sind mit AF-S auch bei Nacht gut zu fokussieren, wenn sie genügend Kontrast zeigen.

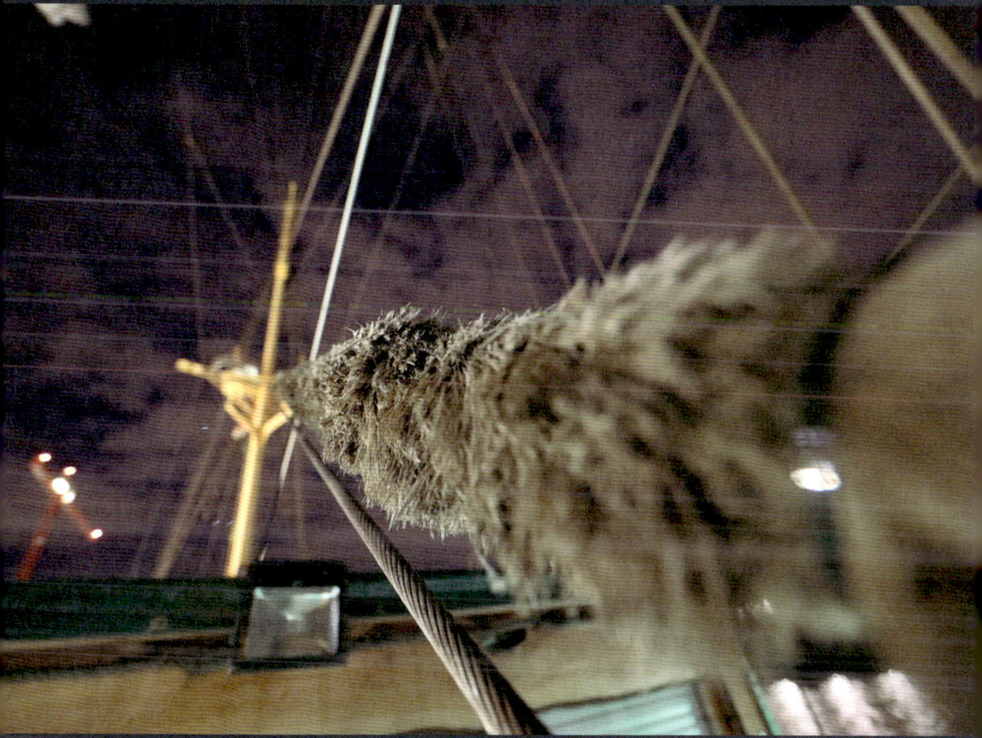

16 mm | f/2.8 | 1/4 sek | ISO 12800 | Modus M

An Bord des Segelschiffs Alexander von Humboldt nutzte Manuel die Chance, um Bilder zu machen, die er bei einem früheren Aufenthalt technisch so noch nicht hätte machen können: Damals gab es noch keine ISO 12800 mit einer solch hohen nutzbaren Qualität. Dieses Bild wurde freihand mit Blick in die Takelage fotografiert.

# Verlockend

①

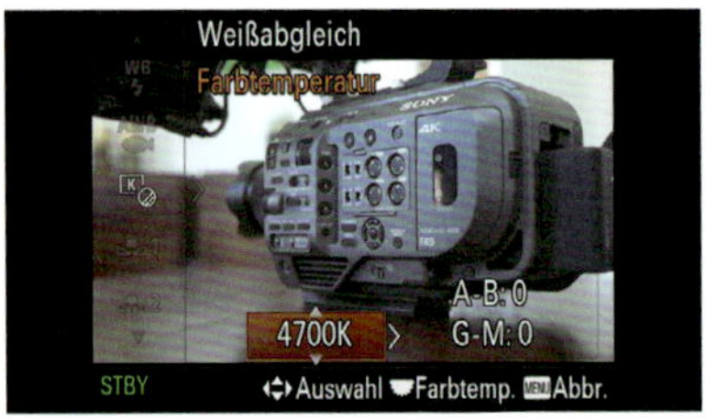


Fn-Menü Um bei der Foodfotografie die Farben genau einstellen zu können, ist der Weißabgleich in Kelvinwerten gut geeignet. Hier waren 4700 Kelvin der richtige Wert.

②

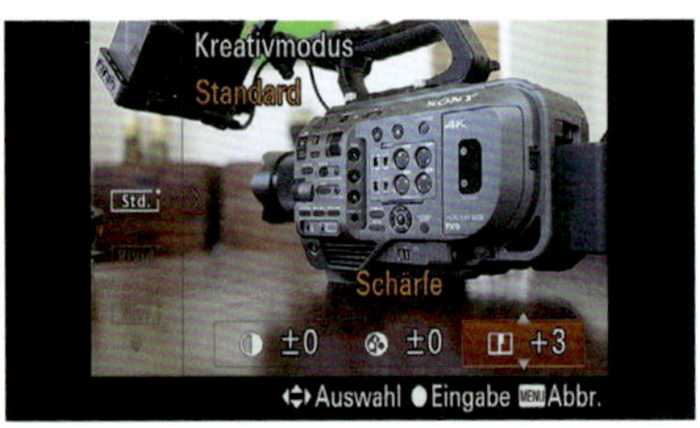


Fn-Menü Der Kreativmodus ist hier *Standard* mit erhöhter Scharfzeichnung. Da das Licht schon sehr kontrastreich war, wäre ein anderer Bildeffekt zu hart gewesen. Wenn du punktförmige Lichtquellen hast, kann auch *Neutral* oder *Hell* gut funktionieren.

③

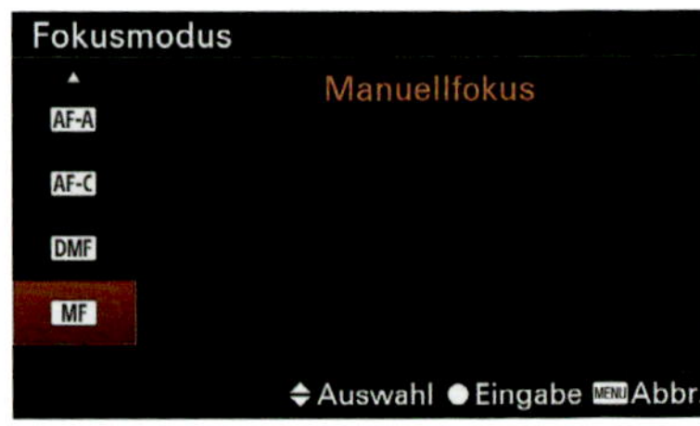


Fn-Menü Bei solchen Detailaufnahmen gibt der *manuelle Fokus* die größtmögliche Kontrolle über die Schärfe. Die Fokusvergrößerung hilft, das wichtigste Detail, hier die weißen Käsewürfel, scharfzustellen.

④

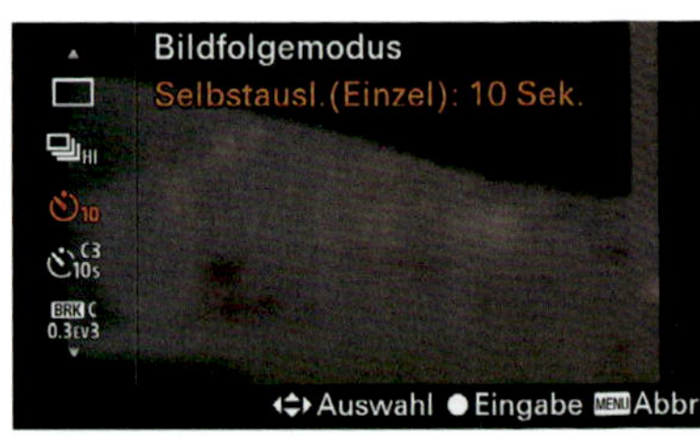


Fn-Menü *Bildfolgemodus Selbstauslöser*. Damit du keine Verwacklungsunschärfe im Bild hast, solltest du den integrierten Selbstauslöser aktivieren oder dein Smartphone oder eine Fernbedienung zum Auslösen benutzen.

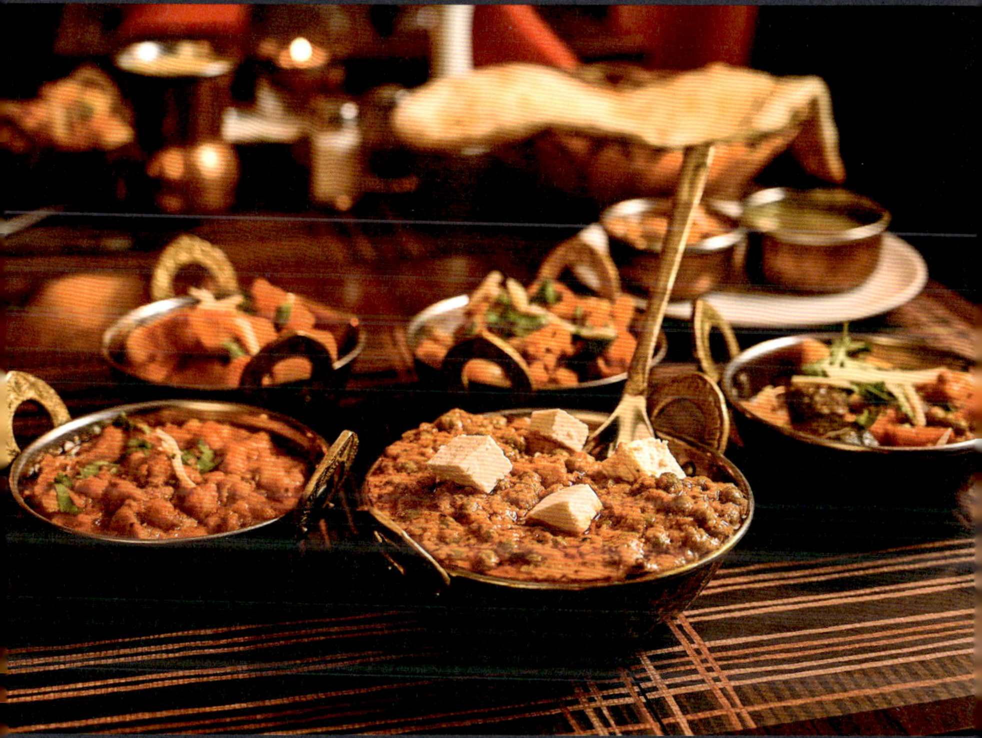

49 mm | f/4 | 1/6 sek | ISO 100 | Modus M

Bei Fotos vom Essen kommt es immer besonders auf die Farben an. Sie sollten das Motiv appetitlich erscheinen lassen und dem Betrachter ein „Habenwollen" suggerieren. Interessant und ästhetisch ist auch eine geringe Tiefenschärfe. Da du bei der Foodfotografie aber in der Regel sehr nah am Objekt bist, erreichst du diese selektive Schärfe schon mit Blendenwerten von f/4 oder f/5.6. Ein Stativ gehört bei der Foodfotografie dazu, um die ISO-Werte auch bei schummriger Beleuchtung niedrig zu halten.

# Mit Geduld

①

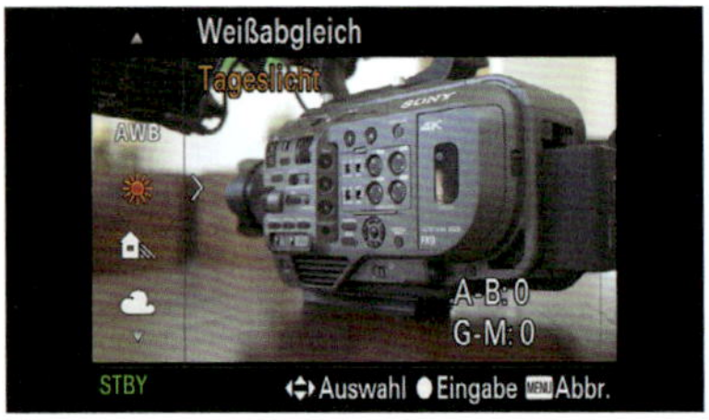


Fn-Menü Hier steht der Weißabgleich auf *Tageslicht*, denn die meisten Terrarien haben Tageslichtlampen.

②

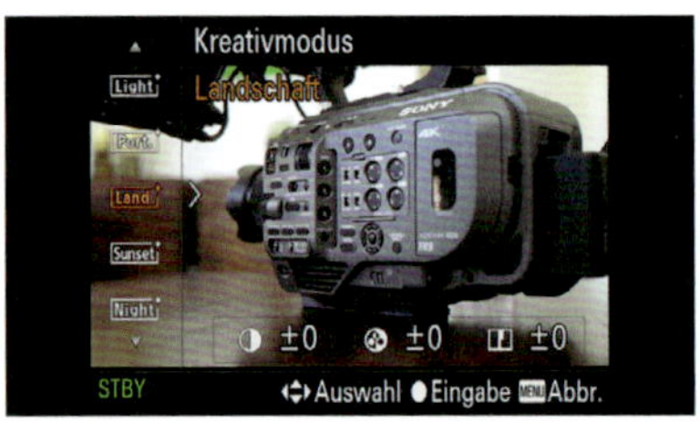


Fn-Menü Kreativmodus *Landschaft* für eine kräftige Farbwiedergabe. *Klar* und *Lebhaft* sind gute Alternativen.

③

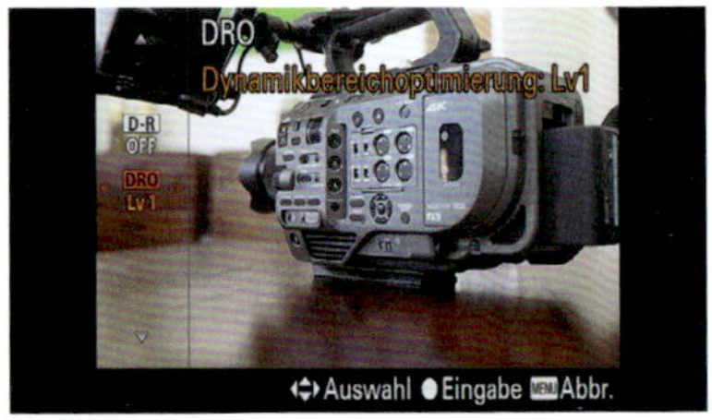


Fn-Menü *DRO* auf niedriger Stufe sorgt für eine bessere Durchzeichnung des Chamäleons in allen Farbnuancen.

④

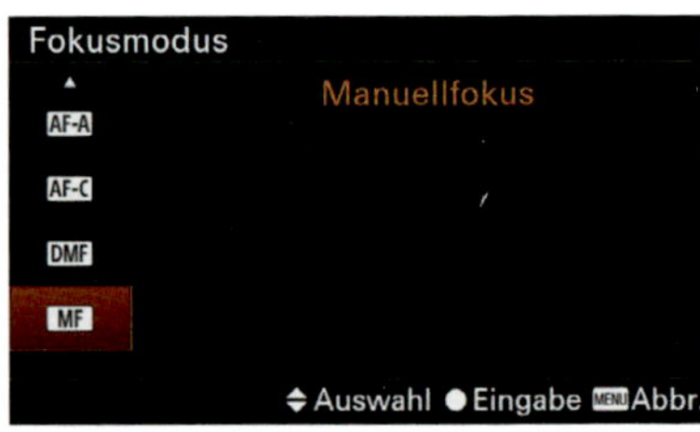


Fn-Menü Fokusmodus *MF*. Da eine α7R II genutzt wurde, stand der Tieraugen-AF noch nicht zur Verfügung, und selbst der *Flexible Spot* war zu groß für dieses Auge.

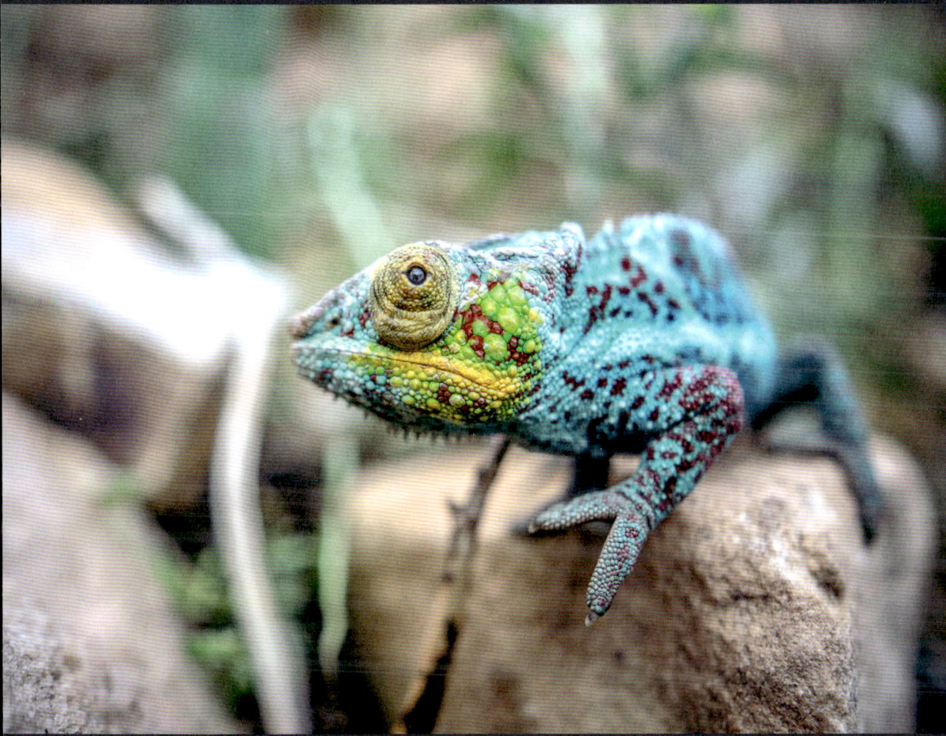

24 mm | f/2 | 1/60 sek | ISO 100 | Modus A

Blende auf und ran ans Motiv. Trotz Weitwinkel bekommt man eine schöne selektive Schärfe, weil offenblendig und nah am Motiv fotografiert wurde. Einzig etwas Geduld war gefragt, bis das Chamäleon zutraulich wurde.

# Exotik aus dem Baumarkt

①

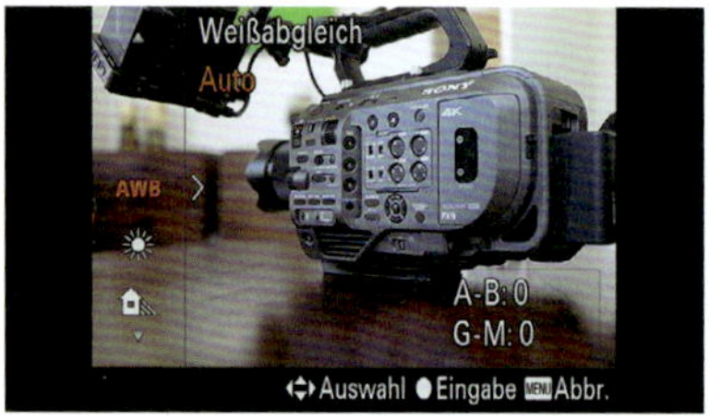


Fn-Menü Der Weißabgleich beim Blitzen sollte immer auf *AWB* stehen, wenn die Aufnahme natürlich erscheinen soll.

②

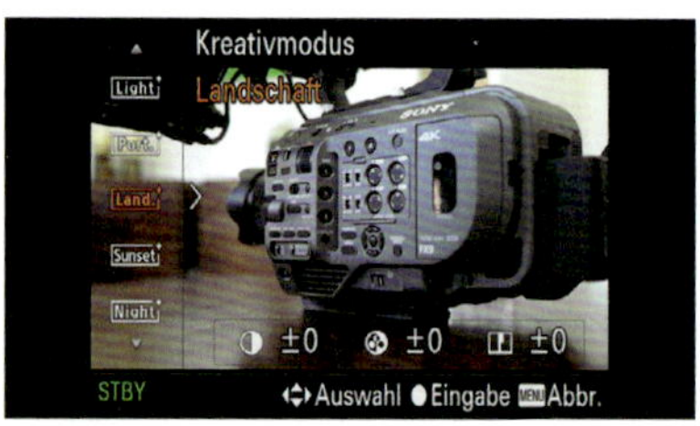


Fn-Menü Kreativmodus *Landschaft* sorgt für eine natürliche Grün-Wiedergabe.

③

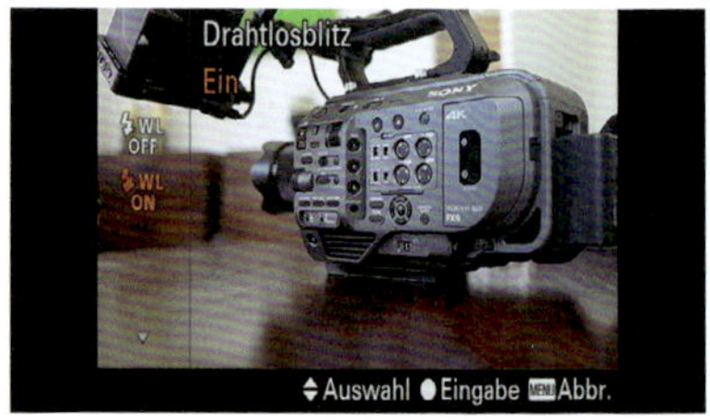


Fn-Menü Blitzmodus: *WL* bei den ersten beiden Generationen; für Generation III und IV sieh unter „Blitz" im Kapitel „Das Menü der α7" nach. Der Blitz auf der Kamera zeigte nach oben, der andere von der Seite direkt auf die Pflanze.

④

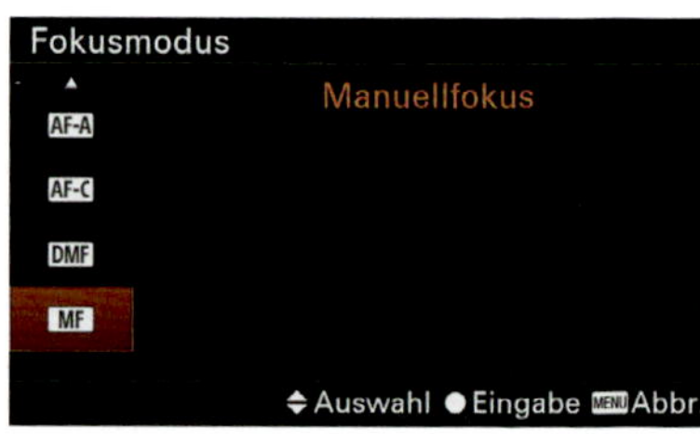


Fn-Menü Fokusmodus *MF*. Bei Makrofotos macht der manuelle Fokus Spaß, solange das Motiv nicht vom Wind bewegt wird. Hier wurde indoor fotografiert, und die Aufnahme konnte in Ruhe vorbereitet werden.

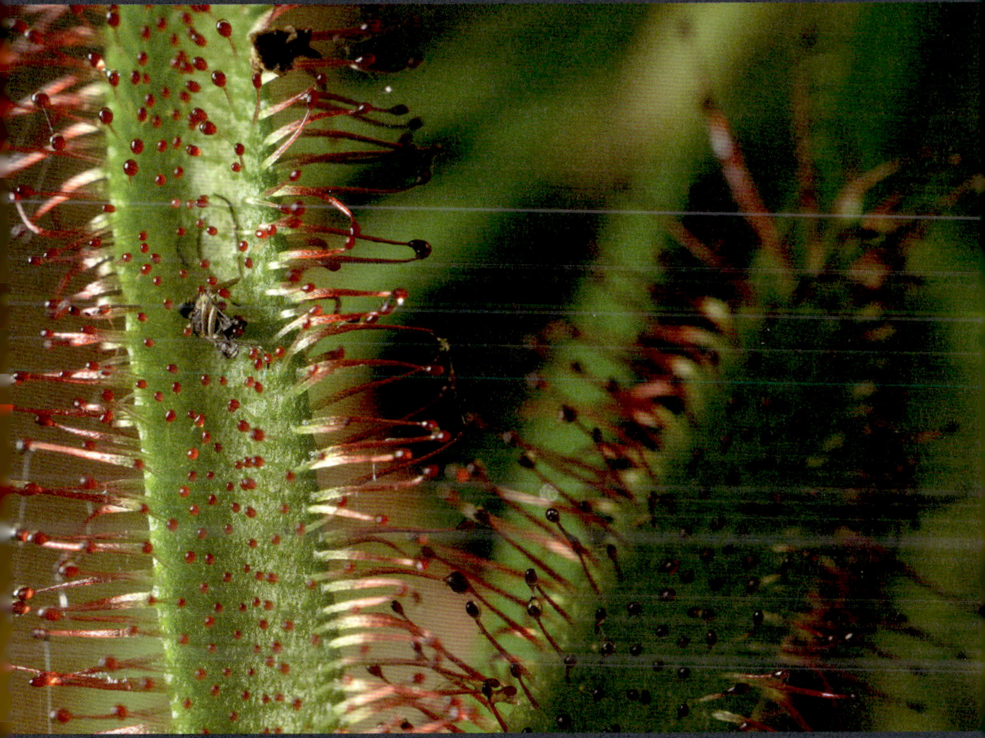

30 mm | f/20 | 1/160 sek | ISO 100 | Modus A

Wildlife muss nicht immer ein Tier sein. Makroaufnahmen erfordern starkes Abblenden, damit alle Details sichtbar werden. Das Problem ist allerdings dann das wenige Licht, weshalb hier entfesselt mit zwei mittelgroßen Sony Systemblitzen (HVL-F43M) geblitzt wurde. Fleischfressende Pflanzen sehen in der Vergrößerung einfach noch eindrucksvoller aus, und Sonnentau gibt es in (fast) jedem Baumarkt.

# Speed

①

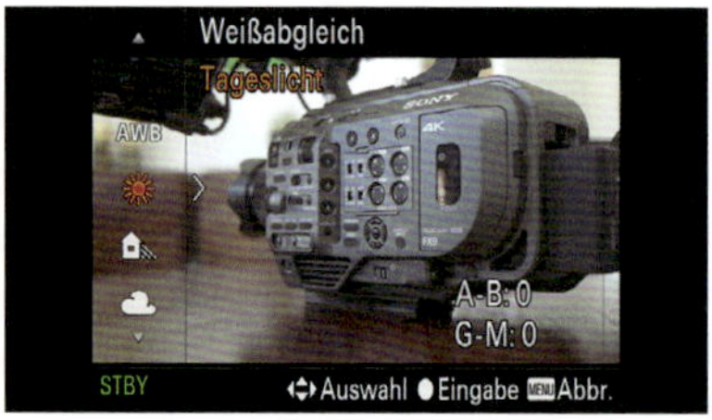


Fn-Menü Weißabgleich *Tageslicht*. Da alle Aufnahmen in dieser Kurve die gleiche Farbtemperatur haben sollen, wurde, um Nacharbeit zu sparen, der Weißabgleich festgesetzt.

②

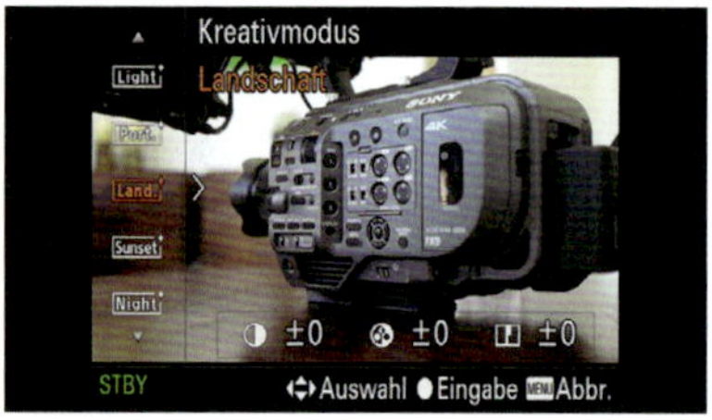


Fn-Menü Kreativmodus *Landschaft* bringt eine natürliche Farbe für Himmel und Grüntöne.

③

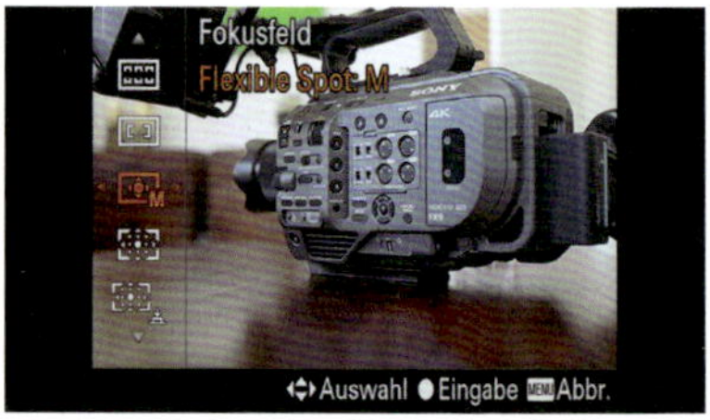


Fn-Menü Fokusfeld *Flexible Spot*. Die Nachverfolgung naher, bewegter Motive funktioniert auch im Fokusfeld *Breit* sehr gut.

④

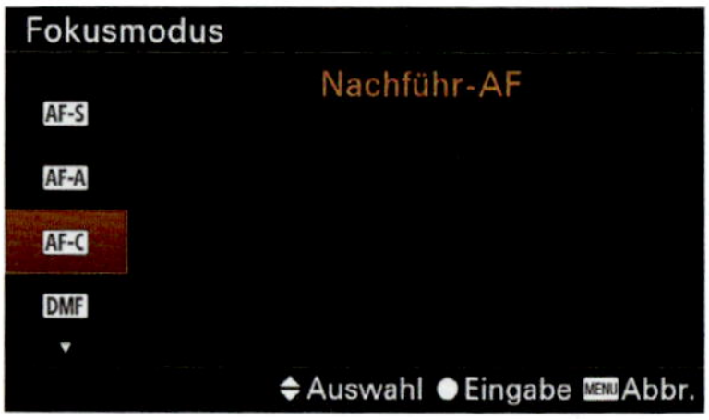


Fn-Menü Fokusmodus *AF-C*. Da das Fahrzeug sich auf den Fotografen zubewegt, verschiebt sich auch die Fokusebene. AF-C ist hier zwingend erforderlich.

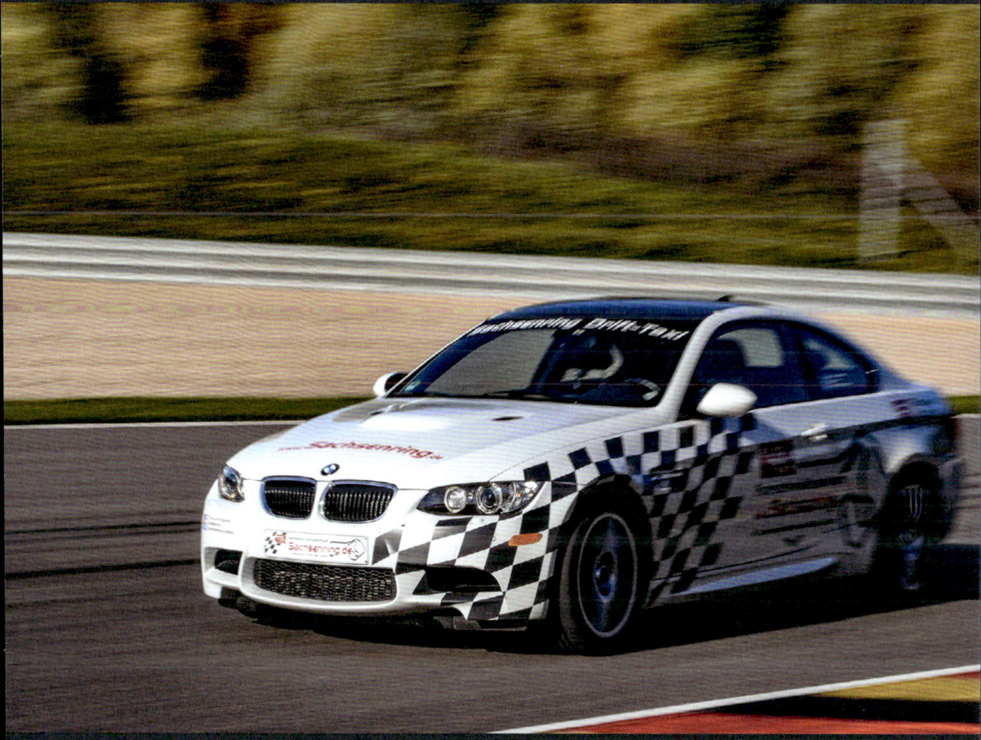
Sachsenring Drift-Taxi
sachsenring.de
Sachsenring.de

# Faszination

①

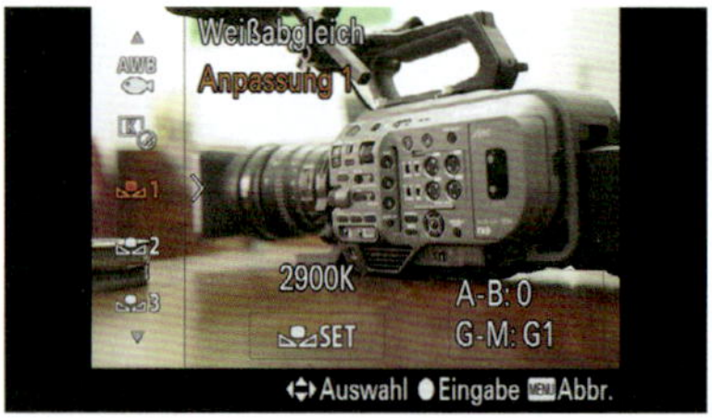


Fn-Menü Weißabgleich *Manuell*. Nach einigen Versuchen mit dem AWB wurde klar, dass die Kamera mit den Lichtverhältnissen überfordert war, und es wurden 6200 Kelvin eingestellt.

②

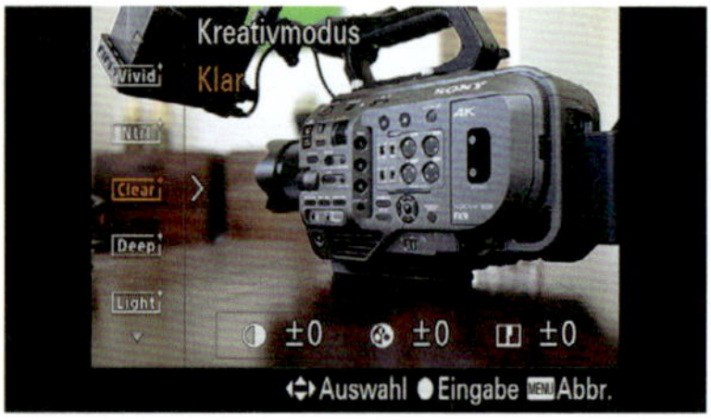


Fn-Menü Kreativmodus *Klar* für eine satte Farbwiedergabe.

③

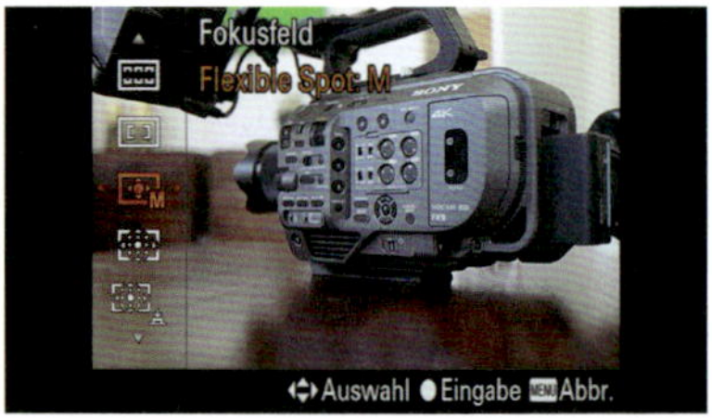


Fn-Menü Fokusfeld *Flexible Spot*. Kein Auge ist sichtbar, deshalb der Weg über den flexiblen Spot auf das Auge von der Seite.

④

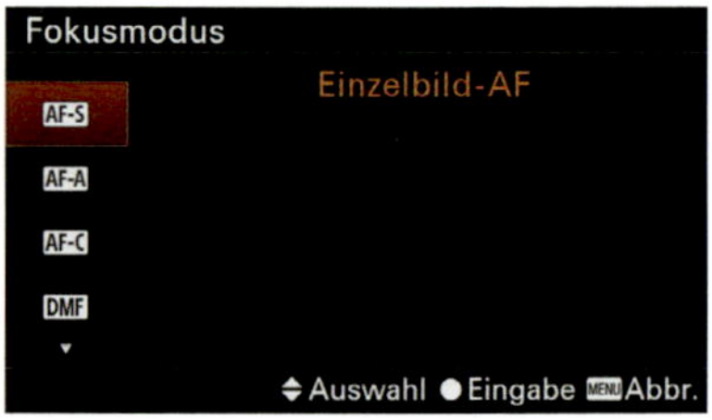


Fn-Menü Fokusmodus *AF-S*. Bei schlechteren Lichtverhältnissen ist AF-S etwas treffsicherer, wenn das Motiv sich nicht bewegt.

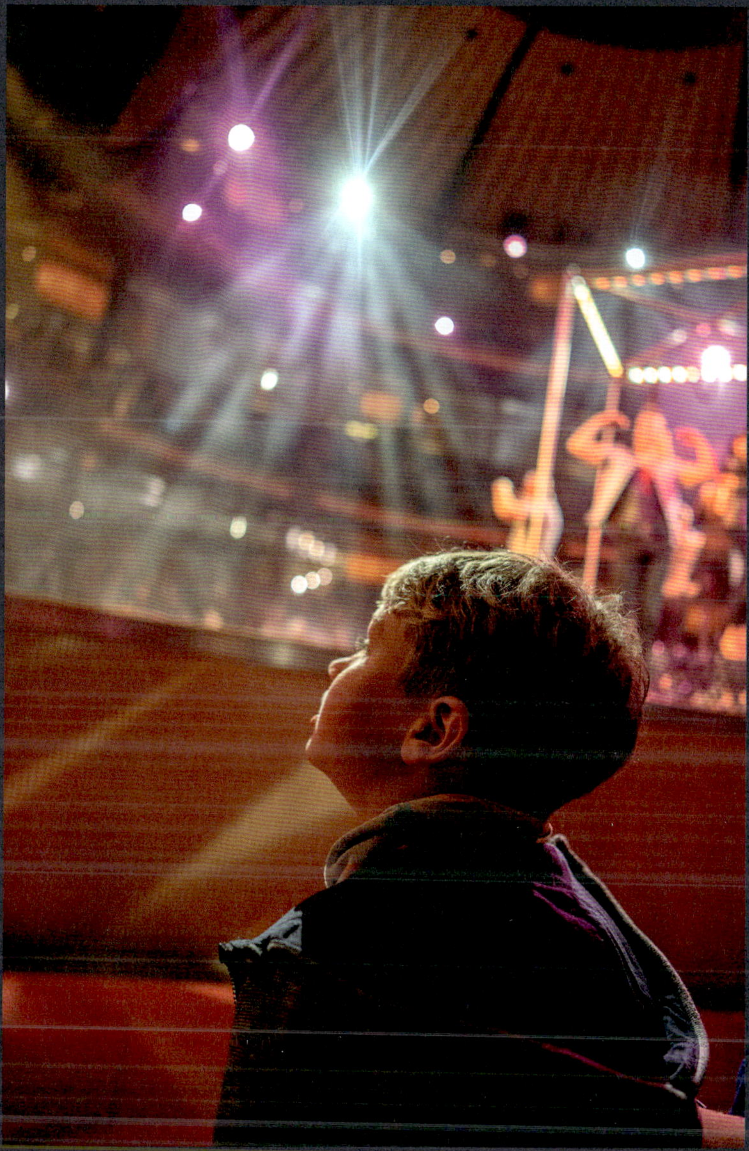

25 mm | f/2 | 1/125 sek | ISO 800 | Modus A

Es sind diese Momente, in denen Kindern die Faszination für den Moment ins Gesicht geschrieben steht. Dieses Bild entstand bei einer Gala mit vielen Farben, Lichtern und Kostümen.

# Gigant der Meere

①

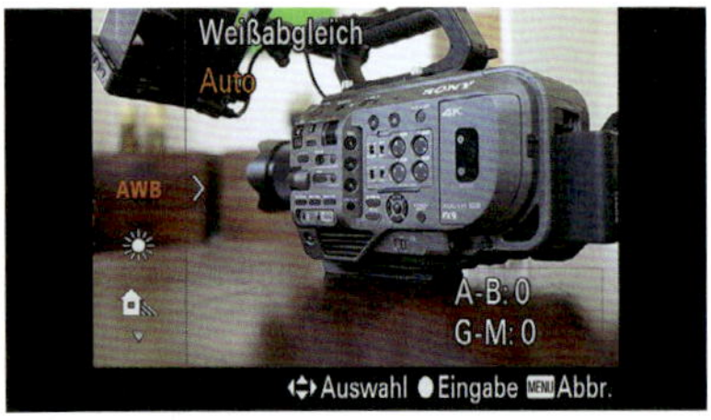


Fn-Menü Weißabgleich *AWB*. Trotz Straßenbeleuchtung, die manchmal sehr orange wirken kann, traf auch hier wieder der automatische Weißabgleich.

②

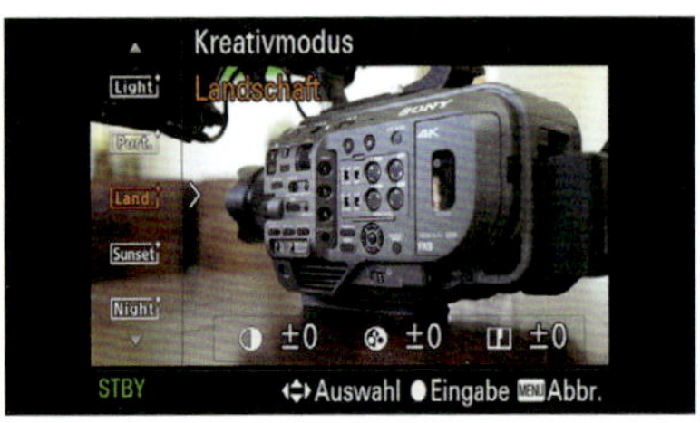


Fn-Menü Kreativmodus *Landschaft*, da Grüntöne dadurch am besten wiedergegeben werden.

③

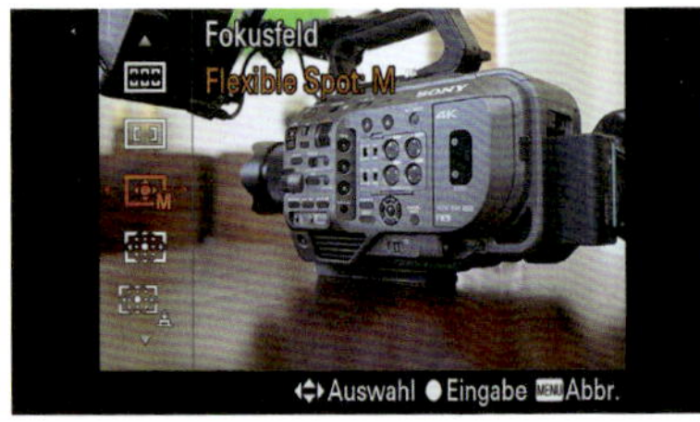


Fn-Menü Fokusfeld *Flexible Spot*. Der Fokuspunkt wurde auf den Kontrast zwischen Schiff und Nachthimmel gelegt, damit die Kamera dort messen konnte.

④

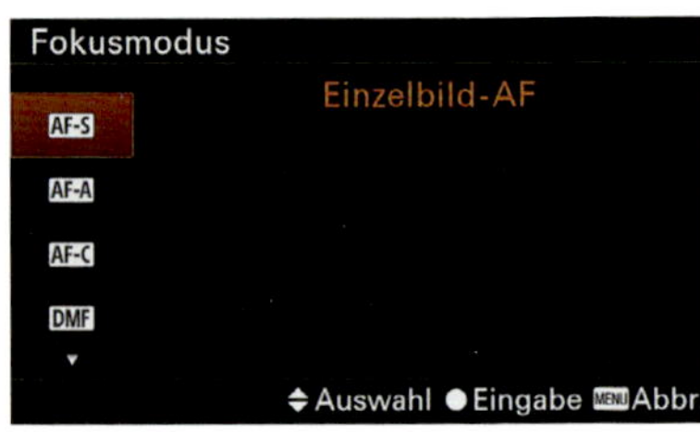


Fn-Menü Fokusmodus *AF-S*. Auch hier liegt kein bewegtes Motiv vor, deshalb der Einzelbild-AF.

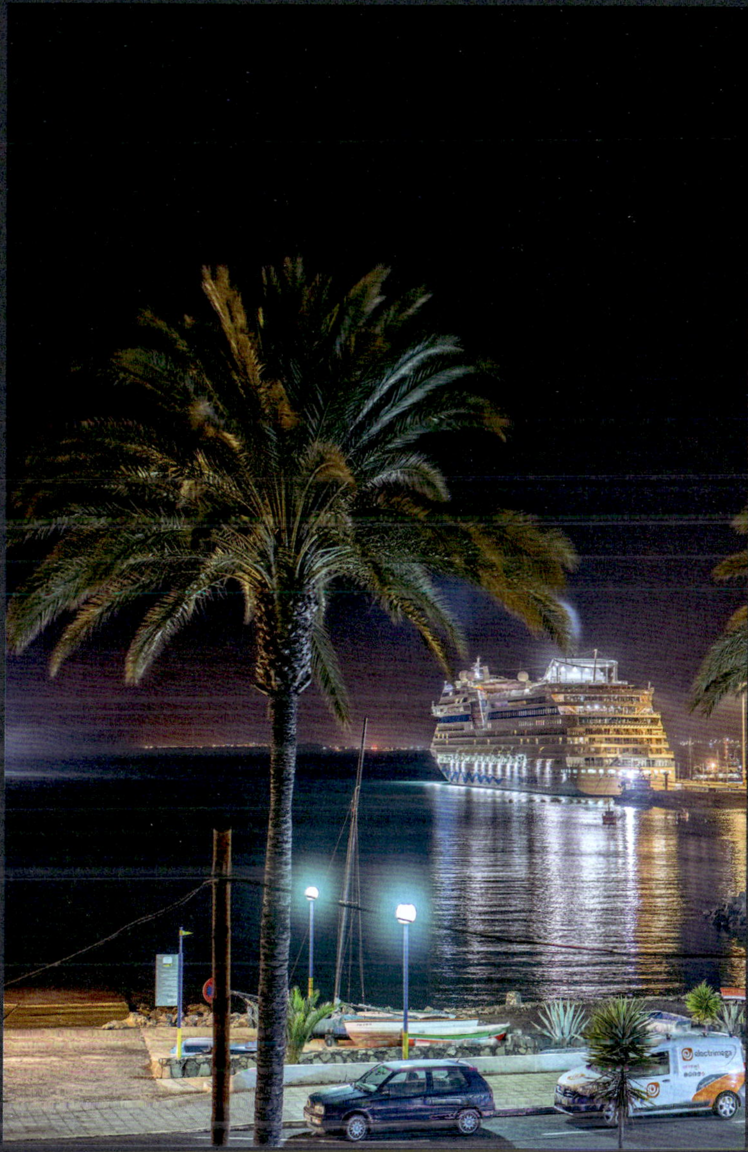

55 mm | f/5.6 | 15 sek | ISO 100 | Modus M

Die gewaltige Erscheinung eines Kreuzfahrtschiffes in einem ansonsten leer scheinenden Hafen bringt dieses Bild zum Ausdruck. Die Nutzung eines Stativs und ein wenig Nachbearbeitung mit Sony Imaging Edge führten zu diesem Ergebnis.

# FILMEN MIT DER α7

*Die α7 ist auch im Videobereich eine richtig tolle Kamera. Aus diesem Grund schauen wir uns die Grundeinstellungen einmal genauer an. Wir kratzen nur an der Oberfläche, aber du bekommst hier einen wenn auch kleinen, so doch kompakten Einstieg in die Videografie mit den α7-Modellen.*

## Grundeinstellungen

Starten wir mit der Grundeinstellung. Als Erstes legst du fest, ob du das europäische PAL-Format oder das amerikanische NTSC-Format nutzen möchtest. Standardmäßig ist an einer α7 in Europa PAL eingestellt, das heißt, deine Kamera kann Videos mit 25, 50 oder 100 Bildern pro Sekunde aufnehmen. Wählst du NTSC, stehen dir 24, 30, 60 oder sogar 120 Bilder zur Verfügung.

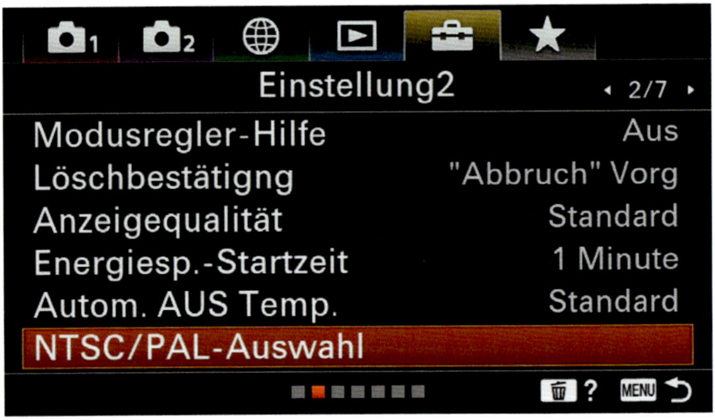


Das Menü der α7 zur Auswahl des PAL- oder NTSC-Formats. Unsere Empfehlung ist das PAL-Format.

Wofür braucht man das? Ganz einfach: Wenn du mit mehreren Kameras arbeitest, solltest du die gleiche Bildfrequenz wählen. Nimmt dein Smartphone z. B. nur mit 30 Bildern pro Sekunde auf, solltest du NTSC wählen. Außerdem kannst du durch die verschiedenen Frame-Raten Aufnahmen verlangsamen. Zeitlupe bzw. Slow Motion ist ein mächtiges Stilmittel beim Filmen und sollte bewusst, aber nicht zu oft eingesetzt werden – ebenso wie Zeitrafferaufnahmen.

Welche der α7-Kameras 100 p Slow Motion beherrscht, kannst du in der Tabelle im Kapitel „Die drei Modellreihen der α7" nachlesen. Eine gute Qualität in der Zeitlupe haben die Kameras mit FullHD (1920 x 1080 Pixel) mit 100 fps (frames per second): Hier ist eine vierfache Zeitlupe möglich.

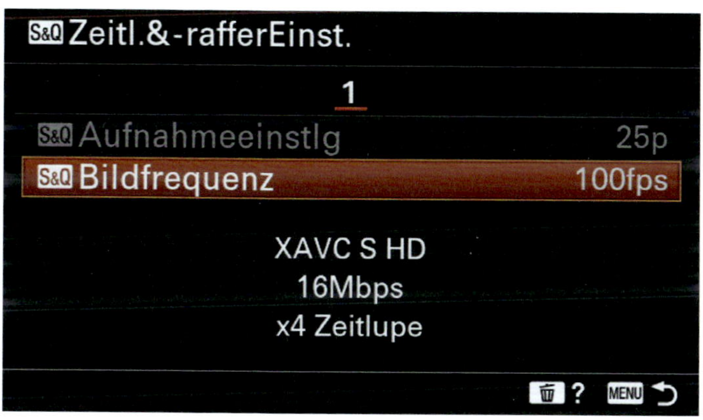


S&Q-Modus, bei dem die Aufnahme gleich in verlangsamter Form auf der Speicherkarte abgelegt wird

Schauen wir uns als Nächstes die *Dateiformate* an. Es gibt die Formate XAVC-S 4K, XAVC-S HD, AVCHD und MP4. Sie geben die Qualität des Videos an.

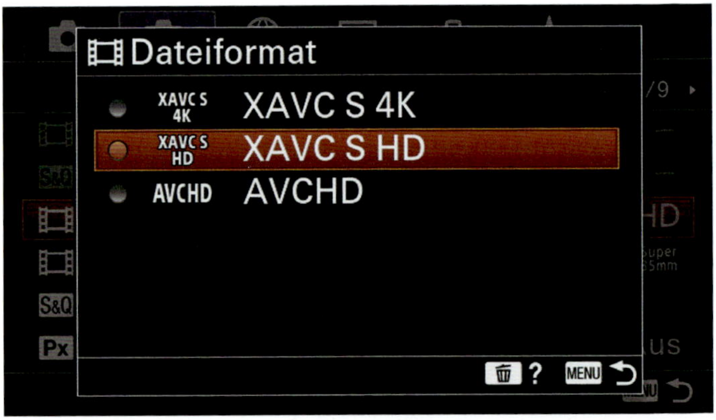


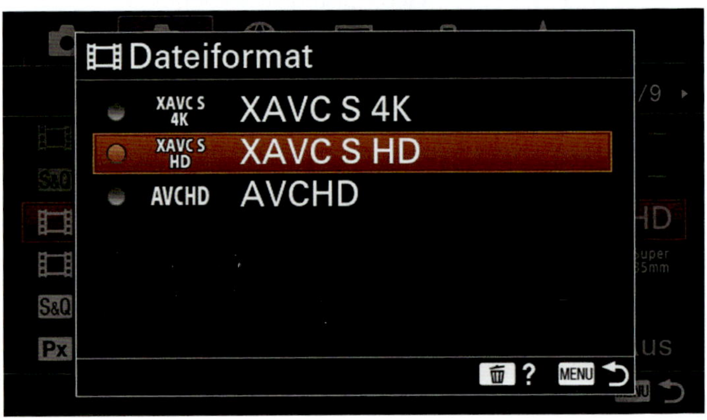


Das Filmmenü der α7 III. Hier fehlt das MP4-Dateiformat. Die Modelle α7 und α7 II haben noch diese Option, die wir aber aus Qualitätsgründen nicht empfehlen.

Welches Dateiformat ist nun das richtige für dich? Das, was deinem Einsatzweck am nächsten kommt. Für hochwertige Produktionen ist die 4K-Auflösung zu empfehlen. Benötigst du für ein Schnittbild eine Slow-Motion-Aufnahme, wechselst du nur für die entsprechende Szene zu XAVC-S HD.

Gehst du auf *Aufnahmeeinstellungen*, kannst du noch wählen, ob du mit 25, 50 oder 100 fps aufnehmen möchtest. Die erste Zahl zeigt dir die Bildrate, die zweite die Bitrate in Megabits pro Sekunde.

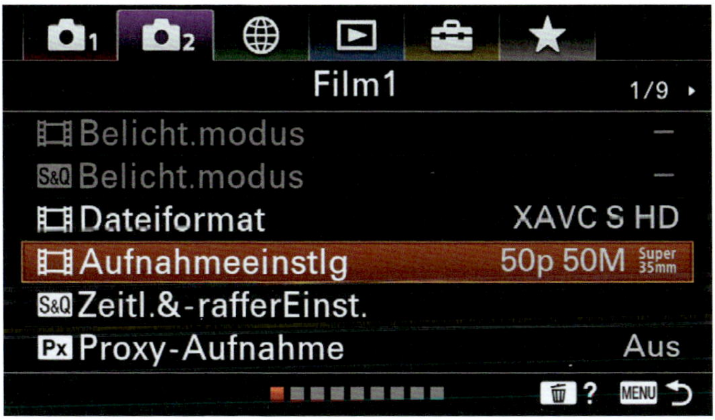


Aufnahmeeinstellungen mit 50 fps (Bilder pro Sekunde) und 50 Mbit/s (ca. 6,25 MB pro Sekunde)

Hier wird also festgelegt, wie stark das Video komprimiert wird. XAVC-S liefert hier mit 50 oder 100 Mbit eine sehr hohe Datenrate. Das heißt, du brauchst viel Platz auf der Speicherkarte, bekommst aber auch die bestmögliche Qualität.

AVCHD ist ein bekanntes Aufnahmeformat aus dem Blu-Ray-Standard. Jeder Blu-Ray-Player ist in der Lage, es abzuspielen. Dennoch empfehlen wir es nur bei ganz bestimmten Anforderungen wie der Weitergabe des Videomaterials in einfacher abspielbarer Form.

MP4 mit der Auflösung von 1440 x 1080 oder 640 x 480 aus der α7 und α7 II hat keine Bedeutung mehr und sollte gemieden werden.

## Blendenwert und Verschlusszeit

Wie nutzt du nun die kreativen Möglichkeiten deiner Kamera? Das Moduswahlrad steht auf Filmmodus. Die Standardeinstellung deiner Kamera dafür ist der Programm-Modus, das heißt Blendenwert und Verschlusszeit werden von der Kamera gesteuert. Diesen Modus empfehlen wir dir, wenn du mit wenig Aufwand in jeder Situation filmen möchtest.

Das Filmen funktioniert aber ähnlich wie das Fotografieren, das heißt, wenn du die Fn-Taste an deiner Kamera drückst, kannst du auch für das Filmen den Aufnahmemodus wählen. In der unteren Zeile ganz rechts kannst den Modus z. B. auf A stellen, also durch die *Blendenpriorität* die Blendenwerte mit dem Einstellrad selbst wählen und damit z. B. bestimmen, ob dein Hintergrund scharf oder unscharf wird.

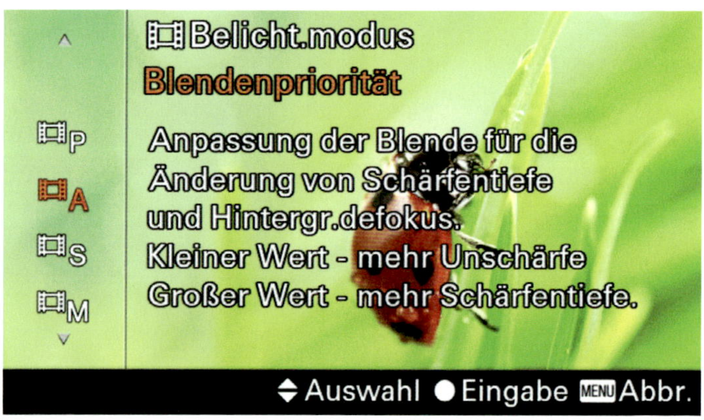


Das Untermenü zur Modusauswahl A beim Filmen

Der kleinste Zahlenwert bedeutet, du bekommst einen richtig unscharfen Hintergrund. Mit einem großen Wert bekommst du einen scharfen Hintergrund. Genau wie im Fotomodus lässt sich bei der Videoaufnahme nicht nur der Blendenwert verstellen, sondern du kannst auch kreativ mit der Verschlusszeit spielen. Dafür wählst du im Videomodus Modus S für *Zeitpriorität* und kannst die Verschlusszeit wie im Fotomodus wählen.

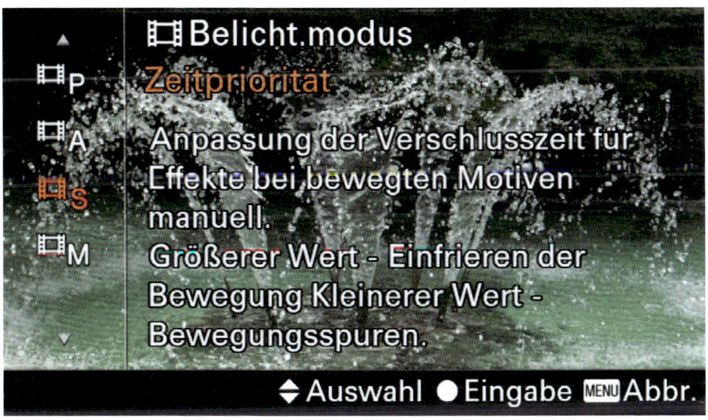


Das Untermenü zur Modusauswahl S beim Filmen

Wenn du hier mit der α7 eine ganz lange Verschlusszeit einstellst (bis zu einer Viertelsekunde ist möglich), dann kannst du sogar kreative Effekte im Video nutzen. Deine Kamera zeichnet mit z. B. 25 Bildern pro Sekunde auf. Aber du hast ja nur vier Bilder pro Sekunde, dementsprechend gibt es verwischte Effekte.

Um die volle Kontrolle bei der Videoaufnahme zu übernehmen, kannst du deine α7 auch in den manuellen Modus setzen: Wähle im Fn-Untermenü *Manuelle Belichtung*. Jetzt kannst du über die Einstellräder Blendenwert oder Verschlusszeit verstellen.

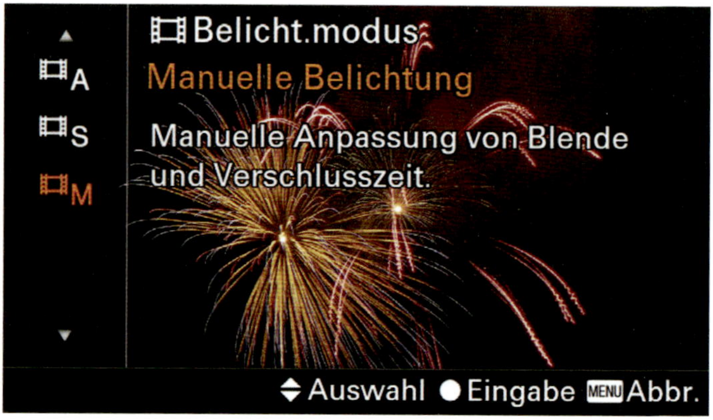


Das Untermenü zur Modusauswahl M beim Filmen

Für einen unscharfen Hintergrund wählst du z. B. einen kleinen Blendenwert. Über das zweite Einstellrad kannst du deine Verschlusszeit einstellen. Beim professionellen Filmen empfehlen wir bei 25 Bildern pro Sekunde 1/50 sek oder kürzer als Verschlusszeit einzustellen, damit es zu fließenden Bewegungen bei schnellen Bewegungen wie im Kino kommt. Bei höheren Werten wirkt das Bild abgehackt und stockend. Bei 50 Bildern pro Sekunde stellst du 1/100 sek, bei 100 Bildern 1/200 sek. Die Regel ist erkennbar: Bildrate mal zwei genommen.

Wenn du das einmal ausprobierst und am Tag filmst, siehst du aber auch das Problem im manuellen Modus: Deine Aufnahme ist viel zu hell. Über die ISO-Automatik hat die Kamera schon selbstständig den kleinsten ISO-Wert gewählt, du hast also in der Kamera keine Möglichkeit mehr, das Bild korrekt zu belichten. Dir bleibt beim offenblendigen Arbeiten am Tage nur der Griff zum Graufilter oder ND-Filter, um den Lichteinfall ins Objektiv auf einen weitere Art zu regeln. Ideal ist die Wahl eines variablen ND-Filters, den du stufenlos je nach Anforderung verstellen kannst. Filmst du in schlechten Lichtverhältnissen, hast du dieses Problem nicht und kannst problemlos ohne Graufilter arbeiten.

# Der Autofokus

Die Sony-α7-Serie besitzt eines der schnellsten Autofokus-Systeme überhaupt. Zunächst musst du entscheiden, ob du bei Videoaufnahmen überhaupt den Autofokus verwenden möchtest. Viele Profis schwören auf den manuellen Fokus, aber auch hier gehen die Meinungen auseinander. Wir empfehlen die Nutzung des AF-C. Mit dem Fokusfeld *Breit* bist du in allgemeinen Situationen gut beraten. Solltest du gezielt ein Objekt fokussieren wollen, wählst du wie im Fotomodus den *Flexible Spot*.

Der Autofokus im Video unterscheidet sich in den verschieden Modellen sehr voneinander. Die erste Generation der α7R schneidet hier am schlechtesten ab, da sie nur auf den Kontrast-Autofokus zurückgreifen kann. Dieser ist ziemlich langsam und sucht sehr oft nach der richtigen Einstellung, es kommt zum sogenannten Pumpen oder „Hunting“. Das stellt sich durch permanentes Scharfstellen und Unscharfstellen dar. Hinzu kommt, dass der Kontrast-Autofokus langsam ist.

Auch die α7S und α7S II können nur mit dem Kontrast-Autofokus arbeiten. Sie wurden zwar von Beginn an auf Video getrimmt und das Pumpen wird in den meisten Fällen nicht auftreten, aber besonders schnell sind sie beim Nachverfolgen eines Motivs auch nicht. Die α7 und α7 II haben einen Phasenautofokus in der Mitte der Bildfelds, der ca. 35 % im Zentrum einnimmt. Hier funktioniert der Fokus sehr gut und schnell.

Ab der α7R II kann man sich sehr gut auf den Autofokus verlassen. Generation III und IV sind in der Verfolgung und Erkennung auch bei schnellen Bildwechseln sehr sicher, und die α7R IV bietet den beliebten Augen-AF sogar beim Filmen.

Beim Filmen kannst du auch die Autofokusgeschwindigkeit und -reaktionszeit einzustellen. Wähle im Menü *AF Speed*. Die Geschwindigkeit steht standardmäßig auf *Normal*. *Langsam* eignet sich besonders gut für schöne weiche Fokusfahrten von einem Detail auf ein anderes. Wenn du bewegte Motive filmen möchtest, eignet sich die Einstellung *Schnell* besser: Die Kamera versucht, so schnell wie möglich auf den angemessenen Fokuspunkt zu kommen.

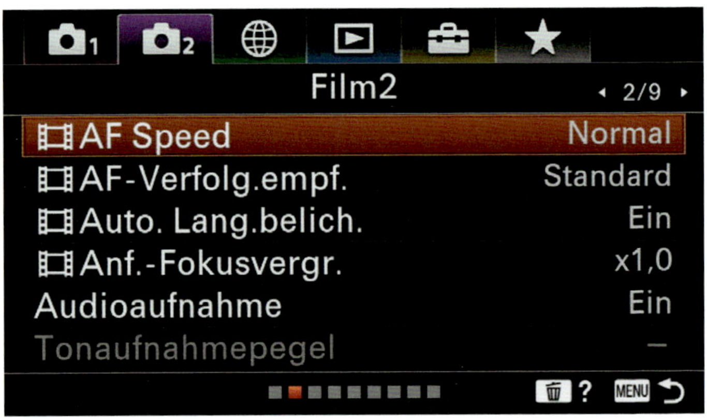


Menüposten zur AF-Geschwindigkeit beim Filmen

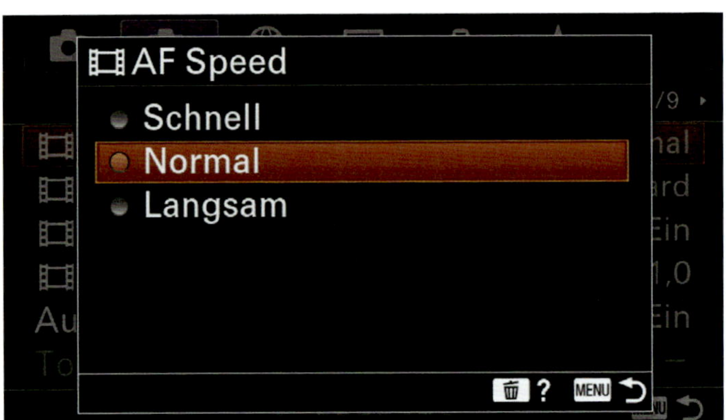


Auswahlmöglichkeiten: Schnell, Normal, Langsam

Neben der Autofokusgeschwindigkeit gibt es noch die Reaktionsfähigkeit des Autofokus, die *AF-Verfolgungsgeschwindigkeit*. Damit bestimmst du, wie schnell die Kamera von einem verfolgten Objekt ablassen und zu einem neu ins Bild gekommenen wechseln soll. Je nach Motiv kannst du diese beiden Werte abändern. Mit ein bisschen Übung weißt du bald, was zu welcher Situation passt.

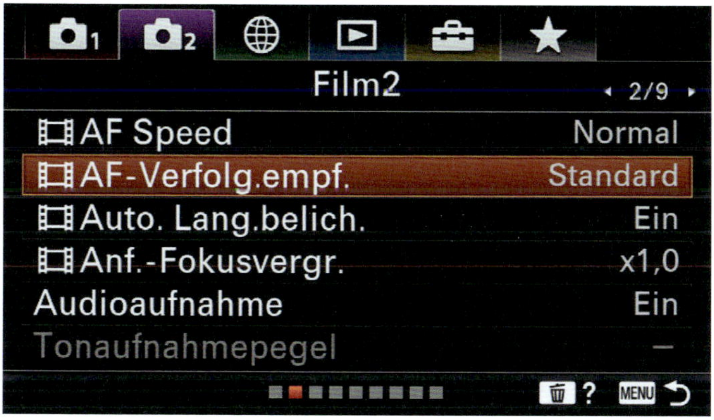


Auswahl der AF-Verfolgungsgeschwindigkeit

# REGISTER

**Bibliografische Information der Deutschen Nationalbibliothek**
Die Deutsche Nationalbibliothek verzeichnet diese Publikation in der Deutschen Nationalbibliografie; detaillierte bibliografische Daten sind im Internet über http://dnb.ddb.de abrufbar.

**ISBN 978-3-8426-5518-8** (Print)
**ISBN 978-3-8426-5519-5** (PDF)
**ISBN 978-3-8426-5520-1** (EPUB)

Fotos:
Manuel Quarta, Stefan Gericke
Produktfotos: © 2020 Sony. Alle Rechte vorbehalten.
Stock.adobe.com: Max Graziano, 96; Singha songsak, 96; gilotyna, 97; Petr Malyshev, 98; Doug Long, 98; Михаил Кузнецов, 101; koldunova_ann, 103

Originalausgabe


Die Ratgebermarke der Schlüterschen Verlagsgesellschaft mbH & Co. KG
Hans-Böckler-Allee 7, 30173 Hannover
www.humboldt.de
www.schluetersche.de

Aus Gründen der besseren Lesbarkeit wurde in diesem Buch die männliche Form gewählt, nichtsdestoweniger beziehen sich Personenbezeichnungen gleichermaßen auf Angehörige des männlichen und weiblichen Geschlechts sowie auf Menschen, die sich keinem Geschlecht zugehörig fühlen.

Autoren und Verlag haben dieses Buch sorgfältig erstellt und geprüft. Für eventuelle Fehler kann dennoch keine Gewähr übernommen werden. Weder Autoren noch Verlag können für eventuelle Nachteile oder Schäden, die aus in diesem Buch vorgestellten Erfahrungen, Meinungen, Methoden und praktischen Hinweisen resultieren, eine Haftung übernehmen.



**Lektorat:** wort + tat, Linda Strehl, München
**Covergestaltung:** ZERO, München
**Covermotiv:** Manuel Quarta, Stefan Gericke, Sony; Shutterstock: Redshinestudio, Rawpixel.com
**Satz:** PER MEDIEN & MARKETING GmbH, Braunschweig
**Druck und Bindung:** Gutenberg Beuys Feindruckerei GmbH, Langenhagen